Klub za gospodu

Gary M. Douglas

Uz doprinos dr. Daina Heera

Klub za gospodu
Copyright © 2014 Gary M. Douglas

ISBN 978-1-63493-244-8

Sva prava pridržana. Nijedan dio ove publikacije ne smije se reproducirati, pohranjivati ili prenositi ni u kojem obliku niti bilo kojim sredstvima, elektroničkim ili mehaničkim, uključujući fotokopiranje, snimanje ili slično, bez prethodnog pismenog dopuštenja nakladnika.

Autor i nakladnik knjige ne tvrde ili ne jamče nikakav fizički, mentalni, emocionalni, duhovni ili financijski rezultat. Svrha svih proizvoda, usluga i informacija koje nudi autor je samo opće obrazovanje i zabava. Informacije koje se ovdje navode nikako nisu zamjena medicinskom ili drugom profesionalnom savjetu. Ako bilo kada za sebe koristite neku od informacija koje sadrži ova knjiga, autor i nakladnik ne preuzimaju odgovornost za vaše postupke.

Nakladnik
Access Consciousness Publishing, LLC
www.accessconsciousnesspublishing.com

U izvornom tečaju Klub za gospodu bila su tri oženjena muškarca. Nedugo nakon završetka tečaja primio sam telefonske pozive žena koje su bile udate za te muškarce. Svaka je od njih rekla: "Puno Vam hvala što ste napravili te tečajeve. Dobila sam natrag muškarca u kojega sam se zaljubila."

Sadržaj

Predgovor xi

1. Iskorak u nešto drugačije 1
Vjerovanje u sebe kao muškarca / Vjerovanje drugim muškarcima 1
Stvaranje partnerstva s muškarcima 3
Ukidanje svog osjećaja za ljepotu 8
" Jedan drugome čuvamo leđa " 10
Ljubaznost koju muškarci imaju 13
Stvaranje odvajanja 17
Seksualna energija i primanje 19
Biranje nečeg drugačijeg 21
Promjena naspram drugačijeg 24
Što mogu učiniti drugačije? 28
Mogućnost, izbor, pitanje i doprinos 34
Jesu li vas ikada poticali da budete muškarac? 36

2. Stvaranje seksa i odnosa iz svjesnosti o tome što jest 39
Kreacija naspram izuma 39
Način na koji izgleda naspram onoga kakvo jest 41
Pravilo kurca 42
Ako ste muškarac, u krivu ste 44
Izmišljanje kontracepcije 48
Što ako je uspjeh samo izbor? 50
Možete kreirati – ili možete izmišljati 52
Kreiranje nečega što je drugačije 54
Činite li se manje seksualnim? 56
Pokušavate li iscijeliti one koji umiru od nedostatka seksualne energije? 57
Seksualna privlačnost 61
Fokusiranje na kreaciju 63

Odlazak na odmor 64
Kako bi bilo kreirati seks i odnose iz potpuno drugačije realnosti? 66

3. Vi ste vrijedan proizvod 69
Demoni nužnosti 69
Prožimanje svijesti u demonski svijet 74
Činite li nekoga poštenim? 76
Pogodba i isporuka 78
Hoće li ovo proširiti moju agendu? 80
Postajete vrijedan proizvod kad ste lider 81
Pogrešnost žudnje za seksom 85
Potpuna prisutnost u seksu i kopulaciji 86
Kulturno usklađivanje 87
Biti seksualna energija koja jeste 89
Zašto bih želio kreirati za sebe? 92
Orgazam skupljanjem / orgazam širenjem 93
Integritet sa sobom 99

4. Postanite Kralj mogućnosti 103
Vječna sezona nezadovoljstva 103
Izvrnuto zadovoljstvo koje stvara odvajanje među muškarcima 106
Što ako u svome životu ne bi imali nikakav osjećaj potrebe? 108
Biti nedefiniran 112
Hoće li me ona učiniti vrijednim proizvodom? 113
Izbjegavanje radosti seksa i kopulacije 114
Uzbuđenost koja jeste 116
Ultimativna uzbuđenost 120
Seks je životna sila 125
Vidjeti sebe vrijednim 127
Što je potrebno da ovaj odnos funkcionira? 128
Finoća svjesnosti koju zapravo imate 129
Erekcija koju biste mogli birati 131
Zakoračite u ulogu kralja 136
Što ako biste bili voljni biti kralj mogućnosti? 138

5. Fenomenalan seks, kopulacija i odnos koji biste mogli birati 143
Stvaranje demonima uvećanih pojavnosti.. 143
Nije se "samo dogodilo" 148
"Želim da on zbog mene odustane od svoga života" 151
Romantika.. 153
"Izgleda da privlačim udane žene" 154
Odustajete li od sebe? 157
Ulijevanje realnosti.. 160
Budite iskreni s onim gdje se u životu nalazite 164
Kako da to što sam ljigavac upotrijebim u svoju korist?...................... 166
Korištenje svoje seksualne energije 168
Što stvarate sa svojom seksualnom energijom?...................................... 172
Sjajan seks 173
Ne činite prosudbe drugih ljudi istinitim 175

6. Što vi stvarno želite?..179
Što ako bi svi bili voljni biti drolje? 179
Što u svom životu želite imati? 180
Biranje svjesnosti 182
Morate žudjeti za time.. 184
Okrivljavate li sebe zbog svoje istine? 185
Idealni odnos sa ženom 187
Provoditi vrijeme zajedno 188
Što mi je najvažnije? 191
Napravite listu: što bih htio kod partnera?.. 192
Treba vam i lista "Ne želim imati" 192
Koju glupost koristite da kreirate žene koje birate?............................... 193
Biti bez potrebe za ženom 195
"Prestao sam stvarati".. 197
Odricanje od svoga glasa 198

7. Biti dobar u krevetu 201
Stvaranje galvanskog podražaja u njezinom tijelu 201
Idite polako 202

Upoznajte se s dijelovima ženskog tijela 202
Kakav bi joj se dodir sviđao? 203
Smanjeni libido 203
Stimuliranje njezinog tijela 207
Masturbacija 208
Primanje 210
Stvaranje molekularne vibracije između vas i žene 212
Pričajte s njom 213
Ljudi se povezuju kao tijela 214
"Moja si" 215
Što ova osoba želi? / Što ja želim? 216
Prigovaranje 219

8. Što je gospodin? 225
Biti gospodin 225
Gospodin bira mogućnost nad prosudbom 229
Pitajte je da zakorači u veću mogućnost 230
Morate stvarati iz svoje realnosti 234
Što želite kreirati? 237
Zašto se požuda smatra pogrešnom? 238
Biti zloban prema drugim muškarcima 243
Pokušaj krađe žene drugog muškarca 245
Oporezivanje 247
Seksualna realnost iznad ove realnosti 248
Sve je prosudba primanja 249
Kakvu budućnost ona pokušava stvarati? 253
Prestanite biti zaustavljivi 257
Energija ograničenja 265

9. Što zapravo u odnosu želite? 269
Savršenstvo žena 269
Pornografija 271
Uroci koje stvaramo 272
"Ne mogu prestati razmišljati o njoj" 275

"Tražio sam to" 278
Imate li dovoljno novca za nju? 280
Ljubavni seks koji biste htjeli imati 282
Zašto žene žele pobjeći 284
"Ne bih je trebao ostaviti" 286
Odustajanje od sebe 289
Što bi vas u vašem životu oduševljavalo? 291
Trebate napraviti pogodbu i isporuku 292
Obaveza 294
Što mogu biti ili raditi drugačije što će sve ovo promijeniti? 298
Pokušaj nadvladavanja svoga tijela 299

10. Agresivna prisutnost seksualne energije 303
Agresivna prisutnost 303
Birati za sebe 305
Biti seksualno agresivan 306
Djelovanje iz prisutnosti 308
Žena koja vas ne treba 309
Agresivna nepotrebnost 312
Agresivna seksualna energija 313
Kad žena ne može imati orgazam 314
Želi li ona imati seks sa svojim tijelom – ili kao svoje tijelo? 315
"Postoji energija s mojim penisom" 317
"Zašto i ja ne mogu imati višestruke orgazme?" 319
Zadovoljavanje sebe 320
"Kako bi bilo imati seks s ovim muškarcem?" 322

11. Biranje obaveze 325
Muškost i muževnost 325
Struja energije 327
Koliko ste budućnosti kreirali koje blokiraju vašu sposobnost stvaranja? 329
Dolazak do stvarnog izbora 331
Obaveza kao deset-sekundni izbor 333
Stvaranje odnosa sa djetetom vašeg partnera 335

Što je za vas tata? 337
Ne stvarajte sukob ili odvajanje u svojoj djeci 339
Gdje ga pokušavate natjerati da ste mu draži vi nego ona? 342
"Pokušao sam biti super tata" 344
Naučite biti manipulativni 347

12. Dekodiranje ženskog podteksta 351
Kulturna usklađenost 352
"Često privlačim homoseksualne muškarce" 352
Gdje trebate usmjeriti svoju energiju? 353
Odnos koji uključuje dijete 354
Nedefinirani život 356
Postupanje sa ženinom ljutnjom 357
Agresivna prisutnost u odnosu 359
Kako pristupiti ženi 359
"Riječ obaveza još uvijek me blokira" 360
Možete biti svoji bez žene 362
Uvijek ćete ići u odnos jer je to ono što žena želi 364
Žena nije izvor vaše seksualne realnosti 365
Koliko ste poslova dobili? 366
Posao prosuđivanja sebe 369
Koji je ovdje podtekst koji ne priznajem? 370
Koji dio izjave "žene imaju podtekst" ne shvaćate? 373
"Sad imamo odnos" 374

Izjava brisanja Access Consciousnessa 377

Rječnik 381

Što je Access Consciousness? 389

Druge knjige Access Consciousnessa 391

O autoru 393

Predgovor

Klub za gospodu temelji se na seriji od 12 teletečajeva koje sam vodio s grupom sjajnih i hrabrih muškaraca. S Klubom za gospodu moja namjera je bila stvoriti isključivo muško okruženje u kojem su sudionici mogli otvoreno govoriti o tome kako je biti muškarac u ovoj realnosti Ovi su razgovori puni energije. Čitateljice bi mogle ustuknuti pred nekom od izjava u našem "muškom klubu", no nadam se da će završiti knjigu s dubljim poštovanjem prema muškarcima u svojim životima i većim prepoznavanjem onoga što je potrebno za stvaranje odnosa iz potpuno drugačije realnosti.

U raspravi koja slijedi moglo bi biti nekih riječi, koncepata i alata s kojima se nikada prije niste susreli. Moglo bi biti i nekih uobičajenih riječi kao što su biti, čovjek ili primanje koje mi koristimo na neuobičajene načine. Pokušali smo ih sve definirati u rječniku na kraju knjige.

Pronaći ćete i izjavu brisanja koju koristimo u Access Consciousnessu. To je skraćenica koja se odnosi na energije koje stvaraju ograničenja i kontrakcije u našim životima. Kada je prvi put pročitate, moglo bi vam se pomalo zavrtjeti u glavi. To nam je namjera. Dizajnirana je da vam ukloni um kako biste mogli dobiti energiju situacije.

S izjavom brisanja obraćamo se energiji ograničenja i barijera koje nam onemogućavaju kretanje naprijed i širenje u sve prostore u koje bismo htjeli ići.

Izjava brisanja Access Consciousnessa je " Right and Wrong, Good and Bad, POD and POC, All 9, Shorts, Boys and Beyonds". Na kraju knjige postoji kratko objašnjenje što riječi znače.

Možete izabrati hoćete li izjavu brisanja koristiti ili ne, nemam gledište o tome, ali vas želim pozvati da je isprobate i vidite što će se dogoditi.

1.
Iskorak u nešto drugačije

Želite li funkcionirati tako što pokušavate nešto promijeniti kako bi izgledalo drugačije? Ili želite učiniti nešto drugačije što će vam odgovarati?

Gary:
    Dobrodošli u Klub za gospodu. Počnimo s pitanjem.

VJEROVANJE U SEBE KAO MUŠKARCA / VJEROVANJE DRUGIM MUŠKARCIMA

Sudionik tečaja:
    Osnivam grupu za osnaživanje muškaraca, no odaziv muškaraca je vrlo slab. Imate li za mene kakav prijedlog?

Gary:
    Ne zovite to "osnaživanje muškaraca". Muškarci navodno imaju svu snagu. Zapravo su potpuno oslabljeni – ali to ne znaju. Ako to zovete "osnaživanje", nitko neće doći jer ni ne znaju da im osnaživanje treba ili da to žele. Nazovite to "Kako svoj život sa ženama učiniti lakšim".

Dain:

Muškarci žele da im život sa ženama bude lakši više nego što žele biti osnaženi i više nego što žele biti povezani s drugim muškarcima. Glavnina onoga što većina muškaraca radi jest da pokušavaju dobiti ženu ili seks. Većini muškaraca je susret s drugim muškarcima premoćan. Plaši ih.

Prije nekoliko godina imali smo tečaj Razine 2 i 3 u Santa Barbari. Nekolicina žena iz Accessa izašle su navečer i vidjele dva momka u tučnjavi. Dame su rekle: "Znate što? Bilo je očito da su ti dečki zapravo htjeli seks jedan s drugim, no to u svome svijetu nisu mogli imati pa su se umjesto toga potukli. Tučnjava je bila njihov način izražavanja toga."

Kada muškarcima govorite o susretu s muškarcima kao muškarcima, to podiže sve ono što oni ne bi smjeli biti, ne bi smjeli raditi, a posebno ono što ne bi smjeli biti i raditi zajedno.

Bilo je zanimljivo čuti povratnu informaciju tih žena na tečaju Salon za žene. Nakon dva razgovora govorile su: "Mislila sam da će slušanje hrpe žena bez ijednog muškarca za igru ili koketiranje biti bezveze, ali sad se osjećam kao da imam toliko sestara i nevjerojatno je koliko imam više sebe i koliko se osjećam povezanija sa ženama i sa sobom."

Čuvši tu povratnu informaciju, shvatio sam da mi kao muškarci imamo isto to. Stvaramo odvajanje jedan od drugoga, umjesto da idemo zajedno. Kad bismo to mogli promijeniti, uistinu bismo mogli promijeniti svijet. A imali bismo i bolji seks, bili bismo u svojoj moći i bilo bi nam puno zabavnije.

Gary:

Imam proces:

Koju glupost koristite da kreirate odvajanje muškaraca i žena, žena i žena te muškaraca i muškaraca što birate? Sve što to jest bezbroj puta, hoćete li sve to uništiti i dekreirati? Right and Wrong, Good and Bad, POD and POC, All Nine, Shorts, Boys and Beyonds.

Sudionik tečaja:
U tom procesu pitate "što birate?" Ja obično kažem "da to birate". Shvaćam da vi to ne kažete. Možete li mi reći zašto?

Gary:
"Da to birate" opravdava vaš razlog biranja. To je fiksno gledište. To znači reći: "Biram ovo zato što _____." Radije vjerujete da birate zbog *razloga*, umjesto da *samo izaberete*. Pokušavam vam pokazati da nema razloga za ono što birate – samo birate. Zato pitam "što birate?"

Sudionik tečaja:
Hvala vam.

STVARANJE PARTNERSTVA S MUŠKARCIMA

Sudionik tečaja:
Možete li govoriti o odvajanju koje stvaram s drugim muškarcima?

Gary:
Nešto što *ne biste* smjeli imati je seksualna energija s drugim muškarcima. To je veliko ne. Stoga radite što god morate kako ne biste imali seksualnu energiju s drugim muškarcima. No, gotovo se sve u seksualnoj energiji veže uz primanje. Bez

seksualne energije nema primanja. Stoga, kad prekinemo primanje seksualne energije s drugim muškarcima, mi također prekidamo svoje primanje od žena, od odnosa i od seksa. Prekidamo svoje primanje novca, poslovanja i svega ostalog.

Ako muškarci mogu biti s muškarcima, onda možete kreirati partnerstvo, što može kreirati novac ili možete imati partnerstvo koje kreira zabavu ili razne druge stvari. Primjerice, Dain i ja većinu svoga vremena provodimo zajedno. Voljni smo kao muškarci biti tu za svoje prijatelje. Potičem Daina da izlazi i ima seks s različitim ženama, potičem ga da radi ono što želi, no on je moj prijatelj i čuva mi leđa. Ako stvarate odvajanje muškaraca od muškaraca, nikad ne možete pretpostaviti da će vas muškarac podržati.

Dain:
Pretpostavljate da će vam muškarci zabiti nož u leđa. U većini slučajeva u vašem životu, muškarac neće biti onaj tko će vas ubosti u leđa.

Sudionici tečaja:
(Smijeh)

Gary:
Žene vas ne bodu u leđa. One vam samo odrežu testise!

Dain:
Kad muškarci prihvate ideju da među njima ne bi trebalo biti seksualne energije, lišavaju se njegovanja i brižnosti, ekspanzivne, generativne, kreativne i iscjeljujuće energije koju imaju s drugim muškarcima.

Gary:
Energija "čuvam ti leđa".

Dain:
Lišavate se te energije pa je ne možete imati ni za sebe ni sa sobom.

Gary:
Vi ste muškarac i morate se odvojiti od sebe. Ne možete čuvati svoja leđa. I to je razlog zašto toliko vas prepušta sebe, posebno ženama.

Dain:
Toliko vas misli: "O, možda mogu pronaći ženu koja će me konačno upotpuniti, koja će ispuniti ovu prazninu koju sam ne ispunjavam." Odvajanje od sebe dio je odvajanja muškaraca od muškaraca.

Mi na to često gledamo kao da su muškarci od kojih se odvajamo izvan nas, ali vi se morate odvojiti od sebe kako biste učinili stvarnim odvajanje od drugog muškarca.

Gary:
Pitanje koje imam je: Vjerujete li sebi kao muškarcu?

Dain:
A odgovor je: "Dovraga ne!"

Sudionik tečaja:
Odgovor je "ne".

Gary:

Ako ne možete čuvati vlastita leđa, gdje ćete pronaći nekoga tko će vam čuvati leđa? Ne možete dopustiti da vam muškarac čuva leđa pa tko će vam čuvati leđa?

Dain:

Mislite da ako vam muškarac čuva leđa, nećete znati što bi on mogao učiniti dok je tamo iza; nećete mu dopustiti da vam čuva leđa jer bi vas mogao udariti u jaja.

Gary:

To je ludilo.

Dain:

To je potpuno ludilo. Kad si dopustite te rijetke trenutke bliskosti s muškarcem bez gledišta o tome, to jako dinamično otvara vaš svijet.

Gary:

To je nevjerojatan dar i nevjerojatna mogućnost.

Dain:

Koju glupost koristite da kreirate odvajanje muškaraca i žena, žena i žena te muškaraca i muškaraca što birate? Sve što to jest bezbroj puta, hoćete li sve to uništiti i dekreirati? Right and Wrong, Good and Bad, POD and POC, All Nine, Shorts, Boys and Beyonds.

Gary:

Koju glupost koristite da kreirate odvajanje muškaraca i žena, žena i žena te muškaraca i muškaraca što birate? Sve što to jest bezbroj puta, hoćete li sve to uništiti i dekreirati?

Right and Wrong, Good and Bad, POD and POC, All Nine, Shorts, Boys and Beyonds.

Hej Dain, znaš li kako u Grčkoj odvajaju muškarce od dječaka?

Dain:

Željeznom polugom!

Gary:

Pomislio sam da bismo vam mogli ubaciti bolesnu šalu kako bi vas, dečki, održali na nogama. Dobro, napravimo to još jednom.

Koju glupost koristite da kreirate odvajanje muškaraca i žena, žena i žena te muškaraca i muškaraca što birate? Sve što to jest bezbroj puta, hoćete li sve to uništiti i dekreirati? Right and Wrong, Good and Bad, POD and POC, All Nine, Shorts, Boys and Beyonds.

Čekajte. Tom procesu moramo dodati "muškarce i dječake". Nakon što smo izrekli tu šalu, pojavila se neka čudna energija i shvatio sam da mi pokušavamo kreirati razliku između muškaraca i dječaka. Muškarci su mentori dječacima bez da im ikada čuvaju leđa.

Dain:

Odrastamo s idejom da smo sami. Ne samo da vjerujemo da smo loši i u krivu; nismo čak ni vrijedni da nam netko čuva leđa.

Gary:

Ne mislimo čak ni da smo vrijedni sami sebi čuvati leđa, što mislim da je razlog zašto muškarci ne vjeruju sebi.

Dain:

Koju glupost koristite da kreirate odvajanje muškaraca i žena, žena i žena, muškaraca i muškaraca te muškaraca i dječaka što birate? Sve što to jest bezbroj puta, hoćete li sve to uništiti i dekreirati? Right and Wrong, Good and Bad, POD and POC, All Nine, Shorts, Boys and Beyonds.

UKIDANJE SVOG OSJEĆAJA ZA LJEPOTU

Gary:

Znate, procesu bismo također mogli dodati i "muškarce i djevojčice". Primijetio sam da kad odrasli muškarac s imalo seksualne energije vidi djevojčicu, mora se početi prosuđivati da je nekakav pervertit ili grozna osoba ili netko tko želi imati seks sa djecom, a nijedno ne mora biti istinito.

Ako vidim divnog konja, za mene je to konj. Vidim divnog konja i to je uzbudljivo! Stalo mi je samo vidjeti divnog konja kako se kreće. Ne moram ništa imati s njim. Ne moram ga posjedovati. Ne moram imati mjesto gdje ga mogu kontrolirati. Samo prepoznajem da je konj divan.

Muškarci se lišavaju svog osjećaja za ljepotu jer se boje da je to seksualna energija koja nešto "znači".

Dain:

Kada vi kao heteroseksualni muškarci imate osjećaj za ljepotu, mislite da to znači da ste nekako homoseksualni ili mekani.

Gary:

To se zove "metroseksualac".

Dain:

Točno. Metroseksualno znači da možete imati sve ono dobro od homoseksualnih muškaraca u kombinaciji sa svim onim dobrim od heteroseksualnih muškaraca: metroseksualac.

Gary:

Da.

Sudionici tečaja:

(Smijeh)

Dain:

Što je to bilo?

Gary:

Netko se smijao jer smo smiješni.

Dain:

O, već neko vrijeme nisam čuo taj zvuk. Zato nisam znam što je to.

Sudionici tečaja:

(Smijeh)

Gary:

Previše si razgovarao sa ženama!

Dain:

Koju glupost koristite da kreirate odvajanje muškaraca i žena, žena i žena, muškaraca i muškaraca, muškaraca i dječaka te muškaraca i djevojčica što birate? Sve što to jest bezbroj puta, hoćete li sve to uništiti i dekreirati? Right and

Wrong, Good and Bad, POD and POC, All Nine, Shorts, Boys and Beyonds.

Gary:
Dobri Bože. Količina naboja na ovome je nevjerojatna!

" JEDAN DRUGOME ČUVAMO LEĐA "

Dain:
Večerao sam nedavno s našim prijateljem Rickyjem. Bilo je to prvi put ikada da smo on i ja proveli neko vrijeme jedan-na-jedan. Govorio sam mu o prijateljstvu koje imam s Garyjem. Rekao sam: "Jedno drugome čuvamo leđa, no to isprva nije bilo očito. Naše se prijateljstvo s vremenom razvilo. Time što smo svoji, stvorili smo razinu povjerenja, birajući ono što će podržati drugoga i čuvajući leđa jedan drugome."

Rekao sam: "Kad sam prvi put upoznao Garyja, dao sam mu svakakve informacije koje je mogao iskoristiti protiv mene i ubosti me u leđa, no on nije tako postupio. I on je meni dao svašta što sam mogao iskoristiti protiv njega, no nisam to učinio. Bilo je 'Kako jedan drugome možemo doprinijeti i jedno drugo podržati?' Družili smo se, imali sjajno prijateljstvo godinu dana, a onda mi je jednoga dana on prišao i rekao: 'Naše je prijateljstvo gotovo.'"

Upitao sam: "O čemu govoriš?"

Gary je odgovorio: "Prosuđivao si me. Stvarno si me grubo prosuđivao. Ostatak svijeta me može prosuđivati. To je u redu, ali svojim prijateljima ne dajem dozvolu da me prosuđuju pa je naše prijateljstvo gotovo. Možeš nastaviti raditi u Access Consciousnessu, ali naše prijateljstvo sada završava. Ne želim ti više biti prijatelj. Ne odgovara mi."

Rekao sam: "Hej!" Kad je rekao "prosuđuješ me", u svojoj sam glavi automatski rekao: "Pa da, naravno! Nije li to ono što prijatelji rade?" To je bilo moje gledište.

Gary:

To rade ljubavnici, a ne prijatelji.

Dain:

Otišao je i ja sam u svom životu i svijetu osjetio prazninu. Rekao sam: "Čekaj malo. Gary mi je cijelo vrijeme čuvao leđa, a ja ga prosuđujem? To je sjebano. Čak i ako on ode, ja ovo za sebe moram promijeniti."

Nazvao sam ga i rekao: "Gary, potpuno si u pravu, stvarno mi je žao. Želim ovo promijeniti, ali ne znam kako. Ne znam što s tim napraviti pa tražim tvoju pomoć. Platit ću za tretman ako treba, ali hoćeš li mi molim te pomoći da izađem iz ovoga?"

Gary je odgovorio: "U redu, dat ću ti jedan sat pa ćemo vidjeti što dalje." Trebalo mi je četrdeset i pet minuta da shvatim da sam birao prosuđivati ga. Osjećao sam se kao da guram glavu kroz cigleni zid kako bih shvatio da biram to raditi jer se činilo tako automatski.

Kad sam konačno to shvatio, to je promijenilo cijeli moj svijet i cijelu moju realnost. Uvidio sam da je moja prosudba bila da ako on toliko brine o meni, to je zato što želi imati seks sa mnom. On je homoseksualan i samo želi seks. Samo me želi odvesti u krevet. To je držalo planine prosudbi koje sam podigao protiv svoga prijatelja.

Je li moguće da si ne dopuštate imati prijateljstvo s muškarcem jer ste negdje u svom svemiru zaključili i prosudili da bi samo muškarac koji s vama želi seks bio dobar i ljubazan i pazio na vas? Sve što je to podiglo bezbroj puta, hoćete li sve to uništiti i dekreirati? Right and Wrong, Good and Bad, POD and POC, All Nine, Shorts, Boys and Beyonds.

Gary:

Radio sam s nekim prije nekoliko dana. Uvijek sam imao osjećaj da je bio zlostavljan, no nikada to nije rekao. Kad sam ga za vrijeme tretmana nešto pitao, pojavilo se da je postojao nogometni trener zbog kojega se osjećao zlostavljano.

Pitao sam ga: "Kako to misliš? Što je trener napravio?"

Rekao je: "Pa, znao je trljati moja ramena. Rekao je da pokušava maknuti čvorove."

Upitao sam: "Je li tvoj trener pri tome imao neku seksualnu energiju?"

Rekao je: "Da!"

Pitao sam: "Je li imao seksualnu energiju prema tebi?"

Rekao je: "Da!"

Ovaj momak nije imao seksualno iskustvo s tim trenerom. Trener mu je pokušavao pomoći. Imao je osjećaj ljubavi i brižnosti za dijete, a dijete je to protumačilo kao seksualnu želju pa je prekinuo svoju svjesnost o čovjeku koji odašilje takvu energiju. Zaključio je da je to bilo vezano uz seks i kao rezultat, osjećao se povrijeđeno.

Gdje god ste se osjećali povrijeđeno kad vas je neki muškarac vidio kao stvarno slatko dijete ili kao nekoga tko je bio toliko divan da je to jedva mogao podnijeti ili netko

tko nije osjećao da treba ugasiti svoju seksualnu energiju dok je s vama i vi ste ga odbili i odbili ste sebe i krenuli u prosuđivanje toga, a to je kreiralo neku vrstu odvajanja sebe od sebe ili vas od njega ili vas od muškaraca ili vas od muškaraca i dječaka, hoćete li sve to uništiti i dekreirati? Right and Wrong, Good and Bad, POD and POC, All Nine, Shorts, Boys and Beyonds.

Izgleda da su neki od vas imali slična iskustva. Je li itko od vas imao takvo iskustvo gdje je netko tko je "muško" zapravo osjetio nešto seksualno prema vama, a vi ste se osjećali povrijeđeno ili je on nešto od vas htio što vi niste mogli ili htjeli isporučiti?

Sve što to podiže, bezbroj puta, hoćete li sve to uništiti i dekreirati? Right and Wrong, Good and Bad, POD and POC, All Nine, Shorts, Boys and Beyonds.

LJUBAZNOST KOJU MUŠKARCI IMAJU

Sudionik tečaja:
Dok sam odrastao, nisam mogao pronaći ljubaznost koju muškarci imaju. Kad sam sreo vas i Daina i mnoge momke u Access Consciousnessu, rekao sam: "Oh! To je to. To je ono što sam tražio!" Nisam si to dopuštao vidjeti dok sam bio mlađi.

Gary:
Što se dogodilo dok ste bili mlađi, a to niste htjeli znati pa ste se morali odvojiti od sebe i drugih muškaraca kako biste imali osjećaj koji ste mogli pronaći u ljubaznosti za koju ste znali da mora postojati?

Sudionik tečaja:
Vidio sam kako se ponašaju muškarci oko mene. Vidio sam što je moj djed radio s mojim sestrama i što je moj otac radio s mojom majkom pa sam odlučio: "Ako to znači biti muškarac, ne želim to biti."

Gary:
Sve što ste odlučili da ne želite biti jer tamo niste vidjeli ljubaznost, a ono što ste vidjeli bila je bol i patnja i povrijeđenost i zloba, hoćete li sve to uništiti i dekreirati i potvrditi sebe? Right and Wrong, Good and Bad, POD and POC, All Nine, Shorts, Boys and Beyonds.

Dain:
Drugi dio toga pojavljivao se dok ste govorili. Koliko ste bili svjesni nenaklonosti ili mržnje vaše mame prema muškarcima, nenaklonosti ili mržnje vaše sestre prema muškarcima i nenaklonosti ili mržnje vaše bake prema muškarcima?

Gary:
Pa to čak ne bi bila ni mržnja. To bi bilo potpuno nepovjerenje.

Dain:
U redu, dobro. Potpuno nepovjerenje, što je upravo ono s čime mi hodamo u odnosu na sebe.

Gary:
Da, na kraju to radite. Ne možete vjerovati da će žene vjerovati muškarcima. Ne možete vidjeti nikakve uvjete povjerenja žena prema muškarcima, ne možete vidjeti nikakve uvjete povjerenja muškaraca prema muškarcima

pa je konačni rezultat – ne možete vjerovati sebi jer ste muškarac.

Dain:
Ono što je ovdje tako izvrnuto je to što vi to preuzimate iz ženskoga svijeta, a to nikada niste uočili. To je ispod svega ostalog i cijelo vas vrijeme izjeda. Nije došlo od muškarca i nije došlo od vas. To je nešto što ste trebali podržavati kao gledište. Niste trebali biti poput muškaraca kojima žene nisu vjerovale. Ima li to smisla?

Sudionik tečaja:
Da.

Gary:
Ni žene ne vjeruju u sebe. Rijetko su dobre u mržnji, no dobre su u nepovjerenju i radit će mrske i zle stvari u ime osnaživanja i u ime stjecanja moći jer se osjećaju nemoćno pred potpunim nedostatkom poštovanja i potpunim nedostatkom povjerenja.

Sve što je to podiglo ili spustilo, možemo li sve to molim vas uništiti i dekreirati? Right and Wrong, Good and Bad, POD and POC, All Nine, Shorts, Boys and Beyonds.

Dain:
Puno je toga vezano za nepovjerenje u sebe kao muškarca i nepovjerenje u druge muškarce također. Dobijete projiciran nedostatak povjerenja od majki, sestara, tetki i svih žena jer one vide ono što su definirale kao istinito: ne mogu vjerovati muškarcima. Realnost je da ne vjeruju u sebe i ne vjeruju muškarcima. Vi ne vjerujete sebi, a ne vjerujete ni drugim

muškarcima pa koliko brižnosti prema sebi zapravo možete imati?

Nimalo. I ono malo brižnosti koja bi mogla biti, odnijelo je nepovjerenje pa ne možete imati brižnost prema sebi. Ne možete sebi čuvati leđa. Cijelo se vrijeme morate odvajati od sebe. I ne vidite druge muškarce koji su brižljivi.

Dok odrastate i stvarno želite imati seks, vidite da su muškarci koji privlače žene svjetski šupci pa kažete: "Čekaj malo. Ovo je prokleto zbunjujuće." Nemate načina percipiranja energije brižnosti i moći koja vi jeste. Uopće nemate pojma da je dobro težiti onome što je za vas istinito.

Gary:

Toliko je žena koje ne vjeruju u sebe i u svoj izbor muškarca. Sve što mogu je izabrati muškarca koji je jednako nepovjerljiv. Neki od vas izabrali su partnere koji imaju takvo nepovjerenje jer to odgovara vašoj vibraciji i vašoj usklađenosti s nedostatkom povjerenja koje osjećate prema sebi.

Dain:

Birate žene koje vas vide na određeni način i vi mislite da ste takvi. Mislite da ne zaslužujete povjerenje i prihvaćate laž da je to ono što vi jeste. Ali niste. Nitko od vas nije takav.

Koju glupost koristite da kreirate odvajanje muškaraca i žena, žena i žena, muškaraca i muškaraca, muškaraca i dječaka te muškaraca i djevojčica što birate? Sve što to jest bezbroj puta, hoćete li sve to uništiti i dekreirati? Right and Wrong, Good and Bad, POD and POC, All Nine, Shorts, Boys and Beyonds.

STVARANJE ODVAJANJA

Sudionik tečaja:
Ne percipiram da imam problem primanja seksualne energije od muškarca, ali percipiram da općenito stvaram odvajanje. Stvaram odvajanje kao da imam problem sa seksualnom energijom muškarca.

Gary:
Primate li zapravo energiju od muškarca? Ili primate gledište o sebi da imate otvoreni um?

Sudionik tečaja:
Da, to.

Gary:
Sve što ste napravili da kreirate otvoreno gledište kojim eliminirate sebe, hoćete li sve to uništiti i dekreirati? Right and Wrong, Good and Bad, POD and POC, All Nine, Shorts, Boys and Beyonds.

Sudionik tečaja:
Je li to stvaranje odvajanja?

Gary:
Vaš razlog i opravdanje za stvaranje odvajanja je "Da, ali ja imam otvoreni um". Mnogi ljudi kažu "Da, ali ja imam otvoreni um".

"Ali ja imam otvoreni um" je laž koju si govorite kako biste i dalje funkcionirali u odvajanju koje ste stvorili. Prihvaćate ideju da je otvoreni um sve što je potrebno da prevladate odvajanje, umjesto svjesnosti o onome što bi uistinu moglo biti drugačije.

Sudionik tečaja:
Da. Oho.

Gary:
Koliko ste otvoreni um koristili kao opravdanje za stvaranje odvajanja dok ste se pretvarali da to ne radite? Puno? Malo? Ili megatone? Sve što to jest bezbroj puta, hoćete li sve to uništiti i dekreirati? Right and Wrong, Good and Bad, POD and POC, All Nine, Shorts, Boys and Beyonds.

Dain:
Koju glupost koristite da kreirate odvajanje muškaraca i žena, žena i žena, muškaraca i muškaraca, muškaraca i dječaka te muškaraca i djevojčica što birate? Sve što to jest bezbroj puta, hoćete li sve to uništiti i dekreirati? Right and Wrong, Good and Bad, POD and POC, All Nine, Shorts, Boys and Beyonds.

Sudionik tečaja:
Volio bih to promijeniti. Volio bih kreirati nešto drugačije, biti nešto drugačije i raditi nešto drugačije – a potpuno sam izgubljen u tome kako to napraviti.

Gary:
Pa, niste vidjeli primjer kako biti prisutan kao vi i uživati u sebi, zar ne?

Sudionik tečaja:
Ne.

Gary:

Jeste li mislili da je prosuđivanje sebe uživanje u sebi?

Sudionik tečaja:

Da, to bi mogao biti jedini način na koji mogu uživati u sebi.

Gary:

Jedini način da uživate u sebi je prosuđivanje sebe da niste u krivu, kako biste mogli uživati u tome da ste u pravu. To ni na koji način ne širi vaš svemir, stoga je nešto kod toga gledišta krivo.

Dain:

Koju glupost koristite da kreirate odvajanje muškaraca i žena, žena i žena, muškaraca i muškaraca, muškaraca i dječaka te muškaraca i djevojčica što birate?

Sve što to jest bezbroj puta, hoćete li sve to uništiti i dekreirati? Right and Wrong, Good and Bad, POD and POC, All Nine, Shorts, Boys and Beyonds.

SEKSUALNA ENERGIJA I PRIMANJE

Gary:

Dodajmo tome još nešto: "I sebe od sebe."

Što kreira percepciju seksualne energije? To je osjećaj primanja. Kod muškarca kao što je Dain koji vas potpuno može primiti i koji vas ne prosuđuje, vi ste primljeni. To je ista seksualna energija koju želite primiti od žene, ali voljan sam kladiti se da vi odbijate Dainovu seksualnu energiju na isti način na koji odbijate žensku seksualnu energiju. Niste voljni primiti sve ono što ste sposobni primiti za sebe, k sebi i sa sobom.

Sve što je to podiglo i sve što to jest bezbroj puta, hoćete li sve to uništiti i dekreirati? Right and Wrong, Good and Bad, POD and POC, All Nine, Shorts, Boys and Beyonds. Imate li ikakvu ideju o tome što sam rekao?

Sudionik tečaja:
Pomalo sam se ovdje izgubio.

Gary:
To je problem. Shvaćate li koliko ste često bili izgubljeni u odnosima s muškarcima?

Sudionik tečaja:
Da i sa ženama.

Gary:
Da. Izgubite se sa ženama, ali u redu je izgubiti se sa ženom jer vas ona i dalje seksualno uzbuđuje.

Sudionik tečaja:
Da, apsolutno.

Gary:
Ali ako se izgubite s muškarcem, to je zato što je muškarac x, y ili z, što nije ništa drugo nego prosudba.

Sudionik tečaja:
Da, osjećam da držim ugodnu distancu pa pretpostavljam da prekidam primanje. Ne znam zašto, ali to činim.

Gary:

Prekidate sve ono što ne odgovara propisanom obrascu voljnosti primanja.

Sudionik tečaja:

Lako mogu reći da nikada u svom životu nisam imao uzor koji je radio nešto drugačije pa mogu tvrditi "Oh, nisam znao bla bla bla", ali ne želim da tako bude. Želim izabrati nešto drugo. Samo se osjećam izgubljeno.

Gary:

Zato radimo ovaj tečaj. Zato radimo ovaj proces. Pokrenimo ga još jednom, dr. Dain.

Dain:

Koju glupost koristite da kreirate odvajanje muškaraca i žena, žena i žena, muškaraca i muškaraca, muškaraca i dječaka, muškaraca i djevojčica i sebe od sebe što birate? Sve što to jest bezbroj puta, hoćete li sve to uništiti i dekreirati? Right and Wrong, Good and Bad, POD and POC, All Nine, Shorts, Boys and Beyonds.

BIRANJE NEČEG DRUGAČIJEG

Sudionik tečaja:

Kad vidim da stvaram odvajanje, je li prikladno pitati što činiti, kako biti i kako kreirati nešto drugačije? Kad se nađem u energiji odvajanja, ja se odmaknem i povučem svoju energiju. Zapravo povučem sebe.

Gary:

Morate pitati: zbog kojeg bi razloga beskonačno biće ovo izabralo? Morate shvatiti da vi birate povlačenje. To je uvijek izbor i ako to želite promijeniti, morate reći: "U redu, ovo biram i zbog čega bih to birao?" Onda recite: "Izabrat ću drugačije bez obzira kako će to izgledati."

Sudionik tečaja:

Pokušavao sam činiti nešto drugačije, ali ništa se ne mijenja i onda se osjećam još gluplje...

Gary:

Kako bi bilo da ste voljni prepoznati da raditi nešto drugačije zahtijeva samo da pogledate što biste birali? To ne morate ni izabrati.

Sudionik tečaja:

Pogledati što bismo izabrali i to ne izabrati?

Gary:

Da. Recimo da ste se naljutili na svoju djevojku, pa kažete: "Znaš što? Želim učiniti nešto drugačije. Što bi bilo drugačije od ljutnje?"

Mogli biste reći: "Da vidimo, uzvratiti istom mjerom bio bi izbor, vikati na nju bio bi izbor, voljeti je bio bi izbor", a radeći to počeli biste vidjeti da imate višestruke izbore, a ne samo jedan.

Sudionik tečaja:

Da.

Gary:
 Vi tražite što će riješiti problem koji ste definirali kao činjenicu da se povlačite. To je previše komplicirano. Jednostavna činjenica je da se povlačite. To je ukupni zbroj. Nema ničeg drugog. Stoga recite: "Želim učiniti nešto drugačije. Kako bi izgledalo da se ne povlačim? Oho, to bi bilo kao ostati ovdje, biti ovdje i raditi sve što je potrebno."

Sudionik tečaja:
 Da.

Gary:
 Shvaćate li što govorim?

Sudionik tečaja:
 Da, to mi puno pomaže.

Gary:
 Dobro. Biranjem da se ne povlačite otvarate vrata drugim izborima. Pitajte: Koji drugi izbor ovdje imam? Ako ovo neću izabrati, koje druge izbore imam? Ako počnete djelovati iz drugih izbora koje imate, mogu se pojaviti druge mogućnosti.

Sudionik tečaja:
 Da, apsolutno.

Gary:
 Svi me uvijek pokušavaju natjerati da im pokažem kako će kreirati rješenje, a ja im neprestano govorim: "Sve što trebate je birati."
 Oni kažu: "Da, ali ne mogu."

Zašto ne? Zato što stalno gledate na ono što je krivo ili da trebate popraviti ono što je krivo kako biste birali nešto drugačije. Ne. Samo prepoznajte: "Ovo ne funkcionira." I onda pitajte: "Što mogu drugačije napraviti?"

Sudionik tečaja:
Shvaćam to. Vidim da sam tražio nekakvo rješenje. Ovo puno pomaže.

Gary:
Ako to ne izaberem, koje još izbore imam?

Sudionik tečaja:
Da, to je sjajno.

Gary:
Tako više nećete ponavljati istu stvar misleći da ćete dobiti drugačiji rezultat.

PROMJENA NASPRAM DRUGAČIJEG

Sudionik tečaja:
Potpuno sam se ovdje izgubio i nisam imao pojma kako to promijeniti.

Gary:
"Nisam imao pojma kako to promijeniti" je jedna od stvari kojoj su vas uvježbavali i usklađivali. To je žensko gledište. "Moram imati problem. Sad ga moram promijeniti", a ne: "Moram napraviti nešto drugačije".

Sudionik tečaja:
To je upravo ono što sam radio.

Gary:
Pitanje nije "Kako to mogu promijeniti?" ili "Što mogu učiniti drugačije kako bih to promijenio?" To je traženje *promjene*. Pitanje je: Što ovdje mogu učiniti *drugačije?*
Morate biti voljni činiti i biti *drugačiji,* a ne *na drugi način.* Činiti nešto *na drugi način* još uvijek je pokušaj mijenjanja. Morate biti voljni biti ili činiti sve što je potrebno da budete dovoljno drugačiji kako biste dobili ono što tražite.

Sudionik tečaja:
Puno hvala.

Sudionik tečaja:
Ne shvaćam razliku između *promjene* i *drugačijeg.*

Gary:
Promijenite sada svoj položaj u stolici.

Sudionik tečaja:
U redu.

Gary:
Sad učinite nešto drugačije. Biste li i dalje ostali u stolici ili biste napravili nešto drugačije?

Sudionik tečaja:
Oh, shvaćam!

Gary:
Promjena znači držati se onoga što imate, dodajući ili oduzimajući nešto ili mijenjajući smjer – ali ostajete gdje jeste.

Sudionik tečaja:
To zapravo nije raditi nešto drugačije, zar ne? Imate samo ono isto staro.

Gary:
Upravo tako. To je razlog što gubite izbor kad nešto krenete mijenjati. Ali ako napravite nešto drugačije, imate više izbora. Žene često govore muškarcima s kojima su u odnosu: "Ovo trebamo promijeniti." To ne znači "trebaš učiniti nešto drugačije", već "trebaš se prilagoditi kako bi se uklopio tamo gdje želiš biti".

Sudionik tečaja:
To sam radio u svom odnosu. Od nje sam tražio da se promijeni, umjesto da odnos bude drugačiji. I ne mijenja se i nije drugačiji.

Gary:
Pa, mijenja se; samo ne funkcionira bolje.

Sudionik tečaja:
Da.

Gary:
Ako pokušavate promijeniti odnos, pokušavate sjesti na stolicu u suprotnom smjeru. Ne pokušavate napraviti nešto drugačije što će omogućiti drugačiji izbor. Pomaže li to?

Sudionik tečaja:
Da, to neizmjerno pomaže. Jučer sam razgovarao s prijateljem o načinu na koji su žene puno kompliciranije od muškaraca. Izgleda da sam pokupio žensko gledište da moram mijenjati stvari i to se čini stvarno kompliciranim.

Gary:
Da, to svaki muškarac nauči od žena oko sebe. Žensko gledište uvijek će biti: "Što trebaš promijeniti? Kako te mogu promijeniti?" Komplicirano je jer ne možete vidjeti što je to što one žele da promijenite – a one vam neće reći.

Sudionik tečaja:
Da.

Gary:
Kad ste voljni *promijeniti* odnos, niste voljni napustiti odnos.
Drugačije znači "U redu, pa što bih ovdje htio drugačije napraviti?" *Drugačije* može značiti napustiti odnos. Imate više izbora.

Sudionik tečaja:
Hvala Vam.

Dain:
To ste prihvaćali od vremena kad ste imali majku. *Drugačije* otvara sve mogućnosti jer više niste vezani za ono što je bio sastavni dio onoga što mora ići u budućnost, a to je *promjena*.
Trebate djelovati iz: što danas mogu biti ili raditi drugačije što će ovo učiniti onakvim kakvim bih želio da bude? Ako nešto samo mijenjate, pokušavate *promijeniti način na koji*

nešto izgleda, a ne *radite nešto drugačije što kreira drugačiji rezultat*. Shvaćate li to?

Sudionik tečaja:
Da, shvatio sam!

Gary:
Koju glupost koristite da kreirate potrebu za promjenom kao stvarniju od mogućnosti razlike što birate? Sve što to jest bezbroj puta, hoćete li sve to uništiti i dekreirati? Right and Wrong, Good and Bad, POD and POC, All Nine, Shorts, Boys and Beyonds.

Kad imate potrebu za promjenom, djelujete iz zaključka. Ne pitate: "Koje su druge mogućnosti ovdje dostupne?" To je razlika između biranja da budete muškarac i pokušavanja djelovanja kao žena.

Žena će nositi haljinu i koristit će različite dodatke kako bi promijenila svoj izgled. Većinu su žena učili da mijenjaju izgled, a ne da rade nešto drugačije. Znači li to išta? Ne. To je samo način na koji one funkcioniraju. Morate biti voljni pogledati kako one funkcioniraju i vidjeti kako vi želite funkcionirati. Želite li funkcionirati iz pokušaja mijenjanja nečega kako bi izgledalo drugačije? Ili želite napraviti nešto drugačije što će vam odgovarati?

ŠTO MOGU UČINITI DRUGAČIJE?

Sudionik tečaja:
Siguran sam da ste o ovome ranije govorili, ali nisam to nikada čuo. U posljednje sam vrijeme promatrao sve ono

što mi ne odgovara i sve načine na koje sam pokušavao to promijeniti, a nisam pitao: "Što ovdje mogu učiniti drugačije?" Uvijek je "Kako da ovo malčice poboljšam?" ili "Kako da ovo malo bolje radi?", umjesto ""Što mogu drugačije učiniti?"

Gary:

Kad uđete u odnos često prakticirate *promjenu,* a ne *različitost* jer je temelj na kojem stvarate "Imam ovaj odnos".

Dain:

Odnos postaje centralna točka oko koje se sve vrti. Kao da uzmete uzicu i čavlom učvrstite jedan njezin kraj u zemlju govoreći sebi da možete ići samo onoliko daleko koliko se proteže uzica. To je jedan od razloga zašto mnogi muškarci postanu umorni jednom kad uđu u odnos. Odete kući svojoj djevojci ili svome partneru i kažete "samo tu želim sjediti i piti pivo" ili "samo želim gledati televiziju" ili "samo želim pušiti" ili "samo želim nešto raditi". U promjeni ste; niste neprestano *drugačiji;* a u promjeni nema dovoljno živosti. Nema dovoljno življenja; nema dovoljno različitosti za vas.

Gary:

Ako počnete djelovati iz *drugačijeg,* kreirali biste vitalnost koja je i kreirala vaš odnos.

Dain:

I imali biste ženu koja moli za još! Poštovala bi vas, željela bi vas, uzbuđivali biste je cijelo vrijeme. Ali vi pokušavate igrati njezinu igru, da tako kažemo. Idete u promjenu zbog čega vas žene ne žele poštivati. Misle da vas mogu pregaziti, da vas mogu posjedovati, da vas mogu kontrolirati i vjeruju da nemate vrijednost.

Gary:
A to nije ono što uistinu žele imati.

Dain:
Tako je, a tko vam to nažalost nameće?

Gary:
Vi.

Dain:
Vidjeli smo muškarce koji izgledaju kao najveći šupci na planetu, a žene plaze po njima. Ono što će vas učiniti atraktivnijima nego što će ti neljubazni, nebrižni, šupkasti muškarci ikada biti je voljnost da kreirate nešto drugačije.

Gary:
Važan dio ovdje je kreiranje. Kad pokušavate mijenjati, ne pokušavate kreirati. Pokušavate uzeti ono što je utemeljeno i to dovoljno promijeniti da ne bude neugodno. Je li vam to dovoljno?

Dain:
Mislite da biste trebali živjeti iz *promjene*, umjesto iz *različitosti*. Ta je ideja toliko intenzivno ispod svega.

Gary:
To je ono s čime smo usklađeni.

Dain:

Kad počnete razmišljati o biranju nečeg drugačijeg, vaša stanična struktura počinje vibrirati. Mislite da vas *različitost* izluđuje, mislite da ne volite *različitost*, mislite da samo želite biti sposobni nešto dovoljno promijeniti kako bi bilo bolje, ali to je ono što vas ubija. Morate izaći iz tog usklađivanja, a način za to je pitanje: Što ovdje mogu biti ili činiti drugačije, što će dopustiti da se sada pojavi potpuno drugačija mogućnost?

Sve što to ne dopušta, bezbroj puta, hoćete li sve to uništiti i dekreirati? Right and Wrong, Good and Bad, POD and POC, All Nine, Shorts, Boys and Beyonds.

Koju glupost koristite da kreirate potrebu za promjenom kao stvarniju i nužniju od mogućnosti razlike što birate?

Gary:

Žene kažu "nužno je da se promijeniš", a kad bilo što postane nužnost, morate se opirati.

Što ako biste s muškarcima u svom životu birali raditi nešto drugačije? Bi li to značilo da biste s njima morali imati seks? Ne jer sada s njima održavate odnos, pokušavate promijeniti svoj odnos s muškarcima dok ništa ne radite drugačije od onoga što ste radili u prošlosti. Sve je vezano uz promjenu.

Žene rano nauče na papirnatu lutku stavljati papirnate haljine kako bi izgledala izmijenjeno i drugačije. Ali to zapravo nije drugačije; izgled joj je promijenjen onime što na nju stave. Je li to dovoljno?

Moja je bivša supruga jednom rekla: "Gary i ja sada imamo toliko drugačiji odnos da sam promijenila način na koji se on odijeva."

Dain:
Oho. "Gledaj, napravila sam od njega mušku lutku."

Gary:
Bio sam njezina muška lutka.

Dain:
Koliko vas je postalo muška lutka u većini odnosa u kojima ste bili? Sve što to jest bezbroj puta, hoćete li sve to uništiti i dekreirati? Right and Wrong, Good and Bad, POD and POC, All Nine, Shorts, Boys and Beyonds.

Ono što vas tamo dovodi je odvajanje sebe od sebe.

Koju glupost koristite da kreirate potrebu za promjenom kao stvarniju i nužniju od mogućnosti, izbora i pitanja za različitost, što birate? Sve što to jest bezbroj puta, hoćete li sve to uništiti i dekreirati? Right and Wrong, Good and Bad, POD and POC, All Nine, Shorts, Boys and Beyonds.

Gary:
Vi ste pitali "Kako ovo mogu promijeniti?", umjesto "Koje još izbore, koje još mogućnosti i koja još pitanja ovdje mogu imati?", što znači da se vama ne može doprinijeti. Možete samo pokušati davati nekome drugome. Ima li to smisla?

Sudionik tečaja:
Potpuno.

Sudionik tečaja:
Ovo je tako dobro. Cijeli moj život je točno takav. Vidim kako sam zaustavljao izbore da činim nešto drugačije.

Gary:
Nažalost, nije nam pružena svjesnost o različitosti. Dio ove informacije pojavio se u Kostarici kad sam s Dainom pričao o situaciji iz njegovog života. Upitao je: "Kako da to popravim?" Pitao sam: "Zašto bi to popravljao? Možeš učiniti nešto drugačije."

Dain:
Rekao sam: "Ljudi to ne rade. Nitko na svijetu ne radi nešto drugačije. Popraviš to kako bi bolje funkcioniralo." Gary se skoro srušio.

Gary:
Morao sam leći. Toliko me iznenadilo jer sam cijelo vrijeme proveo kreirajući Access Consciousness iz gledišta da ako znate da biste mogli drugačije izabrati, da i hoćete.

Iznenadilo me i zadivilo što je moja realnost toliko drugačija od realnosti svih drugih.

Dain:
Koju glupost koristite da kreirate potrebu za promjenom kao stvarniju i nužniju od mogućnosti, izbora i pitanja za različitost, što birate? Sve što to jest bezbroj puta, hoćete li sve to uništiti i dekreirati? Right and Wrong, Good and Bad, POD and POC, All Nine, Shorts, Boys and Beyonds.

Kad djelujete iz mogućnosti, izbora i pitanja, to je doprinos koji ide u oba smjera. Radi se o doprinosu koji jeste drugima i doprinosu koji jeste sebi. Ako prestanete pokušavati promijeniti sebe kako biste se uklopili u odnos i počnete gledati na "Što bi se ovdje za mene trebalo pojaviti drugačije?", dobit ćete drugačiji skup pitanja, drugačiji skup mogućnosti i drugačiji skup izbora iz kojih možete početi djelovati. Mogu poprilično jamčiti da većina muškaraca nikada ne gleda što bi se u njihovom odnosu trebalo drugačije dogoditi kako bi im on odgovarao.

Kažete "Kako mogu promijeniti sebe?", umjesto "Kako možemo učiniti nešto potpuno drugačije, što god to bilo?" ili "Što možemo drugačije biti ili činiti?" ili "Što ja mogu biti ili raditi drugačije što će dopustiti da se pojavi drugačija mogućnost, izbor i pitanje kako bih bio drugačiji doprinos i kako bi mi se drugačije doprinosilo?""

MOGUĆNOST, IZBOR, PITANJE I DOPRINOS

Gary:
Shvaćate li da biste stvarno htjeli biti doprinos?

Sudionik tečaja:
Da.

Gary:
Jedini način na koji ćete djelovati iz doprinosa je kroz izbor, mogućnost i pitanje. Kao metu već imate doprinos. Ne radi se o tome kako doprinos ovome treba dodati; to je ono što vi i svi ostali kao bića želite – biti doprinos.

Ako počnete djelovati iz "drugačijeg", drugačije se stvari mogu pojaviti u vašem životu. Morate kreirati drugačiju realnost, umjesto da pokušavate promijeniti ovu realnost. Nemojte pokušavati biti popravljač.

Sudionik tečaja:

Kad pokušavam promijeniti sebe kako bi mi nešto više odgovaralo ili kako bih se bolje uklopio, gubim li tu sebe?

Gary:

Da, tu gubite sebe jer niste ili ne radite nešto drugačije; mijenjate se kako biste se bolje uklopili. Kao da ste promijenili svoju odjeću. Obukli ste se za ulogu. Niste obučeni za uspjeh.

Sudionik tečaja:

Ovo mi daje toliko svjesnosti o onome što sam birao, a nikada nisam bio svjestan. Uistinu sam zahvalan za to.

Dain:

To objašnjava puno područja gdje mi, kao muškarci, nismo bili sposobni biti muškarci i to objašnjava puno ne-muškosti iz koje smo pokušavali djelovati.

Gary:

Zato što se pokušavate podesiti i promijeniti kako biste odgovarali univerzumu promjene koji je poput kartonskog papira za izrezivanje.

Sudionik tečaja:

Točno. Pitao sam se "Kako se mogu promijeniti da to odgovara nekom drugom?", umjesto da pitam "Što će meni odgovarati?" i "Što mogu činiti drugačije što će odgovarati meni, a možda i drugoj osobi?"

JESU LI VAS IKADA POTICALI DA BUDETE MUŠKARAC?

Sudionik tečaja:
Žao mi je što imam problema shvatiti ovo i biti ono što kao muškarac mogu biti. Tako sam zahvalan za Klub za gospodu.

Gary:
Pa mogu li vam postaviti pitanje?

Sudionik tečaja:
Da.

Gary:
Jesu li vas ikada poticali da budete muškarac?

Sudionik tečaja:
Ne, uopće nisu.

Gary:
Jesu li ikoga na ovom tečaju poticali da budete muškarac?

Sudionik tečaja:
Sad ste me rasplakali.

Gary:
Mene nikada nisu poticali da budem muškarac. Poticali su me da budem muškarac kojeg bi žena izabrala za brak.

Sudionik tečaja:
Nikada nisam vidio muškarca koji je izabrao biti muškarac. Samo su pokušavali biti sve ono što odgovara njihovim ženama ili suprugama.

Sudionik tečaja:
Hvala vam dečki što ste se voljni baviti s nama.

Gary:
Sviđate nam se. Sviđate nam se više nego što se sviđate sami sebi.

Dain:
Da, točno! Sviđate nam se puno više nego što se sviđate sami sebi.

Gary:
Želimo da iskoračite i budete nešto drugačije.

Sudionik tečaja:
Drugačije je moja nova riječ.

Gary:
U redu dečki, čuvajte se. Puno vas volim.

Sudionik tečaja:
Hvala dečki.

Gary:
Bok.

Dain:
Bok.

2.
Stvaranje seksa i odnosa iz svjesnosti o tome što jest

Težite prema traženju ispravnosti svog ograničenog gledišta, a ne istine o onome što možete percipirati, znati, biti i primati pa završavate u odnosima koji ne funkcioniraju.

Gary:
Bok, gospodo. Ima li tko pitanje?

KREACIJA NASPRAM IZUMA

Sudionik tečaja:
Trenutno nemam vremena baviti se temom o muškarcima. Sva moja energija ide u stvaranje novca i poslovanje. Nema vremena za ove gospodske stvari. Sve ostalo je puno važnije. Što s time stvaram? Što mogu raditi ili biti što će za mene kreirati nešto drugačije kako bih imao sve?

Gary:

Mora vam biti jasno da postoji razlika između kreacije i izuma. Izum je kad gledate televiziju i vidite da ljudi nešto rade i pokušavate izmisliti da je ono što rade zapravo stvarno pa govorite iste riječi i radite iste radnje misleći da ćete stvoriti ono što oni imaju. Ali ne kreirate ništa. To je potpuni izum toga što realnost jest. Nije svjesnost o onome što realnost jest.

Voljeli bismo vas dovesti do toga da imate drugačiju vrstu izbora kako biste mogli početi gledati ono što jest i pitati "Kako bih ovo volio upotrijebiti?" i "Kako ovo mogu kreirati?"

Dok smo jednom bili u Kostarici gledao sam film na TV-u. Sve je bilo na španjolskom i nisam sve u potpunosti razumio, ali uhvatio sam bit onoga što se događalo. Željeli su portretirati "strast" pa su pokazali kako nečije donje rublje pada na pod. Osoba je nosila Nikeice i niske čarape. Mogao sam pomisliti na "strast" da su pale gaćice s visokih peta. Mogao sam pomisliti na "strast" da sam znao je li Nikeice nosio muškarac ili žena, no ovako kako je prikazano nije mi odgovaralo "strasti". Gledajući to, shvatio sam da mi *izmišljamo* misli, osjećaje, emocije, seks i ne-seks iz kojih funkcioniramo. Mi ne *generiramo* i ne *kreiramo* stvarne elemente onoga što će nam dati sve ono što želimo. Na primjer, koliki je postotak vašeg seksualnog života izumljen na temelju vizualnog korteksa ove realnosti?

Dain:

Vizualni korteks je dio mozga koji procesira vizualne informacije. Vidite nekoga tko odgovara izumu vašega vizualnoga korteksa o tome što osoba treba biti i vi izmislite da to znači to, to i to. Ono što vidite ne znači ništa od toga, ali prekidate svoju svjesnost kako biste otišli u ograničenje izuma.

NAČIN NA KOJI IZGLEDA NASPRAM ONOGA KAKVO JEST

Gary:

Kao beskonačno biće vi percipirate, znate, jeste i primate, točno?

Donji harmonik percipiranja, znanja, bivanja i primanja je djelovanje iz misli, osjećaja, emocija i seksa i ne-seksa. Kada to radite, sve je ocrtano onako kako vi, kao ograničeno biće, vizualno vidite u svijetu. Imate potpuno ograničeno gledište o tome što zapravo može biti. Na primjer, kada nešto pokušavate napraviti s vizualnog aspekta, možete vidjeti samo kako to izgleda – a ne kakvo jest.

Često tražite ispravnost svog ograničenog gledišta, a ne istinu onoga što možete percipirati, znati, biti i primati pa završavate u odnosima koji ne funkcioniraju.

Koju glupost koristite da kreirate izum znakova, pečata, simbola, amblema i značaja seksa, kopulacije i odnosa kao pogrešnosti, odbijanje uspjeha, eliminiranje primanja i gubljenje što birate? Sve što to jest bezbroj puta, hoćete li sve to uništiti i dekreirati? Right and Wrong, Good and Bad, POD and POC, All Nine, Shorts, Boys and Beyonds.

Znakovi, pečati, simboli, amblemi i značaji su značke koje nosite koje nemaju ništa zajedničko s onime što vi jeste.

Tražite znakove, pečate, simbole, ambleme i značaje seksa, kopulacije i odnosa.

Znakovi, pečati, simboli, amblemi i značaji kopulacije su: "ona izgleda kao moj tip", "ona ne izgleda kao moj tip", "ona bi mogla biti zabavna", "ona ne bi mogla biti zabavna", "mogu je gledati da to radi, ali ne moram biti dio toga". To je sve ono čudno u što idete gdje umjesto da imate izbor, imate eliminiranje mogućnosti.

Znakovi, pečati, simboli, amblemi i značaji odnosa su: "oh, sviđam joj se", "oh, ne sviđam joj se", "oh, želi biti sa mnom", "ne želi biti sa mnom", "oh, želim nekoga u svom životu", "ne želim nekoga u svom životu".

Koliko puta nekoga pogledate i kažete "ovo je osoba s kojom želim biti" pa ipak nemate ideju tko je dovraga ta osoba. Nemate svjesnosti o tome što ona stvarno želi i prekidate svu svoju svjesnost o tome što će ona od vas tražiti jer ne želite da itko od vas traži nešto što niste voljni dati. Kako to funkcionira?

Sudionik tečaja:

Uopće ne. To je kao autopilot špiljskog čovjeka. Da biste bili muškarac izgleda da je bitno (govoreći glasom špiljskog čovjeka): "Uh, to izgleda dobro, idi."

PRAVILO KURCA

Gary:

Bitna stvar da biste bili muškarac je da bi vas trebao voditi vaš kurac. Bilo da ste homoseksualni ili heteroseksualni muškarac, kurac vlada. Je li to istina ili izum?

Sudionik tečaja:
Izum.

Gary:
Koliko vas je izmislilo vladavinu kurca? Gdje god ste izmislili vladavinu kurca, hoćete li sada sve to uništiti i dekreirati? Right and Wrong, Good and Bad, POD and POC, All Nine, Shorts, Boys and Beyonds.

Dain:
To je sjajno. Vladavina kurca.

Gary:
Koliko vas je izmislilo da ste tip glupana?

Dain:
Svaki put kad prođe netko privlačan!

Gary:
Svaki put kad vas netko privuče, vi odete u glupost.
Sve što ste napravili da izmislite sebe kao glupana, hoćete li sve to uništiti i dekreirati? Right and Wrong, Good and Bad, POD and POC, All Nine, Shorts, Boys and Beyonds.

Dain:
"Da, mogu li to imati, molim? Mogu li imati jednu od ovih? U redu, hvala. Mogu li imati drugu, molim? U redu, hvala." To je kao da ništa drugo nije važno. Postanete glupi.

Gary:
Postanete jednoznamenkasti IQ.

Sve što ste činili da izmislite sebe kao jednoznamenkasti IQ, što znači da vaš kurac vlada, hoćete li sve to uništiti i dekreirati? Right and Wrong, Good and Bad, POD and POC, All Nine, Shorts, Boys and Beyonds.

Dain:
Oho. Već mi se sviđa ovaj tečaj.

Gary:
I meni.

Dain:
Koju glupost koristite da kreirate izum znakova, pečata, simbola, amblema i značaja seksa, kopulacije i odnosa kao pogrešnosti, odbijanje uspjeha, eliminiranje primanja i gubljenje što birate? Sve što to jest bezbroj puta, hoćete li sve to uništiti i dekreirati? Right and Wrong, Good and Bad, POD and POC, All Nine, Shorts, Boys and Beyonds.

AKO STE MUŠKARAC, U KRIVU STE

Gary:
Jeste li ikada imali ideju da ste u krivu dok ste bili s nekim za koga ste mislili da je sladak, zgodan i prava osoba za vas?

Sudionik tečaja:
Da, ali u krivu smo i ako nismo s tom osobom.

Gary:

Pa naravno! Ako vaša zmija ne pokazuje pravi smjer, u krivu ste. Ako pokazuje smjer, u krivu ste. Ako uopće pokazuje, u krivu ste.

Dain:

A ako ne pokazuje, još ste više u krivu.

Gary:

Sve što ste učinili da to izmislite kao svoju realnost, hoćete li sve to uništiti i dekreirati? Right and Wrong, Good and Bad, POD and POC, All Nine, Shorts, Boys and Beyonds.

Dain:

Primijetio sam dok bih se spremao za izlazak s različitim djevojkama na večeru ili seks ili bilo što, da sam mislio: "Izgleda li ovo u redu? O Bože, jesam li se dobro obrijao? Idem još jednom oprati zube. Uh, moram biti siguran da sam stavio dezodorans. Ovo obavezno moram oprati." Intenzivno sam prosuđivao kako ću biti u krivu, kako već jesam u krivu i kako ću na neki način poništiti pogrešnost samo ako izgledam dovoljno savršeno ili zvučim dovoljno savršeno ili ako kažem nešto dovoljno savršeno. Trebalo mi je dugo vremena da shvatim da percipiram ono što je bilo prisutno u njihovom svijetu.

Sve što ste učinili da izmislite sebe kao da trebate biti savršenstvo seksualnog partnera, hoćete li sve to uništiti i dekreirati? Right and Wrong, Good and Bad, POD and POC, All Nine, Shorts, Boys and Beyonds.

Očito ste svi vi pokušavali biti "savršeni seksualni partner".

Gary:

Ako ste muškarac, u krivu ste. Ako ste muškarac s muškarcem, još uvijek ste u krivu. Ako mislite da biste imali seks s muškarcem, u krivu ste. Ako mislite o seksu sa ženom, u krivu ste. Dobra je vijest da ste jednostavno strašno u krivu.

Sve što ste učinili da to izmislite kao svoju realnost, hoćete li sve to uništiti i dekreirati? Right and Wrong, Good and Bad, POD and POC, All Nine, Shorts, Boys and Beyonds.

Dain:

Koju glupost koristite da kreirate izum znakova, pečata, simbola, amblema i značaja seksa, kopulacije i odnosa kao pogrešnosti, odbijanje uspjeha, eliminiranje primanja i gubljenje što birate? Sve što to jest bezbroj puta, hoćete li sve to uništiti i dekreirati? Right and Wrong, Good and Bad, POD and POC, All Nine, Shorts, Boys and Beyonds.

Gary:

Bože, Bože. Dobra je vijest što ste vi dečki pogrešnost doveli do fine znanosti.

Dain:

Dobro je u nečemu biti u pravu.

Gary:

Da, uvijek je dobro biti u pravu da ste u krivu. To je automatski, u krivu ste jer ste muškarac.

Dain:

U pravu si.

Gary:

Znam, ali ako sam u pravu, ti si u krivu i ako sam u krivu, ti si u pravu, a ako sam ja muškarac, u krivu sam bez obzira na sve.

Sve što ste izmislili o tom gledištu, hoćete li sve to uništiti i dekreirati? Right and Wrong, Good and Bad, POD and POC, All Nine, Shorts, Boys and Beyonds.

Sudionik tečaja:

Mislimo li da ćemo biti u pravu ako dobijemo ženu, da tako kažem?

Gary:

Pa, mislite da ako je dobijete, konačno ćete dokazati da imate prave znakove, pečate, simbole, ambleme i značaje. Većina vas je voljna imati samo crvenu značku hrabrosti ili crveno slovo "A", što znači da ste preljubnik i šupak. Što ako biste bili osoba koja bi mogla aktivirati i aktualizirati drugačiju realnost? Birate li to ili to izbjegavate? Koliko ste puta izmislili sebe kao gubitnika čak i prije nego ste započeli? Više od bezbroj ili manje?

Sudionik tečaja:

Više.

Gary:

Sve što to jest bezbroj puta, hoćete li sve to uništiti i dekreirati? Right and Wrong, Good and Bad, POD and POC, All Nine, Shorts, Boys and Beyonds.

Nije li to sjajno? Izgubili ste prije nego što ste uopće otvorili usta. Bi li to pomalo otežalo kreiranje odnosa ili kopulacije? Da! To vam nije u najboljem interesu.

IZMIŠLJANJE KONTRACEPCIJE

Dain:

Koju glupost koristite da kreirate izum znakova, pečata, simbola, amblema i značaja seksa, kopulacije i odnosa kao pogrešnosti, odbijanje uspjeha, eliminiranje primanja i gubljenje što birate? Sve što to jest bezbroj puta, hoćete li sve to uništiti i dekreirati? Right and Wrong, Good and Bad, POD and POC, All Nine, Shorts, Boys and Beyonds.

Znakovi, pečati, simboli, amblemi i značaji su izumi zbog kojih ne možete roditi svoju svjesnost. Oni su poput ultimativne kontracepcije. Imate seks, kopulaciju i odnos kao ono što stvara pogrešnost, odbijanje uspjeha, eliminaciju primanja i osiguravanje gubitka. Pokušavate dobiti pravi seks, pravu kopulaciju i pravi odnos kako se ne biste osjećali kao gubitnik, ne-dobitnik i netko tko može primati, a da nije u krivu.

Sudionik tečaja:

Kad je Dain rekao "znakovi, pečati, simboli, amblemi i značaji su izumi zbog kojih ne možete roditi svoju svjesnost", to je za mene bilo točno. Što je to?

Gary:

Koliko izuma seksa, kopulacije i odnosa je način eliminiranja i ne rađanja svjesnosti, već abortiranja svjesnosti?

Sudionik tečaja:

Svi.

Gary:

Koliko se seksa kojega ste imali temeljilo na pobačaju sve svoje svjesnosti? Puno? Malo? Ili megatone? Right and Wrong, Good and Bad, POD and POC, All Nine, Shorts, Boys and Beyonds.

Dain:

Koju glupost koristite da kreirate izum znakova, pečata, simbola, amblema i značaja seksa, kopulacije i odnosa kao pogrešnosti, odbijanje uspjeha, eliminiranje primanja i gubljenje što birate?

Sve što to jest bezbroj puta, hoćete li sve to uništiti i dekreirati? Right and Wrong, Good and Bad, POD and POC, All Nine, Shorts, Boys and Beyonds.

Gary:

Vjerujete li zapravo da možete gubiti? Sve što ste učinili da kreirate to vjerovanje, hoćete li sve to uništiti i dekreirati? Right and Wrong, Good and Bad, POD and POC, All Nine, Shorts, Boys and Beyonds.

Ne postoje gubitnici. Razlika između gubitnika i dobitnika je razlika između nekoga tko će pokušavati unatoč svemu i nekoga tko neće ni htjeti pokušati da ne bi izgubio.

Koliko onoga kakvim ste se kreirali je bio izum kako zapravo ne biste trebali uspjeti, primati ili gubiti, već da uvijek možete dokazivati da ste u krivu što ne birate drugačije? Sve što to jest bezbroj puta, hoćete li sve to uništiti i dekreirati? Right and Wrong, Good and Bad, POD and POC, All Nine, Shorts, Boys and Beyonds.

Dečki, evo procesa kojega trebate početi pokretati:

Koju fizičku aktualizaciju kreiranja seksa, kopulacije i uspjeha sam sada sposoban generirati, kreirati i utemeljivati? Sve što to ne dopušta bezbroj puta, hoćete li sve to uništiti i dekreirati? Right and Wrong, Good and Bad, POD and POC, All Nine, Shorts, Boys and Beyonds.

ŠTO AKO JE USPJEH SAMO IZBOR?

Sudionik tečaja:
Rekli ste "seks, kopulacija i uspjeh". Kako je seks dio te jednadžbe? Izgleda čudno.

Gary:
Pa, ako s nekime ostvarite seks, osjećate li se uspješnijim?

Sudionik tečaja:
Da.

Gary:
Ako ostvarite osjećaj da imate više novca, osjećate li se uspješnijim?

Sudionik tečaja:
Da.

Gary:
Jesu li zapravo drugačiji?

Sudionik tečaja:
To su drugačije energije, ali zadovoljstvo ili uspjeh je tu.

Gary:
Uspjeh je i dalje tu, unatoč svemu. Zato vam dajem da pokrećete ovaj proces.
Koju fizičku aktualizaciju kreiranja seksa, kopulacije i uspjeha sam sada sposoban generirati, kreirati i utemeljivati? Sve što to ne dopušta bezbroj puta, hoćete li sve to uništiti i dekreirati? Right and Wrong, Good and Bad, POD and POC, All Nine, Shorts, Boys and Beyonds.

Sudionik tečaja:
Stalno se vraćam na uspjeh. To je za mene tako teška riječ. U potpunosti označava provjeravanje moje valjanosti i radi se samo o prosudbi.

Gary:
Uspjeh je uvijek prosudba. Što ako ne biste trebali brinuti o prosudbi? Što ako je uspjeh samo izbor?

Sudionik tečaja:
Možete li samo izabrati uspjeh bez prosudbe?

Gary:
Da.

Sudionik tečaja:
Možete li to objasniti?

Gary:

Da. Uspjeh s prosudbom je ideja da ćete s nekim imati seks. Uspjeh s prosudbom je ideja da ćete time nešto kreirati? Trebate li to stvarno? Što ako biste bili voljni nešto pogledati bez osjećaja uspjeha? Kako bi bilo da ste voljni imati sve ono što ste sposobni imati? Ono što gledamo kao uspjeh, seks, kopulacija i romansa izmišljeno je. To je izmišljena realnost.

MOŽETE KREIRATI – ILI MOŽETE IZMIŠLJATI

Dain:

Možete ili *kreirati* ili možete *izmišljati*, što nas vraća na sami početak ovog razgovora.

Gary:

Koliko je vašeg uspjeha s romansom, seksom i kopulacijom izmišljeno do točke gdje vas guši i uništava? Puno? Malo? Ili megatone? Sve što to jest bezbroj puta, hoćete li sve to uništiti i dekreirati? Right and Wrong, Good and Bad, POD and POC, All Nine, Shorts, Boys and Beyonds.

Izum je kada nekoga pogledate i pokušate stvoriti emocionalnu povezanost. Iz toga pokušavate stvoriti svoj seks i svoju kopulaciju, no to ne funkcionira jer nema nikakvog sadržaja. Vi, kao biće koje jeste, imate puno više sadržaja u životu i nažalost, ako imate ozbiljan sadržaj, često ćete plašiti ljude koji vas zanimaju.

Dain:

Plašite ih prilično dinamično. Stoga od vrlo ranih dana naučite utišati sve ono što je kod vas intenzivno. Sve što je kod vas veliko. Sve što je kod vas čudno. Sve što je kod vas drugačije, što je usput sve ono što vas čini svojim. To je sve ono što vas čini privlačnim nekome s kim bi bilo zabavno biti. Sve to ublažite i pokušavate izmisliti sebe kao nešto što bi bilo privlačno osobi koju ste izmislili da vas mora privlačiti.

Gary:

Kako vam to odgovara?

Sudionik tečaja:

Nikako.

Gary:

Morate osvijestiti što želite kreirati. Ako zauzmete gledište "želim da netko bude u mom životu", što to znači? Nešto? Ništa? Išta? Ili je to tako amorfno kako ne biste morali vidjeti što će vam zapravo odgovarati?

Koliko je vaša odluka "biti s nekim" izum amorfne realnosti ništavila?

Dain:

Koju glupost koristite da kreirate izum znakova, pečata, simbola, amblema i značaja seksa, kopulacije i odnosa kao pogrešnosti, odbijanje uspjeha, eliminiranje primanja i gubljenje što birate? Sve što to jest bezbroj puta, hoćete li sve to uništiti i dekreirati? Right and Wrong, Good and Bad, POD and POC, All Nine, Shorts, Boys and Beyonds.

Koju fizičku aktualizaciju kreiranja seksa, kopulacije i uspjeha ste sada sposobni generirati, kreirati i utemeljivati? Sve što to ne dopušta bezbroj puta, hoćete li sve to uništiti i dekreirati? Right and Wrong, Good and Bad, POD and POC, All Nine, Shorts, Boys and Beyonds.

KREIRANJE NEČEGA ŠTO JE DRUGAČIJE

Gary:
Dečki, shvaćate li da govorimo o kreiranju nečega što je drugačije? Morate shvatiti kakvo biste nešto htjeli da bude. Pitajte:
- Hoće li biti lagano?
- Hoće li biti zabavno?
- Hoće li za mene biti ekspanzivno?
- Hoće li za mene biti njegujuće?
- Hoću li nešto naučiti?

Ako ne, onda samo tražite nekoga tko će vas jebati. I ako tražite nekoga tko će vas jebati, mnogi će vas ljudi jebati – i ne uvijek na dobar način.

Dain:
Istinita priča.

Gary:
Ima li vam to smisla?

Sudionik tečaja:
Da.

Gary:

Koliko vas je bilo jebano – i ne na dobar način – od strane nekoga za koga ste odlučili da s njime želite biti? Gdje god ste donijeli tu odluku jer svaki put kad donesete odluku, prosudbu, računicu ili zaključak o bilo kome s kim ćete imati seks ili kopulaciju, zapečatili ste svoj lijes i umrijet ćete u situaciji. Sve što to jest bezbroj puta, hoćete li sve to uništiti i dekreirati? Right and Wrong, Good and Bad, POD and POC, All Nine, Shorts, Boys and Beyonds.

Dain:

Koju glupost koristite da kreirate izum znakova, pečata, simbola, amblema i značaja seksa, kopulacije i odnosa kao pogrešnosti, odbijanje uspjeha, eliminiranje primanja i gubljenje što birate? Sve što to jest bezbroj puta, hoćete li sve to uništiti i dekreirati? Right and Wrong, Good and Bad, POD and POC, All Nine, Shorts, Boys and Beyonds.

Koju fizičku aktualizaciju kreiranja seksa, kopulacije i uspjeha ste sada sposobni generirati, kreirati i utemeljivati? Sve što ne dopušta da se to pojavi bezbroj puta, hoćete li sve to uništiti i dekreirati? Right and Wrong, Good and Bad, POD and POC, All Nine, Shorts, Boys and Beyonds.

Koju glupost koristite da kreirate vladavinu kurca što birate? Sve što to jest bezbroj puta, hoćete li sve to uništiti i dekreirati? Right and Wrong, Good and Bad, POD and POC, All Nine, Shorts, Boys and Beyonds.

Gary:

Koliko vas misli da vaš kurac svime vlada, uključujući vas? Sve što ste učinili da svome kurcu dopustite da vlada vama, hoćete li sve to uništiti i dekreirati? Right and Wrong, Good and Bad, POD and POC, All Nine, Shorts, Boys and Beyonds.

ČINITE LI SE MANJE SEKSUALNIM?

Dain:
Koliko ste se, u pokušaju da vaš kurac *ne* vlada vašim životom, učinili potpuno aseksualnim? Sve što to jest bezbroj puta, hoćete li sve to uništiti i dekreirati? Right and Wrong, Good and Bad, POD and POC, All Nine, Shorts, Boys and Beyonds.

Gary:
Oho. Nije da su se učinili aseksualnim. Učinili su se manje seksualnim kako bi ih mogli primiti oni koji ne vole seks.

Dain:
O da, radio sam to dugo, dugo vremena.

Sudionik tečaja:
O moj Bože.

Gary:
Sve što ste učinili da budete manje seksualni kako bi vas mogli primiti oni koji ne vole seks, hoćete li sve to uništiti i dekreirati? Right and Wrong, Good and Bad, POD and POC, All Nine, Shorts, Boys and Beyonds.

Sudionik tečaja:
Naučimo to raditi kao djeca. Jučer sam odveo svoga sina njegovoj mami i bilo je zanimljivo gledati kako je on potpuno isključio svu svoju seksualnu energiju kako bi ga ona mogla primiti.

Gary:
Da, shvatite da ćete biti ocrnjeni i zdrobljeni ako imate takvu vrstu seksualne energije.

Koju glupost koristite da kreirate izum pogrešnosti svoje seksualne energije kao savršenstva prosudbi vaše seksualne energije i potrebe da omogućite seksualnu energiju onima koji su mrtvi i umiru, što birate? Sve što to jest bezbroj puta, hoćete li sve to uništiti i dekreirati? Right and Wrong, Good and Bad, POD and POC, All Nine, Shorts, Boys and Beyonds.

Dain:
Oho. Oho. Jesam li spomenu "oho"?

POKUŠAVATE LI ISCIJELITI ONE KOJI UMIRU OD NEDOSTATKA SEKSUALNE ENERGIJE?

Gary:
To je dobar proces. Ima tonu naboja. Izgleda da je većina vas smanjivala svoju seksualnu energiju kako biste iscjeljivali one koji umiru od nedostatka seksualne energije.

Sudionik tečaja:
O moj Bože.

Dain:

Koju glupost koristite da kreirate izum pogrešnosti svoje seksualne energije kao savršenstva prosudbi vaše seksualne energije i potrebe da omogućite seksualnu energiju onima koji su mrtvi i umiru, što birate? Sve što to jest bezbroj puta, hoćete li sve to uništiti i dekreirati? Right and Wrong, Good and Bad, POD and POC, All Nine, Shorts, Boys and Beyonds.

Hej, imam pitanje. Je li to razlog zašto kad ste s nekim tko ima seksualnu energiju, posebno drugi muškarac, poludite i radite čudna sranja s nadmetanjem? Radije izaberete neku ženu ili nekog partnera koji je mrtav i umire pa ga pokušavate oživjeti i ljuti ste ako je neki drugi momak zainteresiran oživjeti ga umjesto vas?

Koju glupost koristite da kreirate izum pogrešnosti svoje seksualne energije kao savršenstva prosudbi vaše seksualne energije, ti zločesti, zločesti dečko i potrebe da omogućite seksualnu energiju onima koji su mrtvi i umiru, što birate? Sve što to jest bezbroj puta, hoćete li sve to uništiti i dekreirati? Right and Wrong, Good and Bad, POD and POC, All Nine, Shorts, Boys and Beyonds.

Gary:

Mogu li samo reći da ubrizgavanje svoje sperme u nekoga ne stvara život i življenje?

Gdje god ste to pokušali kreirati i sve što ste izmislili da će zapravo kreirati život i življenje, hoćete li sve to uništiti i dekreirati? Right and Wrong, Good and Bad, POD and POC, All Nine, Shorts, Boys and Beyonds.

Sudionik tečaja:
>Što ako je ubrizgate *na* nekoga?
>(Smijeh)

Dain:
>Volim vas. Volim vas.
>Koju glupost koristite da kreirate izum pogrešnosti svoje seksualne energije kao savršenstva prosudbi vaše seksualne energije jer što ćete drugo raditi sa svim svojim vremenom i energijom i potrebe da omogućite seksualnu energiju onima koji su mrtvi i umiru, što birate?
>Sve što to jest bezbroj puta, hoćete li sve to uništiti i dekreirati? Right and Wrong, Good and Bad, POD and POC, All Nine, Shorts, Boys and Beyonds.

Gary:
>Koliko vas je zapravo izmislilo da ljudima s kojima imate seks, a koji su mrtvi i umiru, treba seks koji vi možete omogućiti? Sve što ste učinili da to kreirate, umjesto da zapravo jebeno uživate, hoćete li sve to uništiti i dekreirati? Right and Wrong, Good and Bad, POD and POC, All Nine, Shorts, Boys and Beyonds.

Dain:
>Koju glupost koristite da kreirate izum pogrešnosti svoje seksualne energije kao savršenstva prosudbi vaše seksualne energije i potrebe da omogućite seksualnu energiju onima koji su mrtvi i umiru, što birate? Sve što to jest bezbroj puta, hoćete li sve to uništiti i dekreirati? Right and Wrong, Good and Bad, POD and POC, All Nine, Shorts, Boys and Beyonds.

Gary:

Jeste li odlučili da ste vi mrtvi i umirete kojima treba omogućiti seksualnu energiju?

Dain:

I da zapravo možete dobiti seksualnu energiju od ljudi koji su mrtvi i umiru?

Gary:

Sve što ste učinili da kreirate taj izum stvarnim, hoćete li sve to uništiti i dekreirati? Right and Wrong, Good and Bad, POD and POC, All Nine, Shorts, Boys and Beyonds.

Sudionik tečaja:

Sposobnost podupiranja nekoga tko je mrtav i umire izgleda kao mjerilo uspjeha.

Dain:

Tamo ničega nema, a vi kažete: "Oživjet ću te! Prema tome, jak sam. Uspješan sam jer sam te oživio."

Koju glupost koristite da kreirate izum pogrešnosti svoje seksualne energije kao savršenstva prosudbi vaše seksualne energije i potrebe da omogućite seksualnu energiju onima koji su mrtvi i umiru, što birate? Sve što to jest bezbroj puta, hoćete li sve to uništiti i dekreirati? Right and Wrong, Good and Bad, POD and POC, All Nine, Shorts, Boys and Beyonds.

Gary:

Sve što vam ne dopušta da vidite gdje ste za seks izabrali mrtve i umiruće, umjesto da birate ljude koji bi zapravo bili zabavni, hoćete li sve to uništiti i dekreirati? Right and

Wrong, Good and Bad, POD and POC, All Nine, Shorts, Boys and Beyonds.

Dain:

Sve ono zbog čega morate postati mrtvi i umirući kako bi netko došao i dao vam energiju, hoćete li sve to uništiti i dekreirati? Right and Wrong, Good and Bad, POD and POC, All Nine, Shorts, Boys and Beyonds.

SEKSUALNA PRIVLAČNOST

Gary:

Je li to ono što nazivate seksualnom privlačnošću?

Dain:

Oho.

Gary:

To ste izmislili kao seksualnu privlačnost. Ako uzmete nekoga tko je mrtav i umire, vi ćete mu biti privlačni. Ako ste vi mrtvi i umirete, privlačit će vas netko drugi. Sve što to jest bezbroj puta, hoćete li sve to uništiti i dekreirati? Right and Wrong, Good and Bad, POD and POC, All Nine, Shorts, Boys and Beyonds.

Koliki je postotak vaše seksualne privlačnosti izumljen kako biste uvidjeli ili bili svoja pogrešnost? Puno? Malo? Ili megatone? Sve što to jest bezbroj puta, hoćete li sve to uništiti i dekreirati? Right and Wrong, Good and Bad, POD and POC, All Nine, Shorts, Boys and Beyonds.

Dain:

Koju glupost koristite da kreirate izum pogrešnosti svoje seksualne energije kao savršenstva prosudbi vaše seksualne energije i potrebe da omogućite seksualnu energiju onima koji su mrtvi i umiru, što birate? Sve što to jest bezbroj puta, hoćete li sve to uništiti i dekreirati? Right and Wrong, Good and Bad, POD and POC, All Nine, Shorts, Boys and Beyonds.

Gary:

Oho, ovo je čak i intenzivnije nego što sam se nadao.

Sudionik tečaja:

Stvarno sam zahvalan.

Dain:

Čovječe, ovo je stvarno nevjerojatno. A ja sam mislio da onaj drugi proces nema kraja.

Koju glupost koristite da kreirate izum pogrešnosti svoje seksualne energije kao savršenstva prosudbi vaše seksualne energije i potrebe da omogućite seksualnu energiju onima koji su mrtvi i umiru, što birate? Sve što to jest bezbroj puta, hoćete li sve to uništiti i dekreirati? Right and Wrong, Good and Bad, POD and POC, All Nine, Shorts, Boys and Beyonds.

Gary:

Što ako biste imali više seksualne energije od drugih ljudi oko sebe?

Koliko vas je seksualni iscjelitelj i želite da drugi budu seksualni iscjelitelji za vas? To je ono što vas ubija. Želite da drugi budu seksualni iscjelitelji za vas. Svaki izum koji ste kreirali u tom svijetu, hoćete li sve to uništiti i dekreirati? Right and Wrong, Good and Bad, POD and POC, All Nine, Shorts, Boys and Beyonds.

FOKUSIRANJE NA KREACIJU

Pokušavate *izmisliti* da će se nešto dogoditi, umjesto da *kreirate* da se to dogodi.

Ako želite biti uspješni, morate promatrati ono što ste sposobni kreirati. Morate se fokusirati na kreaciju seksualnog spajanja s nekim.

Dain:

Kad izmislite da će se nešto dogoditi, a ne dogodi se, ostaje vam vlastita pogrešnost što niste bili sposobni kreirati ono što ste izmislili da bi ste trebali biti sposobni kreirati. Voljni ste potrošiti puno vremena i energije na onoga ili ono s čime biste mogli imati seks ili onoga tko bi vas mogao povaliti ili kako god to želite nazvati, no koliko ste energije voljni uložiti u kreiranje uspjeha u svakom području svoga života?

Gary:

Seks često koristite kao identifikaciju uspjeha. Uspješni ste ako imate seksualnu energiju koja je privlačna velikom broju ljudi. Što ako je to laž koja vas blokira?

Sve što ste učinili da prihvatite laž da će seksualna energija biti znak uspjeha i da će vam seksualna energija omogućiti seks, hoćete li sve to uništiti i dekreirati? Right and Wrong, Good and Bad, POD and POC, All Nine, Shorts, Boys and Beyonds.

Sudionik tečaja:
Hej Gary, kažete da je to laž, ali čini se tako istinito. Prihvatio sam udicu, povraz i olovo ideje da ćeš biti uspješan ako imaš seksualnu energiju.

Gary:
Je li to istina ili je to ono što radite protiv sebe?

Dain:
Ili to izmišljate protiv sebe?

Gary:
Sve što ste učinili da tu energiju koristite protiv sebe, umjesto za sebe, hoćete li sve to uništiti i dekreirati? Right and Wrong, Good and Bad, POD and POC, All Nine, Shorts, Boys and Beyonds.

ODLAZAK NA ODMOR

Dain:
Svi ti izumi velik su dio onoga što vam stoji na putu zabavnog seksa jer se on temelji na svim tim izumima. Tako se lišavate i uspjeha koji je dostupan. Pomislite na količinu energije koju stavljate u seks – ili izbjegavanje seksa – i pitajte: "Da sam tu količinu energije stavio u svoj posao, što sam u zadnjih godinu dana mogao kreirati?" Možda biste mogli uzeti u obzir mogućnost da to promijenite i počnete stavljati tu energiju u svoje poslovanje.

U jednom dijelu moga života žene su bile glavna stvar. Jednog sam jutra otišao na spoj, a popodne sam imao seks sa drugom djevojkom. S njom sam proveo noć, a sljedeće je popodne k meni došla treća djevojka s kojom sam imao seks. Imao sam dvo-i-pol-dnevni odmor, ako želite.

Gary:
Tako to sada zovemo: "Dain ide na odmor."

Dain:
Da, "Idem na odmor!" Tu sam isključivao svoj um. Bio je to moj odmor od svijesti, svjesnosti i kreiranja svojeg poslovanja.

Gary:
Koju fizičku aktualizaciju seksa i kopulacije kao "na odmoru" ste sad sposobni generirati, kreirati i utemeljivati? Sve što ne dopušta da se to pojavi bezbroj puta, hoćete li sve to uništiti i dekreirati? Right and Wrong, Good and Bad, POD and POC, All Nine, Shorts, Boys and Beyonds.

Dain:
Bio sam stvarno zahvalan što sam imao to iskustvo jer sam shvatio da sam postavljao ogromne količine energije u svemire drugih ljudi kako bih ih oživio i uz pomoć seksa mogao poništiti njihove prosudbe, uzbuditi njihova tijela i imati razinu intenziteta koja mi se sviđa. Pogledao sam to i rekao: "Čovječe, da sam tu količinu energije stavio u svoje poslovanje, moje bi poslovanje ovog vikenda poletjelo, umjesto da samo pomalo tetura naprijed." Toliko sam energije od njega uzimao. Nije da imate ograničenu količinu energije, ali kad imate ideju "ovo je kreativno, ovo je generativno kao malo što drugo", udaljavate se od uspjeha koji biste mogli kreirati.

Gary:

Znate li kako sam to zaobilazio? Davnih dana kad sam prakticirao droge, seks i rock and roll, popušio bih dva džointa prije seksa s nekim kako bih zaobišao sve prosudbe te osobe. Stvarno je dobro funkcioniralo.

Dain:

Ako možete imati tu svjesnost i pitati: "Uništavam li ovdje zapravo svoj uspjeh onime što biram?", mogli biste otkriti da možete izabrati drugačije.

Mogli biste reći: "U redu, što je potrebno da ovo bude kreativno i generativno? Sve izume koje imam zbog kojih sad odlazim ovdje, uništavam i dekreiram."

KAKO BI BILO KREIRATI SEKS I ODNOSE IZ POTPUNO DRUGAČIJE REALNOSTI?

Gary:

Ovaj nadolazeći tjedan volio bih da pogledate kako bi bilo da ste voljni generirati i kreirati seks i odnose iz potpuno drugačije realnosti. Snimite ovo pitanje i slušajte ga nonstop:

Koju fizičku aktualizaciju seksa, kopulacije, odnosa i uspjeha iz realnosti iznad ove realnosti sam sad sposoban generirati, kreirati i utemeljivati? Sve što to jest bezbroj puta, hoćete li sve to uništiti i dekreirati? Right and Wrong, Good and Bad, POD and POC, All Nine, Shorts, Boys and Beyonds.

Dain:
U redu, divni muškarci.

Sudionik tečaja:
Samo želim reći koliko sam zahvalan za ovaj tečaj. Sjajan je. Puno vam hvala.

Sudionik tečaja:
Puno vam hvala.

Dain:
Hvala vama. Kako može biti bolje od ovoga?

Gary:
Hvala vam, dečki. Puno vas volim.

3.
Vi ste vrijedan proizvod

Više ne činim druge vrijednim proizvodom.
Postao sam vrijedan proizvod
i dostupno mi je više nego ikada prije.

Gary:
Bok, gospodo. Počnimo s nekim pitanjima.

DEMONI NUŽNOSTI

Tako sam zahvalan za Klub za gospodu. Po prvi puta u svome životu sretan sam što sam muškarac i što sam u muškom tijelu. Postavljao sam pitanje "Kako može biti bolje od ovoga?" i u devedeset posto slučajeva čujem "ne može". Ne znam je li to moja misao, misao nekoga drugoga ili misao entiteta.

Pitao sam i "Koju glupost koristim da kreiram potpuno iskorjenjivanje i eliminiranje 'Kako može biti bolje od ovoga?' što biram?" Možete li mi to pojasniti, molim?

Gary:

Trebate pitati: Demoni odvajanja? I recite im da je vrijeme da odu. Recite: demoni, vratite se tamo odakle ste došli i više se nikada nemojte vratiti meni ili ovoj realnosti.

Ako vam bilo tko ili bilo što govori da nešto ne možete, to je demon. Entitet je biće koje bi rado preuzelo novo tijelo. Demon je entitet koji je dobio posao da nad nekim ili nečim zadobije moć. Zaključat će vas i držati umanjenog. Želimo vas izvući iz toga. Demoni dolaze kad god postanete nečiji sljedbenik jer pokušavate dobiti moć od osobe koju slijedite. Je li itko od vas ikada dao svoju moć ženi?

Sudionici tečaja:
(Smijeh)

Gary:

To bi bilo da. Počnimo s ovim procesom:

Koju glupost koristite da kreirate izume, umjetne intenzitete i demone nužnosti kako biste slijedili suprotni spol što birate? Sve što to jest bezbroj puta, hoćete li sve to uništiti i dekreirati? Right and Wrong, Good and Bad, POD and POC, All Nine, Shorts, Boys and Beyonds.

Sudionik tečaja:

Biste li govorili o tome što je umjetni intenzitet?

Gary:

Kada nešto stvarno želite imati, zauzimate gledište "Ovo je stvarno dobra ideja!". To učinite intenzivnim. Kažete: "Ja to tako trebam!" To je izmišljeno gledište. Umjetno je. Intenzitet koristite da kreirate vjerovanje da ćete stvoriti nešto dobro.

Svaki put kad želite slijediti ženu ili zlatnu vaginu, kreirate mjesto gdje padate pod utjecaj demona. A ako ste u nekom životu bili žena, pokušat ćete slijediti muškarce. Kad god postanete nečiji sljedbenik, pozivate demone da vas kontroliraju.

Sudionik tečaja:
Kad slijedite gurua, pokušavate li nad njime dobiti moć?

Gary:
Gurua slijedite zato što želite da vas vidi kao briljantnu osobu. Pozivate demone kako bi vas vidjeli i prepoznali vašu briljantnost. Demoni se aktiviraju svaki put kad nekoga pokušavate slijediti.

Sudionik tečaja:
To je tako zanimljivo.

Gary:
Koju glupost koristite da kreirate izume, umjetne intenzitete i demone nužnosti kako biste slijedili suprotni spol što birate? Sve što to jest bezbroj puta, hoćete li sve to uništiti i dekreirati? Right and Wrong, Good and Bad, POD and POC, All Nine, Shorts, Boys and Beyonds.

Izmišljate da su demoni izvor moći i da je umjetni intenzitet izvor moći. Naravno, nitko od vas nije bio umjetno intenzivan. Ili jeste?

Koju glupost koristite da kreirate izume, umjetne intenzitete i demone nužnosti kako biste slijedili suprotni spol što birate? Sve što to jest bezbroj puta, hoćete li sve

to uništiti i dekreirati? Right and Wrong, Good and Bad, POD and POC, All Nine, Shorts, Boys and Beyonds.

Kad god nekoga ili nešto pokušavate slijediti, pozivate ono što će u vašem životu stvoriti najgori rezultat. Ideja sljedbenosti je ideja da netko nad vama treba imati kontrolu ili da može nad vama imati kontrolu te da je važnije da netko nad vama ima kontrolu, nego da vi budete svoji.

Koju glupost koristite da kreirate izume, umjetne intenzitete i demone nužnosti kako biste slijedili suprotni spol što birate? Sve što to jest bezbroj puta, hoćete li sve to uništiti i dekreirati? Right and Wrong, Good and Bad, POD and POC, All Nine, Shorts, Boys and Beyonds.

Sudionik tečaja:

Jako mi je teško ostati prisutan na ovom pozivu. Jednostavno ne želim biti ovdje. Želim iščupati svoje slušalice. Jesu li to demonska posla ili nešto drugo?

Gary:

Demoni će vas uvijek pokušati odvući od onoga što će vas od njih osloboditi. Stoga, sada svi vi recite svim demonima koje ste ikada izabrali kako biste imali suprotan spol ili kako biste bili suprotan spol: vratite se tamo odakle ste došli i više se nikada nemojte vratiti meni ili ovoj realnosti.

Sudionik tečaja:

Oho, to je super.

Sudionik tečaja:

Hvala vam.

Gary:
>Osjeća li se tko bolje?

Sudionik tečaja:
>Da!

Gary:
>Koju glupost koristite da kreirate izume, umjetne intenzitete i demone nužnosti kako biste slijedili suprotni spol što birate? Sve što to jest bezbroj puta, hoćete li sve to uništiti i dekreirati? Right and Wrong, Good and Bad, POD and POC, All Nine, Shorts, Boys and Beyonds.
>Jeste li sada sposobniji ostati prisutni?

Sudionik tečaja:
>Sada sam puno prisutniji. Tijelo mi se gotovo trese.

Gary:
>Dobro. Trese li se – ili je to energija koja vaše tijelo zapravo može biti? U svoje tijelo i svoju realnost pozivate entitete i demone kako biste bili demon u krevetu koji biste trebali biti. To je ono kad biste trebali zahtijevati seks od žene i ona bi ga trebala dati jer bi vas trebala slijediti, ali vi već slijedite nju pa tko je onda glavni i kako to funkcionira?

Sudionik tečaja:
>Nikako.

Sudionik tečaja:
>Gary, čuo sam da ste prošli puta rekli i to sam od vas prvi puta čuo, da kako postajemo svjesniji, time više budimo te demone.

Gary:
Kako postajete svjesniji, više budite demone i entitete jer više niste voljni biti pod nečijim utjecajem pa njima postaje teže raditi svoje poslove.

Sudionik tečaja:
Primijetio sam da kako pokrećemo ovaj proces za demone, postoje dani kad glasova nema i dani kad su deset puta jači.

PROŽIMANJE SVIJESTI U DEMONSKI SVIJET

Gary:
Da, zato što se probudi nova skupina. Možete pokretati: Koju glupost koristim da izbjegavam permeabilnu svijest koju bih mogao birati? Sve što ne dopušta da se to pojavi bezbroj puta, hoćete li sve to uništiti i dekreirati? Right and Wrong, Good and Bad, POD and POC, All Nine, Shorts, Boys and Beyonds.

Ako prožimate svijest u demonski svijet, on se ovdje ne može održati. Demoni su obavljali posao stvaranja sljedbenika utječući na ljude trilijunima godina i stvarno to više ne žele raditi. Ne sviđa im se gdje su; ne sviđa im se gdje su zaglavljeni, kao što se ni vama ne sviđa da vas oni blokiraju. Što je više svijesti koja se osvjetljava na planetu Zemlji, njihov posao manje vrijedi. Primjerice, u Indiji i većini Srednjeg istoka stoljećima su obožavali demonske bogove. A u drugim dijelovima svijeta ljudi prakticiraju crnu magiju.

Ideja da vi kao biće trebate nešto izvan sebe izmišljena je realnost. Ljudi govore koješta poput "Oh, demonski rum" ili

"Demoni su me na to natjerali" ili "Vrag me na to natjerao". To su načini na koje pozivamo demone u postojanje, no oni ne mogu održati svoj posao suočeni sa sviješću. Stoga nastavite raditi:

Koju glupost koristim da izbjegavam permeabilnu svijest koju bih mogao birati? Sve što ne dopušta da se to pojavi bezbroj puta, hoćete li sve to uništiti i dekreirati? Right and Wrong, Good and Bad, POD and POC, All Nine, Shorts, Boys and Beyonds.

Sudionik tečaja:

Postoji li demon novca?

Gary:

Da. Novac se smatra demonom. Ljudi novac smatraju demonom koji im onemogućuje da imaju život. "Novac je korijen svog zla" ili "Ljubav prema novcu je korijen svog zla". Kako god rekli, novac se opisuje kao zlo, a ne kao nešto što je lagano, radosno ili vrijedno imati. Vidite li kako to funkcionira?

Koju glupost koristim da izbjegavam permeabilnu svijest koju bih mogao birati? Sve što ne dopušta da se to pojavi bezbroj puta, hoćete li sve to uništiti i dekreirati? Right and Wrong, Good and Bad, POD and POC, All Nine, Shorts, Boys and Beyonds.

Evo još jednog procesa kojega biste mogli pokretati:

Koju fizičku aktualizaciju bivanja permeabilnim zakonima svijesti ste sad sposobni generirati, kreirati i utemeljivati? Sve što ne dopušta da se to pojavi bezbroj puta, hoćete li sve to uništiti i dekreirati? Right and Wrong,

Good and Bad, POD and POC, All Nine, Shorts, Boys and Beyonds.

Ako ova dva procesa snimite i slušate, počet će mijenjati svaki aspekt vašeg života, ne samo ono vezano uz odnose i žene.

ČINITE LI NEKOGA POŠTENIM?

Sudionik tečaja:
Borim se s onim što želim od svog života. Stalno se preispitujem.

Gary:
Probajmo ovaj proces:
Koju glupost koristite da kreirate izume, umjetni intenzitet i demone koji čuvaju i štite poštene koje slijedite, što birate? Sve što to jest bezbroj puta, hoćete li sve to uništiti i dekreirati? Right and Wrong, Good and Bad, POD and POC, All Nine, Shorts, Boys and Beyonds.

Sudionik tečaja:
Jeste li rekli "poštene"? Što je to?

Gary:
Poštene koje slijedite što birate? Recimo da za nekoga odlučite da je poštena osoba. Nije laka, nije kurva. Neće se lako dati. Pa odlučite da je poštena, a pošteno znači bolje od vas. Kad god za nekoga odlučite da je bolji od vas, morate okrivljavati sebe o bilo čemu što birate. Onda morate gledati koliko ste sjebani da vas ta osoba nije odabrala.

Nije da to muškarci rade sa ženama. O da, rade! Pokrenimo ovaj proces još jednom.

Koju glupost koristite da kreirate izume, umjetni intenzitet i demone koji čuvaju i štite poštene koje slijedite, što birate? Sve što to jest bezbroj puta, hoćete li sve to uništiti i dekreirati? Right and Wrong, Good and Bad, POD and POC, All Nine, Shorts, Boys and Beyonds.

Jeste li ikada primijetili kako govorite "Ona je savršena djevojka"? Tako je činite poštenom. "Ova je djevojka savršena. Tako je lijepa." Pošteno. Na taj način nekoga činite poštenim, umjesto da vrednujete sebe.

Sve što to jest bezbroj puta, hoćete li sve to uništiti i dekreirati? Right and Wrong, Good and Bad, POD and POC, All Nine, Shorts, Boys and Beyonds.

Koju glupost koristite da kreirate izume, umjetni intenzitet i demone koji čuvaju i štite poštene koje slijedite, što birate? Sve što to jest bezbroj puta, hoćete li sve to uništiti i dekreirati? Right and Wrong, Good and Bad, POD and POC, All Nine, Shorts, Boys and Beyonds.

Sudionik tečaja:
Kad sam vas prošloga tjedna nazvao, dali ste mi proces o biranju za sebe, umjesto biranja za sve ostale. Počeo sam to više raditi, posebno sa svojom partnericom i to je stvorilo puno vrlo intenzivnih situacija jer je ona navikla da uvijek prvo biram nju, a nikada sebe.

Gary:
Pa, ona ima zlatnu vaginu.

Sudionik tečaja:

(Smijeh) Apsolutno. Sve što dogodilo u posljednja dva tjedna odgovara energiji svega što danas govorite. Možete li mi pomoći pojasniti što ovdje ne vidim?

Gary:

Koju glupost koristite da kreirate zlatnu vaginu što birate? Sve što to jest bezbroj puta, hoćete li sve to uništiti i dekreirati? Right and Wrong, Good and Bad, POD and POC, All Nine, Shorts, Boys and Beyonds.

POGODBA I ISPORUKA

Sudionik tečaja:

Ona snažno reagira kad biram raditi ili biti nešto drugačije nego prije.

Gary:

Mijenjate stvari. Nikada niste napravili pogodbu i isporuku jedno s drugim, zar ne?

Sudionik tečaja:

Ne, apsolutno ne.

Gary:

Odnos je poslovna pogodba pa morate napraviti pogodbu i isporuku, kao što biste to učinili u bilo kojoj poslovnoj pogodbi. Poteškoće se u poslovnim interakcijama i odnosima pojavljuju jer većina ljudi nema ideje što želi. Vjeruju da ako su donekle dragi, ljudi će prema njima isporučiti ljubazne i drage stvari.

Ne želite vidjeti što ljudi žele isporučiti, što će isporučiti i što pogodba za njih znači. Imate bezbroj fantazija o tome što bi se trebalo dogoditi, što znači da ne gledate što će se zapravo dogoditi. Morate napraviti pogodbu i isporuku ili nećete moći povećati svoju realnost. Morate pojasniti točno što vi trebate i želite te što druga osoba treba i želi. Pitajte:
+ Koja je pogodba?
+ Što ćeš ti isporučiti?
+ Što očekuješ da ja isporučim?
+ Kako će točno to izgledati i kako će funkcionirati?
+ Što za tebe trebam biti?

Morate reći "Hej draga, možemo li ovdje napraviti pogodbu i isporuku? Što od mene očekuješ?" Ako je zovete "draga" umjesto "slatkice" ili "medena", morat će biti ljubaznija kako bi zadovoljila titulu koju ste joj dali.

Sudionik tečaja:

Dobro. Jesam li kreirao demone sa svojim izborima vezanim uz nju?

Gary:

Da. Koliko demona imate da kreirate to što je cijelo vrijeme slijedite? Puno, malo ili megatone?

Sudionik tečaja:

Megatone.

Gary:

Jeste li od nje napravili gurua svog života? Koliko je vas muškaraca ženu učinilo guruom kojeg biste trebali slijediti? Sve što ste učinili da kreirate demone zbog kojih stalno slijedite nju i njezine zapovijedi te radite sve što ona kaže i sve što to jest bezbroj puta, hoćete li sve to uništiti i dekreirati? Right and Wrong, Good and Bad, POD and POC, All Nine, Shorts, Boys and Beyonds.

Sudionik tečaja:

Ovo odgovara pitanju koje sam vam postavio: Ako nekoga slijedite, pokušavate li nad njime zadobiti moć?

HOĆE LI OVO PROŠIRITI MOJU AGENDU?

Gary:

Dain i ja smo nekoliko godina, razmatrajući hoćemo li nešto raditi, postavljali pitanje: hoće li ovo proširiti moju agendu? Ideja je bila da radimo ono što će nam proširiti agendu.

Bilo je vrlo šokantno otkriti da se svi muški penisi zovu Agenda i ako je upetljana žena, mislite samo na to kako će vam se agenda proširiti. Zapravo, znate da hoće.

Sudionici tečaja:

(Smijeh)

Gary:

Vaša je agenda ona stvar koja vam visi između nogu. Svaki put kada mislite o seksu, širite svoju agendu. Dain i ja smo otkrili način kako zaobići pitanje o agendi:
- Ako ovo izaberem, kakav će mi život biti za pet godina?
- Ako ovo ne izaberem, kakav će mi život biti za pet godina?

To je jedini način na koji ćete saznati što želite kreirati, što će proširiti vašu agendu.

Sudionik tečaja:
Zašto pet godina? To je prilično daleko. Zašto ne samo godinu?

Gary:
Pet je godina toliko daleko u budućnost da ne možete izmisliti kakvo će nešto biti. Pitajući za pet godina omogućuje vam da to energetski percipirate, umjesto svojim mislima, osjećajima i emocijama.

Sudionik tečaja:
Hvala vam.

POSTAJETE VRIJEDAN PROIZVOD KAD STE LIDER

Sudionik tečaja:
Sljedba poštenih opisuje način na koji sam uvijek prakticirao sve svoje seksualne odnose s muškarcima. Vidio bih tipa i rekao: „Da, on je taj." Na snagu stupa jednoznamenkasti IQ i krećemo. Dajem mu svu svoju moć kako kažete i činim ga pravim, a ako me ne izabere, onda sam ja u krivu. Možete li mi pokazati drugačiji način da to radim?

Gary:
Da. Morate pitati: „Zašto slijedim, umjesto da vodim?"

Koju glupost birate da izbjegavate vođenje koje biste mogli birati? Sve što to jest bezbroj puta, hoćete li sve to uništiti i dekreirati? Right and Wrong, Good and Bad, POD and POC, All Nine, Shorts, Boys and Beyonds.

Sudionik tečaja:
Kako to izgleda?

Gary:
Pa, kad ste lider, postajete vrijedan proizvod. U Access Consciousnessu žene su prilazile Dainu s riječima: „O, voljela bih s tobom imati seks." Misle li to stvarno?

Sudionik tečaja:
Ne.

Gary:
Ne. A što misle?

Sudionik tečaja:
Žele nad njim imati moć. Žele biti značajne.

Gary:
Da. Žele biti značajne i žele imati odnos. Ovog sam vikenda od jedne dame dobio poruku sadržaja: „Voljela bih s tobom izaći na večeru, dobro se zabaviti i više od toga." Ona dobro izgleda, ali je demonska paklena kuja.

Sudionik tečaja:
Nije li ti to blisko, Gary? Nije li to ono što ti se sviđa?

Gary:

To mi se prije sviđalo. Otkrio sam da slijediti zlatnu vaginu za mene obično loše završi. Više druge ne činim vrijednim proizvodom. Ja sam postao vrijedan proizvod i dostupnije mi je više toga nego ikada prije.

Koju glupost koristite da izbjegavate biti vrijedan proizvod što biste mogli birati? Sve što to jest bezbroj puta, hoćete li sve to uništiti i dekreirati? Right and Wrong, Good and Bad, POD and POC, All Nine, Shorts, Boys and Beyonds.

Većina vas misli da ako je netko *voljan* imati vas ili s vama imati seks, ne može biti vrijedan. A ako nije voljan s vama imati seks, vi ne vrijedite. Zašto se obezvrjeđujete?

Sve što to jest bezbroj puta, hoćete li sve to uništiti i dekreirati? Right and Wrong, Good and Bad, POD and POC, All Nine, Shorts, Boys and Beyonds.

Sudionik tečaja:

Nedavno sam upoznao ženu i bilo je kao da je govorila: „Moramo sad imati seks, prije nego odemo."

Gary:

Mora se raditi o njezinoj želji, njezinoj realnosti, onome što ona bira i što želi kreirati. Kakve to ima veze s onim što vi želite?

Sudionik tečaja:

Nikakve.

Gary:

Većina ljudi djeluje iz onoga što drugi ljudi žele i zahtijevaju, umjesto da biraju ono što njima odgovara.

Sudionik tečaja:
Kako to da ona ima isti nedostatak u svom svemiru?

Gary:
Ona također pokušava naći osobu koju će slijediti. Primijetite da prvi proces koji sam vam dao nije o muškarcu ili o ženi, već o suprotnom spolu:

Koju glupost koristite da kreirate izume, umjetne intenzitete i demone nužnosti kako biste slijedili suprotni spol što birate? Sve što to jest bezbroj puta, hoćete li sve to uništiti i dekreirati? Right and Wrong, Good and Bad, POD and POC, All Nine, Shorts, Boys and Beyonds.

To je primjenljivo na obje strane u igri. Toga morate biti svjesni. Kako igrate obje strane igre? Kad nađete nekoga s ludilom koje odgovara vašem, on ili ona će vas jako privući. Nije li to ljupko? Vaše slično ludilo privlači vas jedno drugome.

Sudionici tečaja:
(Smijeh)

Sudionik tečaja:
A što je s onim kada želite ubiti ljude koje znate iz prošlih života? Je li to nešto drugo?

Gary:
Kad vas netko stvarno intenzivno privuče i od te se osobe ne možete odvojiti pa kažete: „Stvarno želim raditi bla bla bla" ili „Stvarno mi je važno da budemo zajedno" ili "Znam da smo bili zajedno u mnogim životima".

Sudionik tečaja:

U posljednje vrijeme počinjem raditi različite stvari. Nisam toliko odlazio u stare obrasce kao prije. Nešto se stvarno promijenilo.

Gary:

Dobro, na putu smo. I to je ono što želimo tražiti: biti na putu.

POGREŠNOST ŽUDNJE ZA SEKSOM

Sudionik tečaja:

Možete li govoriti o demonima vezanim uz pogrešnost želje za seksom?

Gary:

Prije svega, seks i kopulacija uvijek su bili pogrešnost.
Koliko ste života birali demone i tražili pomoć od Gospodina ili ikoga tko bi vas mogao zaustaviti u želji za seksom? Koliko demona imate koji prekidaju seksualnu energiju?

Sudionik tečaja:

Puno.

Gary:

Sve što to jest bezbroj puta, hoćete li sad zahtijevati da se oni vrate natrag odakle su došli i da se nikada više ne vrate vama ili vašoj realnosti za cijelu vječnost?

Sudionik tečaja:
Da.

Gary:
Sve što ne dopušta da se to pojavi bezbroj puta, na tri: jedan... dva... tri! Hvala vam.

Jeste li ikada rekli: „Molim te Bože, nemoj da želim cijelo vrijeme imati seks jer sam tako kriv što cijelo vrijeme želim imati seks" ili „Moram imati seks. Može li mi netko pomoći kako bih mogao imati seks?" Oboje poziva demone. Oboje vam oduzima moć. Morate imati izbor i voljnost primanja.

POTPUNA PRISUTNOST U SEKSU I KOPULACIJI

Sudionik tečaja:
Što se događa kad napustite svoje tijelo tijekom seksa? Je li to povezano s demonima?

Gary:
Pa, napuštanje svoga tijela tijekom seksa obično je način kako biti prisutan, a da niste prisutni. Pokušavate napustiti svoju šireću agendu, a da se ne pojavite kao vi. Stoga to ne funkcionira, zar ne?

Sudionik tečaja:
Ne.

Gary:
Kako bi bilo da ste potpuno prisutni?

Koju glupost koristite da izbjegnete potpunu prisutnost tijekom seksa i kopulacije što birate? Sve što to jest bezbroj puta, hoćete li sve to uništiti i dekreirati? Right and Wrong, Good and Bad, POD and POC, All Nine, Shorts, Boys and Beyonds.

KULTURNO USKLAĐIVANJE

Sudionik tečaja:
Ja sam Azijac i čini mi se da su Azijci puno konzervativniji u seksu.

Gary:
Ne, puno više toga potiskuju vezano uz seks.

Sudionik tečaja:
Je li to kulturno programiranje?

Gary:
Da.

Sudionik tečaja:
Ja sam samac i imam problema u pristupu djevojkama. Ne znam o čemu je zapravo riječ. Ponekad osjećam strah ili tjeskobu.

Gary:
Dečki, morate shvatiti da ste svjesni. Toliko je straha i tjeskobe u ženskom svijetu, kao i u vašem, ako ne i više. Mogli biste pitati „Je li to moje?" jer puno puta djevojka ima problema koliko i vi.

Kad sam bio u srednjoj školi, bila je tamo djevojka koju su smatrali najljepšom ženom u školi. Nitko s njom nije razgovarao niti je pozivao na izlazak. Bojali su se jer su bili sigurni da će ih odbiti. Ja sam konačno skupio hrabrost i pitao je želi li izaći sa mnom. Ispalo je da je ona najdosadnija osoba s kojom sam ikada izašao. Nakon toga sam za izlaske birao ružne ljude jer su barem bili zanimljivi. Bilo mi je jasno da je netko tko je stvarno lijep jednako tjeskoban kad ga se pozove na izlazak, kao i netko tko je ružan. Morate pitati: „Je li ovaj strah ili tjeskoba ili što god bilo, moje? Ili je tuđe?" kako biste znali što se događa.

Sudionik tečaja:

Kako da to prevladam bez obzira na prosudbe svih ostalih o pristupanju djevojkama?

Gary:

Možete prepoznati da ste vrijedan proizvod.

Sudionik tečaja:

Bio sam na trodnevnom tečaju o tijelu i s djevojkama sam htio razmijeniti tjelesne procese, ali su me društvo i majka učili da je diranje djevojačkih tijela krivo.

Gary:

Učili su vas da je diranje djevojačkih tijela krivo. U krivu ste ako ih dirate i u krivu ste ako ih ne dirate. To je kulturna usklađenost. Kulturna usklađenost je sve ono što prihvaćate od svih ostalih.

To je sve ono što vaše društvo i vaša kultura govori. Sve to je netočna gomila smeća. Pokušajte s ovim procesom:

Koju glupost koristim da kreiram kulturno usklađivanje što biram? Sve što to jest bezbroj puta, hoćete li sve to uništiti i dekreirati? Right and Wrong, Good and Bad, POD and POC, All Nine, Shorts, Boys and Beyonds.

Sudionik tečaja:
Pokriva li to i religije?

Gary:
Da, religija je uvijek kulturna usklađenost. Koliko ste života bili svećenik i prekršili svoje zavjete te s nekim imali seks, obično s dječakom, ali o tome nećemo govoriti. Nije normalno biti čedan.

Sve što to jest bezbroj puta i sve živote u kojima ste prosuđivali sebe jer ste prekršili zavjete čednosti, hoćete li sve to uništiti i dekreirati? Right and Wrong, Good and Bad, POD and POC, All Nine, Shorts, Boys and Beyonds.

Koju glupost koristite da kreirate odseksavanje što birate? Sve što to jest bezbroj puta, hoćete li sve to uništiti i dekreirati? Right and Wrong, Good and Bad, POD and POC, All Nine, Shorts, Boys and Beyonds.

BITI SEKSUALNA ENERGIJA KOJA JESTE

Sudionik tečaja:
Gary, što je odseksavanje?

Gary:

Odseksavanje je kad, umjesto da budete seksualno biće koje jeste, to pokušavate poricati, potisnuti, ne biti i pronalazite načine da to eliminirate.

Sudionik tečaja:

Ah. Dobro.

Gary:

Koju glupost koristite da kreirate odseksavanje i odkopuliranje što birate? Sve što to jest bezbroj puta, hoćete li sve to uništiti i dekreirati? Right and Wrong, Good and Bad, POD and POC, All Nine, Shorts, Boys and Beyonds.

Dečki, toliko energije stavljate u odseksavanje i odkopuliranje! Nevjerojatno je da se ikada seksate.

Koju glupost koristite da kreirate odseksavanje i odkopuliranje što birate? Sve što to jest bezbroj puta, hoćete li sve to uništiti i dekreirati? Right and Wrong, Good and Bad, POD and POC, All Nine, Shorts, Boys and Beyonds.

Oduvijek ste se pokušavali odseksati i odkopulirati! Ja ne izlazim da bih imao seks, ali imat ću puno prilika i uvijek postavljam pitanja:

- Hoće li biti lako?
- Hoće li biti zabavno?
- Hoću li nešto naučiti?

Obično kad pitam „Hoću li nešto naučiti?" dobijem „Da, naučit ću koliko će loše biti!" Pa se ne upuštam u to. Nekad sam mislio da ako mi se širi agenda, to mora biti ispravno. Nitko od vas nema to gledište, zar ne?

Koju glupost koristite da kreirate izume, umjetni intenzitet i demone za to da vam je penis uvijek izvor širenja vaše agende, što birate? Sve što to jest bezbroj puta, hoćete li sve to uništiti i dekreirati? Right and Wrong, Good and Bad, POD and POC, All Nine, Shorts, Boys and Beyonds.

Koliko seksualne energije potiskujete?

Sudionik tečaja:
To je opet vezano za sljedbenost, zar ne? Mijenjate ili potiskujete seksualnu energiju na temelju onoga što mislite da se ženi sviđa.

Gary:
Da, umjesto da zapravo budete svoji. Vi stvarno jeste seksualna energija, vi ste sve što jeste. Ako jeste sve što jeste, postajete intenzivnije uzbudljivi, vrjedniji i poželjniji.

Sve što to jest bezbroj puta, hoćete li sve to uništiti i dekreirati? Right and Wrong, Good and Bad, POD and POC, All Nine, Shorts, Boys and Beyonds.

Sudionik tečaja:
To me zbunilo jer sam se pitao „Što ova osoba od mene traži?" i „Što je ona voljna primiti?". Shvatio sam što je ona voljna primiti i odlučio sam to i biti – no ona nije bila voljna puno primiti.

Gary Douglas

ZAŠTO BIH ŽELIO KREIRATI ZA SEBE?

Gary:
To većina nas radi. Pokušavamo dati samo ono što drugi mogu primiti i činimo ih ispravnim. Umjesto da pretpostavljamo ispravnost druge osobe ili njezinu pravednost ili dobrotu, što ako bismo bili voljni to pogledati i reći: „Stvarno bih ovdje volio kreirati nešto drugačije. Što bih za sebe volio kreirati?"

Da počnete gledati što biste za sebe mogli kreirati, biste li kreirali i generirali više – ili manje? Biste li u svom životu kreirali ljude koji su voljniji primati da radite ono što vam odgovara?

Nedavno sam razgovarao s Dainom i rekao: „Moraš prestati tražiti što žene žele i početi pitati što ti želiš? Tvoja proširena agenda nema svijesti."

Želi li vaša proširena agenda više od onoga što isprva dolazi? Sve što to podiže bezbroj puta, hoćete li sve to uništiti i dekreirati? Right and Wrong, Good and Bad, POD and POC, All Nine, Shorts, Boys and Beyonds.

Koju glupost koristite da kreirate pogrešnost bivanja muškarcem što birate? Sve što to jest bezbroj puta, hoćete li sve to uništiti i dekreirati? Right and Wrong, Good and Bad, POD and POC, All Nine, Shorts, Boys and Beyonds.

Muškarac je tako mekan kad je tvrd i tvrd kad je mekan. Znate li što to znači?

Sudionici tečaja:
Ne.

ORGAZAM SKUPLJANJEM /
ORGAZAM ŠIRENJEM

Gary:

Ako vam se na nekoga digne, dat ćete im što god žele. Kad im ne date ono što žele, a vi dobijete ono što želite, iznenada više nemate interesa. Tako funkcionira tijelo. To nije ispravno, ni krivo. Ako idete za seksom, za idejom orgazma i radite orgazam skupljanjem kao i većina ljudi, seks vas ne stimulira da nastavite živjeti. Ako se skupite kako biste kreirali orgazam, ne stvarate generativnu energiju življenja, što dobivate kad se širite kako biste kreirali orgazam.

Sve zbog čega niste razumjeli ni riječi onoga što sam upravo rekao, hoćete li sve to uništiti i dekreirati? Right and Wrong, Good and Bad, POD and POC, All Nine, Shorts, Boys and Beyonds.

Kad ste bili dijete, možda ste odlazili masturbirati u kupaonicu. Napravili biste to što je prije moguće jer niste htjeli da itko zna što radite. Roditelji vas najvjerojatnije nisu ohrabrivali da uživate u sebi. Vrlo malo majki ili očeva kaže: „Uzmi si slatkoga vremena. Uživaj u sebi i uživaj u svom penisu." Pitaju: „Što tamo radiš?"

Ako stvarno želite povećati svoju seksualnu energiju, toplo preporučam da započnete drugačije masturbirati. To možete raditi sa svojom djevojkom ili bez nje. Mogla bi uživati ako zapravo odvojite vrijeme za masturbaciju. Odlučite da nećete svršiti u prvih tri i pol minute: trajat će duže od toga. Budite voljni provesti sat vremena igrajući se sa svojim penisom na lagan i nježan način i svaki put kad osjetite da ste blizu, nemojte ubrzati kako biste svršili, već usporite. Radite to puno sporije i nježnije. Dodajte malo lubrikanta ako želite, ali radite to polako i nježno. Budite lagani, slatki i nježni. Svaki put kad osjetite da se skupljate, recite „ne" i proširite se prema van.

Tijekom procesa mogli biste izgubiti svoju erekciju, ali nastavite se nježno igrati sa svojim penisom dok vam se erekcija ne vrati. Nastavite gladiti nježno i lagano. Ako to radite, doći ćete do točke gdje ćete: a) postati bolji ljubavnik, b) postat ćete voljni dopustiti sebi da imate ljubavnike koji će uzeti toliko vremena s vama i za vas, i c) umjesto da eksplodirate s praskom energije što postaje ograničenje, počet ćete kreirati orgazam koji generira energiju. Nakon takvog orgazma – prošireni i ne skupljeni – htjet ćete ići raditi, htjet ćete se zabavljati, htjet ćete više od odlaska na spavanje.

Ako ste ikada imali iskustvo da ste odmah nakon svršavanja htjeli spavati, radili ste skupljanje kako biste kreirali orgazam. Korištenje skupljanja za kreiranje orgazma uvijek umanjuje generativne i kreativne energije vašeg tijela u korist orgazma.

Sudionik tečaja:

Je li umjetni intenzitet ono što kreiramo uzbuđenjem kroz pornografiju?

Gary:

Kada kreirate potezanje svoje stvari što je brže moguće kako biste svršili, kreirate umjetni intenzitet kako biste svršili.

Sudionik tečaja:
Dobro.

Gary:
Izmišljate to kao jedini način na koji možete svršiti, pa kad imate seks sa ženom, cijelo vrijeme morate ići brzo i jako, kao da je brzo i jako jedini način na koji ćete je zadovoljiti. Prije svega, zašto se uvijek radi o tome da je ona zadovoljena, a ne da ste vi zadovoljeni? Kad ste voljni djelovati iz širenja, umjesto da gurate u orgazam, pozivate orgazam. Pozivate onoga s kim imate seks ka drugačijoj mogućnosti i drugačijem izboru.

Sudionik tečaja:
Žena s kojom se viđam napravila je to sa mnom neki dan. Gladila mi je penis i sisala i lizala, a ja sam padao u san. Čak sam nekoliko puta i zahrkao. Što je to? Je li se to samo tijelo opuštalo?

Gary:
Da, jer tijelo bi trebalo biti opušteno. Jeste li se ikada probudili s erekcijom?

Sudionik tečaja:
Kad sam opušten, dobivam stvarno čvrste erekcije.

Gary:
Točno! Opuštenost je izvor onoga što kreira erekciju. Opuštenost je izvor uzbuđenosti. To je razlog zašto želim da ovo vježbate. Maknite ideju da pokušavate kreirati orgazam. Umjesto toga ciljajte na sposobnost kreiranja održivije erekcije, erekcije u kojoj više uživate. To je uživanje

u erekciji samim time što je erekcija. Time ćete početi biti bolji kad ste s nekim u krevetu.

To će vas dovesti i do izbora onoga što želite kreirati i do načina na koji to želite kreirati, što vas čini vrijednim proizvodom. Trenutno bi većina vas bila vrlo sretna da samo ima vlažno, toplo mjesto gdje će ubosti svoj penis. To je većini muškaraca prilično dovoljno. I zato što je to većini muškaraca prilično dovoljno, žene počinju misliti da su muškarci sebični. Misle da su muškarci prebrzi; ne idu dovoljno sporo. Većina žena ima gledište da je seks samo pljus, pljus, pljus. Misle: „Hoćeš li samo završiti s tim i svršiti pa da možemo prestati?"

Ne radi se o pozivanju žena ekspanzivnom životu i življenju kroz orgazmičnu kvalitetu seksa. Radi se o tome da vi ili one svršite. Nijedno od toga ne bi trebala biti meta.

Sudionik tečaja:
Imate li proces povezan s kretanjem iz skupljanja u orgazam naspram širenja?

Gary:
Nažalost, ja to ne mogu kreirati. Morate vježbati jer ste to naučili raditi na drugi način. Nije to krivo. Samo neće kreirati ono što mislim da većina vas želi imati. Jesam li pogriješio?

Sudionik tečaja:
Ne.

Gary:

Želite da seks bude nešto što će vas krijepiti i širiti vaš život – a ne samo vašu agendu. Ovdje postoji drugačija mogućnost, koliko ja mogu vidjeti. Koju biste mogućnost najviše htjeli imati? Rašireniju verziju seksa i kopulacije ili skupljeniju verziju?

Sudionik tečaja:

Rašireniju verziju.

Sudionik tečaja:

Gary, dali ste mi pitanje koje je puno pomoglo: u što se mogu opustiti što će kreirati veću mogućnost u seksu i kopulaciji nego što sam ikada znao da postoji?

Gary:

Hvala vam na tome. Zaboravio sam na to pitanje. To će pomoći, ali stvarno, ne radi se o postavljanju pitanja. Morate to biti voljni vježbati. Kad sam vam dao to pitanje, nitko mi nije dopuštao da dovoljno dugo govorim kako bih objasnio što trebate raditi. Stoga vježbajte – i koristite to pitanje. Kako je ono glasilo?

Sudionik tečaja:

U što se mogu opustiti što će kreirati veću mogućnost u seksu nego što sam ikada znao da postoji?

Gary:

Koju fizičku aktualizaciju potpunog opuštanja u seks i kopulaciju ste sad sposobni generirati, kreirati i utemeljivati? Sve što ne dopušta da se to pojavi bezbroj puta, hoćete li sve

to uništiti i dekreirati? Right and Wrong, Good and Bad, POD and POC, All Nine, Shorts, Boys and Beyonds.

Sudionik tečaja:
Kad se na poslu sve intenzivira, ponekad odem masturbirati na taj skupljeni način. Što je to?

Gary:
Mislite da će vas svršavanje opustiti. Ali želite li svršiti – ili želite proširiti svoj život?

Sudionik tečaja:
Ovo drugo.

Gary:
Kad osjećate tu vrstu napetosti, idite u kupaonicu i gladite se petnaest minuta, umjesto tri i pol, i napravite to bez svršavanja. Onda se vratite na posao i pogledajte kako će vam biti. Ako želite biti tvrdi, morate se opustiti.

Sudionik tečaja:
Često shvatim da intenzitet nije moj.

Gary:
Intenzitet nije vaš, ali ako se želite opustiti u neorgazmičnu igru sa svojim penisom, a onda izađete van, ljudi će gledati u izbočinu u vašim hlačama i počet će vas željeti. To će učiniti više za širenje vaše agende od bilo čega drugoga.

INTEGRITET SA SOBOM

Sudionik tečaja:
Dok hodam ulicom, često izbjegavam ljude i stežem svoju seksualnu energiju. Zapravo mogu osjetiti kako nestajem. Radi li se tu samo o širenju te seksualne energije ili o bivanju prisutnim?

Gary:
Skupljate li svoju seksualnu energiju i pravite se da nestajete? Ili drugi ljudi uopće ne mogu biti seksualni?

Sudionici tečaja:
Ovo drugo, da.

Gary:
Pokušavate li se uskladiti s drugim ljudima oko sebe?

Sudionik tečaja:
Da.

Gary:
Koju glupost koristite da se uskladite s vibracijskom dezintegracijom oko sebe što birate? Sve što to jest bezbroj puta, hoćete li sve to uništiti i dekreirati? Right and Wrong, Good and Bad, POD and POC, All Nine, Shorts, Boys and Beyonds.

Sudionik tečaja:
Što znači *dezintegracija*? Kako to funkcionira?

Gary:

Djeluju li ljudi iz integriteta – ili djeluju iz zaključka i prosudbe?

Sudionik tečaja:

Iz zaključka i prosudbe.

Gary:

U redu, želite li i vi iz toga funkcionirati?

Sudionik tečaja:

Ne. Onda bih trebao funkcionirati iz integriteta?

Gary:

Da. Iz integriteta sa sobom. Usklađujete se s vibracijama oko sebe kao da su vibracije oko vas ono što biste vi trebali biti. Ali ono što biste stvarno trebali biti je biti svoj bez obzira na sve drugo. Integritet je iskorak u svoju veličinu bez prosudbe. Integritet znači biti istinit prema sebi.

Koju glupost koristite da kreirate vibracijsko usklađivanje s dezintegriranim realnostima koje drugi ljudi koriste, što birate? Sve što to jest bezbroj puta, hoćete li sve to uništiti i dekreirati? Right and Wrong, Good and Bad, POD and POC, All Nine, Shorts, Boys and Beyonds.

Sudionik tečaja:

Vraća li se to na ono što ste govorili o demonima? Kažete li da kad sam s ljudima i činim ih većim od sebe, pozivam demone?

Gary:

Ako bilo koga činite većim od sebe, umjesto samo drugačijim od sebe, morate odrediti jeste li sljedbenik. Istina, jeste li dobar sljedbenik? Prije tog pitanja rekao sam „istina" kako biste morali priznati što je istinito.

Sudionik tečaja:

Ne, ne baš.

Gary:

Ne, vi ste loš sljedbenik i zbog toga u odnosu uvijek dolazite do točke gdje ste ljuti. Ili ljutite drugu osobu kako biste bili u svojoj ispravnosti.

Sudionik tečaja:

Možemo li to sada promijeniti?

Gary:

Sve što ste učinili da to imate kao svoju realnost, hoćete li sve to uništiti i dekreirati? Right and Wrong, Good and Bad, POD and POC, All Nine, Shorts, Boys and Beyonds.

Kako bi bilo da ste u integritetu sa sobom i da ste sve ono što jeste bez isprike? Biste li bili više ili manje privlačni?

Sudionik tečaja:

Koga bi bilo briga?

Gary:

Točno! Ne bi vas bilo briga i stoga biste svima bili vrlo privlačni. Sve dok vam je stalo do toga, ljudi gledaju kako vas mogu iskoristiti, kako vas mogu nagovoriti da budete ono što oni žele da budete i kako vas mogu uvjeriti da radite ono što oni žele da radite.

Sudionik tečaja:
Hvala vam na svemu ovome. Upravo sam dobio tu energiju i to je „Oho!"

Gary:
Pa dečki, mislim da smo ovdje završili.

Sudionici tečaja:
Hvala Vam, Gary.

Gary:
Dobro, prijatelji moji, čuvajte se. Puno vas volim. Čujemo se uskoro.

though
4.
Postanite Kralj mogućnosti

Što ako zapravo jeste ono što ste se pretvarali da niste?
Što ako ste zapravo kralj mogućnosti?

Gary:

Bok, gospodo. Dr. Dain je danas s nama.

VJEČNA SEZONA NEZADOVOLJSTVA

Dain:

Bok svima. Sretan sam što sam na ovom pozivu. Moram reći da sam prije početka ovog tečaja imao otpor prema povezivanju s drugim muškarcima poput vas pa mislim da se u našem svijetu nešto mijenja. Nešto se definitivno mijenja u mojem. Nadam se da se mijenja i u vašem.

S jedne strane, znate da ste ovdje da mijenjate stvari u svijetu; s druge strane, poznato je nezadovoljstvo koje se pojavljuje u prisutnosti drugih muškaraca. Mislite da neće biti prisutno sa ženama, ali s njima je još i veće. Vi to ne želite vidjeti jer žene često imaju druge atribute koje vi smatrate... zanimljivim, recimo to tako.

Gary:

Koju glupost koristite da kreirate izume, umjetni intenzitet i demone za vječnu sezonu nezadovoljstva što birate? Sve što to jest bezbroj puta, hoćete li sve to uništiti i dekreirati? Right and Wrong, Good and Bad, POD and POC, All Nine, Shorts, Boys and Beyonds.

Dain:

O, veselje.

Gary:

O, jad.

Dain:

Pitam se što bismo zapravo zajedno mogli kreirati kad bismo napustili ideju da nam je naše odvajanje vrednije od povezanosti s mogućnostima koje bismo mogli kreirati.

Koju glupost koristite da kreirate izume, umjetni intenzitet i demone za vječnu sezonu nezadovoljstva što birate? Sve što to jest bezbroj puta, hoćete li sve to uništiti i dekreirati? Right and Wrong, Good and Bad, POD and POC, All Nine, Shorts, Boys and Beyonds.

Sudionik tečaja:

Što mislite pod *nezadovoljstvom*?

Gary:

To znači da nikada ni sa čim niste uistinu zadovoljni. Znate da biste trebali biti, ali zapravo se tako ne osjećate i stalno pokušavate otkriti kako biste se mogli osjećati zadovoljno ili da bi tako trebalo biti jer je to ono što biste trebali osjećati, a zapravo za vas nije stvarno.

Sudionik tečaja:
O, to je to.

Gary:
Kao da vjerujete: „Sad kad imam tu ženu, bit ću sretan." Dečki, vi uvijek pokušavate biti zadovoljni s onim što imate, a nikada niste. Zašto želite biti zadovoljni? Koja je vrijednost toga?

Sudionik tečaja:
Pa nema dobrog odgovora na to.

Gary:
Zašto stalno tražite zadovoljstvo, umjesto svjesnost? *Zadovoljstvo* je ideja da biste trebali biti zadovoljni s onim što dobijete. Ne postoji ni jedan od vas koji u svome životu ne može dobiti zlatnu vaginu – i trebali biste biti zadovoljni s činjenicom da vam je vagina dostupna na zahtjev. Nikada ne pitate: koje izbore ovdje imam, a nikad ih nisam uzeo u obzir?

Sve što je to podiglo bezbroj puta, hoćete li sve to uništiti i dekreirati? Right and Wrong, Good and Bad, POD and POC, All Nine, Shorts, Boys and Beyonds.

Dain:
Koju glupost koristite da kreirate izume, umjetni intenzitet i demone za vječnu sezonu nezadovoljstva što birate? Sve što to jest bezbroj puta, hoćete li sve to uništiti

i dekreirati? Right and Wrong, Good and Bad, POD and POC, All Nine, Shorts, Boys and Beyonds.

Gary:

Jeste li ikada primijetili da mislite da ćete biti zadovoljni kada u svom životu budete imali ženu – no to rijetko funkcionira jer žena je posvećena tome da nikada ne budete zadovoljni? Sve dok se osjećate zadovoljno s nečim, žena će reći: „Medeni, moramo razgovarati.", a to znači što? „Vi ste u krivu, vi ste sjebani, vi ste jebeni" i to ne na dobar način.

Koju glupost koristite da kreirate izume, umjetni intenzitet i demone za vječnu sezonu nezadovoljstva što birate? Sve što to jest bezbroj puta, hoćete li sve to uništiti i dekreirati? Right and Wrong, Good and Bad, POD and POC, All Nine, Shorts, Boys and Beyonds.

Muškarci misle da će žene s njima biti zadovoljne, ali one to nikada nisu. Muškarci uvijek traže kako bi mogli kreirati zadovoljstvo sa ženom jer misle da kad je žena zadovoljna, konačno će i oni imati zadovoljstvo. To ne funkcionira!

IZVRNUTO ZADOVOLJSTVO KOJE STVARA ODVAJANJE MEĐU MUŠKARCIMA

Dain:

Primijetio sam čudnu energiju među muškarcima koja se odnosi na ovo. Kao izvrnuto nezadovoljstvo koje stvara odvajanje između njih i drugih muškaraca. Gary, znam da ti to nemaš s drugim dečkima, ali primijetio sam da mnogi drugi dečki to imaju sa mnom. Sretnem dečka i mogu percipirati energiju.

Najbolji način na koji to mogu opisati je ovaj: Gary mi je jednom rekao da je radio s tipom koji je rekao: „Imam problem s Dainom. Nadmećem se s njim." Gary je na kraju shvatio da je tip stvarno htio sa mnom imati seks i sa mnom je iz te pozicije stvarao nadmetanje. Pokušavao me oboriti. Činio me krivim i ogovarao me iza mojih leđa.

Dečki, možete li zamisliti što bi nam bilo dostupno da ovo potpuno nestane? Ne znam za vas, ali ovo je jedno od mjesta gdje ja uništavam kapacitete i moći koje su mi dostupne. To je sposobnost hodanja s uspravnom glavom i s osjećajem lakoće. Ne tvrdim da imam put kroz ovo; to spominjem samo zato što drugi dečki to nisu voljni osvijestiti ili govoriti o tome. Kažem: „Znate što? Vrijeme je da se o tome govori, vrijeme je da se to osvijesti i vrijeme je da se to jebeno promijeni jer ako se odvajate od drugih muškaraca, kreirate i odvajanje sebe od sebe."

Da se sutra probudite i više niste heteroseksualni, homoseksualni ili bilo koja seksualnost kojom se definirate, shvaćate li koliko bi vam to slobode kreiralo? Da se ne morate probuditi i tražiti ženu ili tražiti muškarca, da ne morate tražiti seks, u što biste još mogli staviti svoju energiju? Što biste mogli kreirati i generirati što bi moglo kreirati drugačiju mogućnost?

Gary:

I zašto biste odvajali sebe od sebe? Stvar je u tome da ako imate fiksno gledište, morate kreirati odvajanje sebe od sebe.

Koliko je onoga što ste pokušavali kreirati kao svoju seksualnost zapravo kreiranje nužnosti da budete nesvjesni onoga što je moguće da uopće možete biti? Sve što to jest bezbroj puta, hoćete li sve to uništiti i dekreirati? Right and Wrong, Good and Bad, POD and POC, All Nine, Shorts, Boys and Beyonds.

Dain:
Koju glupost koristite da kreirate osobnost i seksualnost kao izbor svih izbora za bivanje što birate? Sve što to jest bezbroj puta, hoćete li sve to uništiti i dekreirati? Right and Wrong, Good and Bad, POD and POC, All Nine, Shorts, Boys and Beyonds.

ŠTO AKO U SVOME ŽIVOTU NE BI IMA-LI NIKAKAV OSJEĆAJ POTREBE?

Gary:
Postojalo bi drugačije mjesto iz kojega bi djelovali. Bilo bi to prepoznavanje da u vašem životu nema potrebe. Kad izađete iz osjećaja potrebe, više ne morate kreirati mjesto ograničavanja. Ograničenje se temelji na potrebi. Zašto?

Zato što se potreba uvijek temelji na stvaranju najmanjeg zajedničkog nazivnika kojega možete stvoriti. Radi se o izmišljanju. Kad god nešto izmišljate, to koristite da kreirate uzrujanost.

Koji izum koristite da kreirate seksualnost što birate? Sve što to jest bezbroj puta, hoćete li sve to uništiti i dekreirati? Right and Wrong, Good and Bad, POD and POC, All Nine, Shorts, Boys and Beyonds.

Koji izum koristite da kreirate uzrujanost sa ženama što birate? Sve što to jest bezbroj puta, hoćete li sve to uništiti i dekreirati? Right and Wrong, Good and Bad, POD and POC, All Nine, Shorts, Boys and Beyonds.

Koju glupost koristite da kreirate izume, umjetni intenzitet i demone za vječnu sezonu nezadovoljstva što birate? Sve što to jest bezbroj puta, hoćete li sve to uništiti i dekreirati? Right and Wrong, Good and Bad, POD and POC, All Nine, Shorts, Boys and Beyonds.

Taj osjećaj nezadovoljstva je razlog zašto muškarci uvijek traže novu ženu. Zato odnosi ne mogu postojati. Uvijek morate biti nezadovoljni s onime što imate. Pretpostavljate da kad biste imali ono što mislite da trebate imati, imat ćete drugačiji rezultat pa zato nikada ne možete biti sretni samo s jednom ženom. I zato žena nikada ne može biti sretna samo s vama.

Sve što to jest bezbroj puta, hoćete li sve to uništiti i dekreirati? Right and Wrong, Good and Bad, POD and POC, All Nine, Shorts, Boys and Beyonds.

Dain:

Koju glupost koristite da kreirate izume, umjetni intenzitet i demone za vječnu sezonu nezadovoljstva što birate? Sve što to jest bezbroj puta, hoćete li sve to uništiti i dekreirati? Right and Wrong, Good and Bad, POD and POC, All Nine, Shorts, Boys and Beyonds.

Gary:

Koliko je vas pokušalo biti zadovoljno samo s jednom ženom pa ipak uvijek istovremeno tražite drugu ženu?

Dok sam bio oženjen, stalno sam mislio „mora postojati nešto veće" i onda sam naletio na iskustvo prošlog života gdje sam bio poznat i neka me je žena neprestano tražila. Shvatio sam da sam imao gledište da konačno negdje mora postojati žena koja me uistinu voli, koja me uistinu želi zbog mene i koja uistinu misli da sam divan. Nažalost, to se zapravo ne pojavljuje. To je fantastični svijet ludila mogućnosti, umjesto istina realnosti.

Koju glupost koristite da kreirate izume, umjetni intenzitet i demone za vječnu sezonu nezadovoljstva što birate? Sve što to jest bezbroj puta, hoćete li sve to uništiti i dekreirati? Right and Wrong, Good and Bad, POD and POC, All Nine, Shorts, Boys and Beyonds.

Srećom, nitko od vas nije imao to gledište.

Sudionik tečaja:
(Smijeh) Ne.

Gary:
Da, jeste. Tako ste ljupki. Sve vas volim.

Dain:
Koju glupost koristite da kreirate izume, umjetni intenzitet i demone za vječnu sezonu nezadovoljstva što birate? Sve što to jest bezbroj puta, hoćete li sve to uništiti i dekreirati? Right and Wrong, Good and Bad, POD and POC, All Nine, Shorts, Boys and Beyonds.

Imam pitanje. Ako vidite drugog tipa kojeg prosuđujete kao sličnoga sebi i vidite da bira više od vas, što to radi u vašem svijetu?

Sudionik tečaja:
Zbog toga se osjećam jadno.

Dain:

Osjećate se jadno pa stvarate odvajanje i umanjujete sebe.

Sudionik tečaja:

Da.

Gary:

Koju glupost koristite da kreirate sebe kao manjega od žena što birate? Sve što to jest bezbroj puta, hoćete li sve to uništiti i dekreirati? Right and Wrong, Good and Bad, POD and POC, All Nine, Shorts, Boys and Beyonds.

Sudionik tečaja:

Oho.

Dain:

Koju glupost koristite da kreirate sebe kao manjega od žena što birate? Sve što to jest bezbroj puta, hoćete li sve to uništiti i dekreirati? Right and Wrong, Good and Bad, POD and POC, All Nine, Shorts, Boys and Beyonds.

Gary:

Oho, promijenit ću to:
Koju glupost koristite da kreirate sebe kao manje vrijednog od žena što birate? Sve što to jest bezbroj puta, hoćete li sve to uništiti i dekreirati? Right and Wrong, Good and Bad, POD and POC, All Nine, Shorts, Boys and Beyonds.

BITI NEDEFINIRAN

Dain:

Oho. To je dobar opis.

Koju glupost koristite da kreirate sebe kao manje vrijednog od žena što birate? Sve što to jest bezbroj puta, hoćete li sve to uništiti i dekreirati? Right and Wrong, Good and Bad, POD and POC, All Nine, Shorts, Boys and Beyonds.

Možete promotriti još dva dijela ovoga. Jedan je izum. Pitajte: koji izum koristim da kreiram problem u pristupu ženama što biram?

Drugi je da branimo poziciju, a ako bilo što branite, teško ćete nekome pristupati i s osobom razgovarati, osim ako ne mislite da se od nje dobro branite.

Jedna od stvari koja najviše privlači žene je tip koji je voljan biti potpuno bez zaštite. Kažu: "O moj Bože, otkud si se stvorio?" Svi drugi im prilaze sa stavom "Hej, tako sam super zbog ovoga i tako sam super zbog onoga. Trebala bi vidjeti kako sam super." Žene su na to navikle i u tome postoji određena količina varanja koja im može biti zabavna, ali daleko ste im privlačniji kad ste potpuno bez zaštite.

Bez zaštite ne znači da ste jadni mali slabić. To znači da vam je dostupno toliko svjesnosti o sebi da se ne morate ni od čega braniti. Samo priđete i kažete: "Bok, znam da me možeš udariti u jaja. Znam da ti se možda neću svidjeti. Znam da mi se možeš smijati, ali meni je sve to dobro jer znam da kad odavde odem, imat ću toliko sebe koliko sam imao dok sam pričao s tobom." Kad morate braniti poziciju, to nemate kao jedan od svojih izbora.

Koju branjenu poziciju birate koju biste uistinu mogli odbiti, a da je odbijete braniti, dobili biste slobodu bivanja? Sve što to jest bezbroj puta, hoćete li sve to uništiti i dekreirati? Right and Wrong, Good and Bad, POD and POC, All Nine, Shorts, Boys and Beyonds.

HOĆE LI ME ONA UČINITI VRIJEDNIM PROIZVODOM?

Sve dok se bavite seksualnošću, nemate slobodu bivanja. Nemate slobodu ili lakoću jer većinu vremena, čak i prije nego što pomislite pristupiti nekome, kažete: "Odgovara li ona svim kriterijima koji će mene učiniti vrijednim proizvodom?" To je jedini razlog zašto s njom uopće razgovarate. Devedeset posto puta, devedeset posto muškaraca uopće za nju nisu zainteresirani. To je više kao: "Da vidimo. Hoće li me ova učiniti vrijednim? Hoće li me ona učiniti vrijednim? Hoće li me ona tamo učiniti vrijednim?" A ne: "Oho, ovo bi mi bilo zabavno."

Radost i zabavu izostavljamo iz jednadžbe i biramo raditi ono što će nas učiniti vrjednijim. Kad sam davno, davno bio na koledžu, sreo sam djevojku. Bila je jedina djevojka s kojom sam definitivno mogao imati seks, a nisam imao seks stvarno dugo pa sam s njom koketirao i uzbudio je. Ona nije bila djevojka koja bi me učinila vrijednim proizvodom. Bila je zabavna za seks, no nije imala kvalitete koje bi me učinile vrijednim proizvodom pa sam je nakon seksa pokušavao izvući iz kuće prije nego se drugi probude kako ne bi...

Gary:

Shvatili koliko je ružna?

Dain:

Da, kako ne bi shvatili koliko je ružna i koliko je zlobna na kraju bila. Shvatio sam da to nema nikakve veze sa zabavom. Tražim predodređeni ishod i pokušavam naći nekoga tko mu odgovara. To nema nikakve veze sa mnom, a ni s njom. Koliko ste seksa i odnosa kreirali iz te pozicije?

IZBJEGAVANJE RADOSTI SEKSA I KOPULACIJE

Gary:

Koju glupost koristite da kreirate apsolutno i potpuno izbjegavanje radosti seksa i kopulacije što birate? Sve što to jest bezbroj puta, hoćete li sve to uništiti i dekreirati? Right and Wrong, Good and Bad, POD and POC, All Nine, Shorts, Boys and Beyonds.

Sedamdesetih sam godina upoznao djevojku iz Švedske. Šveđani su navodno toliko seksualno slobodniji od drugih u svijetu da sam mislio da će nam biti zabavno zajedno – no ona je toliko prosuđivala i bila je kruta u svojim gledištima. Gdje je tu sloboda?

Sudionik tečaja:

Izbjegavanje radosti seksa i kopulacije. Radi li se tu o moralnim standardima i svim ostalim sranjima koji se pojavljuju u mom svemiru?

Gary:

Svi imaju standarde. Svi imaju moral. Srećom po vas, ako ste dovoljno ljupki, možete prevladati sve standarde i sve moralnosti. Ali ako niste dovoljno ljupki i dovoljno seksi, to ne možete prevladati. Jednog vas dana želim podučiti kako hodati kako biste prevladali vlastitu krutost.

Sudionik tečaja:

Kako to mislite?

Gary:

Ne hodate kao da uživate u svome tijelu ili da stvarno želite jebati. Ne hodate kao da stvarno želite seks. Izgledate kao slika onoga što želi seks, a ne kao *netko tko zapravo voli seks.*

Eliminirate određene vrste energetskih tokova u tijelu kako ne biste bili ono što poziva *radost seksa*. Možete biti samo ono što poziva *mogućnost seksa*. Stoga pozivate mogućnost i onda imate dvije ili tri žene na noć, što je u redu. To je sjajno. Divno je, ali gdje ste vi u računici?

Sudionik tečaja:

Tako je. Ja uopće nisam tamo.

Gary:

To je ono što se mora promijeniti.

Koju glupost koristite da kreirate sebe kao princa šarmera koji se nikada ne seksa, što birate? Sve što to jest bezbroj puta, hoćete li sve to uništiti i dekreirati? Right and Wrong, Good and Bad, POD and POC, All Nine, Shorts, Boys and Beyonds.

Koji izum koristite da izbjegavate biti kralj što birate? Sve što to jest bezbroj puta, hoćete li sve to uništiti i dekreirati? Right and Wrong, Good and Bad, POD and POC, All Nine, Shorts, Boys and Beyonds.

UZBUĐENOST KOJA JESTE

Koliko ste se puta kao dijete neprikladno uzbudili u različitim situacijama, a niste znali zašto ste se uzbudili?

Sudionik tečaja:
Da. Puno puta.

Gary:
Da.
Sve što ste učinili da sve to potisnete i ugušite, hoćete li sve to uništiti i dekreirati? Right and Wrong, Good and Bad, POD and POC, All Nine, Shorts, Boys and Beyonds.

Razlog zašto se uzbuđujete je taj što uzbuđujete druge. Kad ste seksualna energija koja jeste, budite seksualnu energiju u tijelima drugih ljudi. Uzbuđujete druge lude, a zato što ih uzbuđujete, uzbudite se i vi ili barem vaše tijelo.

Koliko uzbuđenosti koje ste ikada primili je razlog zašto ste poništavali svoju svjesnost o uzbuđenosti koja jeste i uzbuđenost koja su drugi ljudi bili prema vama? Sve što to jest bezbroj puta, hoćete li sve to uništiti i dekreirati? Right and Wrong, Good and Bad, POD and POC, All Nine, Shorts, Boys and Beyonds.

Uz to je vezana ozbiljna nesvjesnost. Kad sam imao petnaest, svakog sam se dana na svojim satovima matematike uzbuđivao, a učitelj me prozivao. Što je uzbuđivanje na matematici? Godinama sam mislio da sam samo jebeno čudan što me matematika uzbuđuje. A onda sam to jednoga dana pogledao i rekao: "Oho!" Nisam shvaćao da je moj učitelj matematike homoseksualac i ja sam ga uzbuđivao. Kad bih imao erekciju, pokušavao me navesti da ustanem i odem do ploče napraviti jednadžbu.

Gdje god niste voljni priznati činjenicu da ste jednako napaljeni kao kad ste imali petnaest i sve što ste učinili kako biste to potisnuli i ugušili, hoćete li sve to uništiti i dekreirati? Right and Wrong, Good and Bad, POD and POC, All Nine, Shorts, Boys and Beyonds.

Sudionik tečaja:
Imam pitanje: Dok sam sa ženom i međusobno imamo stvarno lijepi prostor, ponekad ne dobijem erekciju. To kreira stvarno čudno mjesto u mom svemiru poput "ovdje nisam muškarac".

Gary:
Pa kad ste vani sa ženom i stvarno je lijepi prostor među vama, ali vi niste uzbuđeni, priznate li ikada da ona možda nije voljna imati seks? Ili je ona voljna imati seks, ali vi i vaše tijelo ne žudite za time? Mislite da ako vas žena želi, vi morate isporučiti.

Sudionik tečaja:
Istina.

Gary:
To je zato što ste kompletna i potpuna kurva.

Dain:
> Gary je to rekao kao nešto loše, no ja ne mislim da jest.

Gary:
> Nemam gledište da je loše biti kurva, ali ako ne priznate da ste kurva dok vas netko želi, upustit ćete se u to bez obzira kako osoba izgleda. Dain je govorio o djevojci s kojom je imao seks jer je znao da će biti lako. Lako znači da vas ništa ne košta pa krenete u to. Vi dečki stalno govorite: "Da, ali ona mora zadovoljiti moje standarde." Vaši standardi su ono što koristite da izbjegavate ono što biste mogli birati.
>
> Koji izum standarda koristite da izbjegavate ono što biste mogli birati, a bilo bi lako i zabavno? Sve što to jest bezbroj puta, hoćete li sve to uništiti i dekreirati? Right and Wrong, Good and Bad, POD and POC, All Nine, Shorts, Boys and Beyonds.

Sudionik tečaja:
> Razmišljanje da trebamo isporučiti, ima li to također veze sa standardima?

Gary:
> Ne, ima više veze s princem šarmerom. Ako niste u braku, morate biti princ. Kad se vjenčate, onda ste rob. Nikad niste kralj.

Sudionik tečaja:
> Nažalost.

Gary:
> Koju glupost koristite da izbjegavate biti kralj što biste mogli birati? Zgodna je stvar što kraljevi mogu biti prljavi,

mogu biti smrdljivi, mogu biti koješta i još uvijek dobiti što god žele.

Sve što to jest bezbroj puta, hoćete li sve to uništiti i dekreirati? Right and Wrong, Good and Bad, POD and POC, All Nine, Shorts, Boys and Beyonds.

Sudionik tečaja:

Govorimo o tvrdoći, erekcijama i osjećaju seksualnosti. Jučer mi je starija dama radila Bars i dobio sam stvarno lijepu erekciju za vrijeme tretmana. To se često događa. Znači li to da bi ona sa mnom htjela imati seks? Ili da ja nju uzbuđujem ili da ona mene uzbuđuje? Što da s time radim?

Dain:

Da.

Gary:

To je točno, da. Oprostite. Vi ste muškarac. Imate penis. Dišete. Želite dobiti erekciju. To je dano. Kad ste najkorisniji? Kad ste čvrsti kao stijena. Kad ste beskorisni? Kad niste. Većina muškaraca pokušava izbjeći tu vrstu seksualne energije. Starija dama vas je gledala misleći "Bi li ja mogla ovo imati molim?", a vaše je tijelo reklo "Ooo, hvala. Evo, pokazat ću ti kako bi dobro moglo biti" pa ste dobili erekciju. Nije da ste je poželjeli. Činjenica je da vas je poželjela i vi ste to od nje bili voljni primiti jer ona nije vaš standard.

Dain:

To je također dio energije življenja. Kad živite, uzbuđeni ste. Kad umirete, niste. Većina ljudi na planetu umire pa ne znamo što znači biti uzbuđen kao nešto normalno i kao dio života i življenja. Stvarno, to je energija življenja bez obzira koliko je netko ili nešto pokušao izbiti iz vas.

Sudionik tečaja:
Ako se vratimo u vrijeme kad smo imali petnaest, cijelo sam vrijeme dobivao erekcije – u autobusu, vraćajući se kući vlakom, bilo gdje. Jednostavno sam bio uzbuđen životom i življenjem. Sada to nije redovito. Ne događa se tako često. Bilo bi sjajno vratiti se natrag u to vrijeme kad sam češće dobivao erekcije i kad sam bio uzbuđeniji životom i življenjem.

ULTIMATIVNA UZBUĐENOST

Gary:
Da, to je ultimativna uzbuđenost – životom i življenjem. Ultimativna uzbuđenost je netko tko je voljan živjeti. Starija dama je bila voljna živjeti i gledala vas je kao mogućnost još boljeg življenja. Dok imate petnaest, mnogi ljudi žude za vama, a vi to ne primjećujete jer to ne biste smjeli primjećivati; mislite da to znači da s time morate nešto poduzeti. Ali ne znači da s time morate nešto poduzeti. To samo znači da ljudi za vama žude.

Koliko energije koristite da osigurate da vas požuda nikada ne slijedi i da nikada ne prožima vaš život, vaše življenje, vašu realnost ili vašu erekciju? Sve što to jest bezbroj puta, hoćete li sve to uništiti i dekreirati? Right and Wrong, Good and Bad, POD and POC, All Nine, Shorts, Boys and Beyonds.

Dain:

Bilo bi loše da požuda zapravo opet prožme vašu realnost. Dok ste bili tinejdžer, bili ste izvan kontrole. Bili ste poput Garyja na satu matematike govoreći "O moj Bože!" Mislio je "O ne! Dobio sam još jednu erekciju" i onda bi ga, naravno, učitelj prozvao, a on bi pomislio "Ne! Ne razumijem matematiku."

Gary:

"Ne znam odgovor. Nemam ideju. Ne, ne mogu riješiti taj problem." Pravio sam se nesposobnim u tom dijelu svojega života. Bio sam matematički izazvan jer nisam htio ustati i pokazati svoju erekciju.

Dain:

Bilo bi super živjeti u realnosti gdje bi on mogao ustati i pokazati svoju erekciju. "Hej, nešto super mi se događa. Imam takvu erekciju da ću gotovo svršiti po svima. Što ste ono htjeli znati o kvadratnim jednadžbama?" Što ako bi živjeli u realnosti gdje bi to bilo moguće? Kad tu mogućnost uzmete u obzir, shvatite koliko smo daleko od sposobnosti da imamo i budemo sve ono što se trenutno s nama i s našim tijelom događa. Tako smo dinamično odvojeni od svojih tijela. Da to ne moramo raditi, što bi još bilo moguće?

Gary:

Koji izum koristim da izbjegavam erekciju koju bih mogao birati? Sve što to jest bezbroj puta, hoćete li sve to uništiti i dekreirati? Right and Wrong, Good and Bad, POD and POC, All Nine, Shorts, Boys and Beyonds.

Sudionik tečaja:
Ovaj me razgovor stvarno uzbuđuje.

Gary:
Da imate erekciju na život i življenje, bi li vam to dalo više stvaralaštva i više generiranja od onoga što trenutno imate?

Sudionik tečaja:
O, dovraga da!

Gary:
Ako požudu, radost življenja i radost kopulacije niste voljni imati kao dio svoje realnosti, niste voljni imati način življenja u generativnom i kreativnom kapacitetu. Orgazmička kvaliteta življenja dolazi iz volje da imate intenzitet požude i kreativne sokove koji dolaze s orgazmom.

Koji izum koristite da izbjegavate erekciju koju biste mogli birati? Sve što to jest bezbroj puta, hoćete li sve to uništiti i dekreirati? Right and Wrong, Good and Bad, POD and POC, All Nine, Shorts, Boys and Beyonds.

Je li itko od vas primijetio da možda postaje malo uzbuđeniji oko života i življenja?

Sudionik tečaja:
Da.

Gary:
Koliko je vas primijetilo da se stvarno dobro osjećate kad imate erekciju?

Dain:
To je pomalo veselo vrijeme. To je "O, bok!"

Gary:
To je veselo, neuredno vrijeme.

Dain:
Koju glupost koristite da kreirate izume, umjetni intenzitet i demone za vječnu sezonu nezadovoljstva što birate? Sve što to jest bezbroj puta, hoćete li sve to uništiti i dekreirati? Right and Wrong, Good and Bad, POD and POC, All Nine, Shorts, Boys and Beyonds.

Koji izum koristite da izbjegavate erekciju koju biste mogli birati? Sve što to jest bezbroj puta, hoćete li sve to uništiti i dekreirati? Right and Wrong, Good and Bad, POD and POC, All Nine, Shorts, Boys and Beyonds.

Koji izum koristite da kreirate potiskivanje i gušenje seksualne energije što birate? Sve što to jest bezbroj puta, hoćete li sve to uništiti i dekreirati? Right and Wrong, Good and Bad, POD and POC, All Nine, Shorts, Boys and Beyonds.

Koji izum koristite da kreirate sebe kao "ne kralja" što birate? Sve što to jest bezbroj puta, hoćete li sve to uništiti i dekreirati? Right and Wrong, Good and Bad, POD and POC, All Nine, Shorts, Boys and Beyonds.

Koju glupost koristite da kreirate sebe kao princa šarmera koji se nikada ne seksa, što birate? Sve što to jest bezbroj puta, hoćete li sve to uništiti i dekreirati? Right and Wrong, Good and Bad, POD and POC, All Nine, Shorts, Boys and Beyonds.

Gary:

Pa, ti bi dodao taj dio! Ti se samo seksaš s princezama, umjesto s bilo kim tko je dovoljno pametan da se s tobom zabavlja. Znate, princeze su sve djevice i ne znaju kako davati – i zasigurno ne znaju kako pružiti oralni seks.

Sve što to jest bezbroj puta, hoćete li sve to uništiti i dekreirati? Right and Wrong, Good and Bad, POD and POC, All Nine, Shorts, Boys and Beyonds.

Dain:

Koji izum koristite da kreirate sebe kao manje vrijednog od žena što birate? Sve što to jest bezbroj puta, hoćete li sve to uništiti i dekreirati? Right and Wrong, Good and Bad, POD and POC, All Nine, Shorts, Boys and Beyonds.

Koji izum koristite da izbjegavate erekciju koju biste mogli birati? Sve što to jest bezbroj puta, hoćete li sve to uništiti i dekreirati? Right and Wrong, Good and Bad, POD and POC, All Nine, Shorts, Boys and Beyonds.

Gary:

Jeste li primijetili koliko vam se tijelo uzbudilo kad smo radili taj proces?

Sudionik tečaja:

Da.

Gary:

Stoga, što god radili, nemojte to snimiti i slušati sljedećih trideset dana. Molim vas, nemojte to raditi jer biste se mogli uzbuditi životom i življenjem općenito.

Dain:
I to bi bilo loše.

Gary:
Kad vam je petnaest, uzbuđeni ste životom i deprimirani u isto vrijeme. Zahvalni ste kad imate erekciju, a ostalo je nevažno sve dok imate erekciju. Što ako biste to koristili kao generativnu energiju u svome životu, umjesto kao pogrešnost?

Koji izum koristite da izbjegavate erekciju koju biste mogli birati? Sve što to jest bezbroj puta, hoćete li sve to uništiti i dekreirati? Right and Wrong, Good and Bad, POD and POC, All Nine, Shorts, Boys and Beyonds.

SEKS JE ŽIVOTNA SILA

Sudionik tečaja:
Moj život je trenutno takav. Kad nemam seks ili ne masturbiram ili nemam erekciju, svemu ostalome kao da blijedi značaj.

Gary:
Da, znam. Zašto je tako? Imate li ideju?

Sudionik tečaja:
Ne, zašto je tako?

Gary:
Kada dobijete erekciju, dobijete životnu silu koja postoji s vama i vašim tijelom. Seks je životna sila. To je ono što vam daje svjesnost o mogućnostima stvaranja i generiranja iznad

granica ove realnosti – no to nam se u ovoj realnosti ne predstavlja tako. Predstavlja se kao ispravnost ili pogrešnost, a ne kao energija koja inzistira na životu i življenju. Seks se tretira kao nešto što zahtijeva da ograničimo život i življenje.

Sudionik tečaja:

Od ovoga mi se vrti u glavi.

Gary:

To je dobro. Kad bi to radilo vašoj velikoj glavi i vašoj maloj glavi...

Dain:

To bi bilo sjajno.

Gary:

Sve što je to podiglo bezbroj puta, hoćete li sve to uništiti i dekreirati? Right and Wrong, Good and Bad, POD and POC, All Nine, Shorts, Boys and Beyonds.

Koji izum koristite da nadglasate svoju malu glavu sa svojom velikom glavom što birate? Sve što to jest bezbroj puta, hoćete li sve to uništiti i dekreirati? Right and Wrong, Good and Bad, POD and POC, All Nine, Shorts, Boys and Beyonds.

Sudionik tečaja:

Imam veliku glavu. O kojoj govorite?

Gary:

O obje. Ako je vaša mala glava velika kao vaša velika glava, morate raditi porno filmove, čovječe.

Dain:

Koji izum koristite da nadglasate svoju malu glavu sa svojom velikom glavom što birate? Sve što to jest bezbroj puta, hoćete li sve to uništiti i dekreirati? Right and Wrong, Good and Bad, POD and POC, All Nine, Shorts, Boys and Beyonds.

Koji izum koristite da izbjegavate širenje svoje agende što biste mogli birati? Sve što to jest bezbroj puta, hoćete li sve to uništiti i dekreirati? Right and Wrong, Good and Bad, POD and POC, All Nine, Shorts, Boys and Beyonds.

VIDJETI SEBE VRIJEDNIM

Sudionik tečaja:

U posljednje sam vrijeme čekao da žene biraju, umjesto da biram za sebe. Hoće li ovi procesi pomoći s tim?

Gary:

Proces o bivanju vrijednim: "Koji izum koristite da kreirate žene vrjednijim od sebe što birate?" stvorit će najviše promjene. Time možete promijeniti gledište kako je žena vrijedna, a ne vi. Ne vidite se vrijednim.

Sudionik tečaja:

Znam.

Gary:

Kad sebe ne vidite vrijednim, ženama prilazite s odvratnom, kurvinskom vrstom energije koja je opaka i nije lijepa. To ženama daje gledište da ste nekakav pokvarenjak.

To im nije pozivnica da vam priđu. Vi pokušavate ići k njima. Ima li to smisla?

Sudionik tečaja:

Sreo sam ženu i u početku sam bio vrijedan proizvod. Vukao sam energiju i bio sam samo svoj, a nakon nekog vremena bilo je "O, ponovno sam se vratio svojim starim obrascima." Ne znam što s tim.

Gary:

Možda biste htjeli pokrenuti:

Koji izum koristim da kreiram problem s ovom damom što biram? Sve što to jest bezbroj puta, hoćete li sve to uništiti i dekreirati? Right and Wrong, Good and Bad, POD and POC, All Nine, Shorts, Boys and Beyonds.

ŠTO JE POTREBNO DA OVAJ ODNOS FUNKCIONIRA?

Sudionik tečaja:

Hvala vam. Slušao sam Klub za gospodu u Australiji i netko me upitao: "Kako da kreiram odnos?" Vi ste rekli nešto kao: "Žena kreira svoju ideju odnosa, muškarac kreira svoju ideju odnosa i ako ih oni pokušavaju spojiti, to ne funkcionira."

Gary:

Uglavnom se sve svodi na ovo: pokušavate vidjeti kako se uklapate u svijet žene kako biste s njom kreirali odnos. Ona pokušava vidjeti kako biste se vi mogli uklopiti u njezin svijet, što je za nju odnos, a nijedno od toga ne znači biti prisutan s onim "Što će ovdje zapravo funkcionirati?"

Počinjete izmišljati divne, romantične slike vas dvoje zajedno. Smijete se, ljubite i sve je savršeno. Kažete: "O, ona je savršena. Ovo će biti savršeno." Jesu li to pitanja? Ne! "Sve će biti dobro. Ne mogu dočekati da vidim kako će se ovo razvijati." Ništa od ovoga nije pitanje. Izum ideje o savršenom odnosu nije svjesnost o odnosu kojeg zapravo imate. Stvarate uzrujanost sebi ili njoj, jedno od toga, umjesto da vidite što je zapravo moguće.

Morate pitati:
+ Što je potrebno da ovaj odnos funkcionira?
+ Što se ovdje događa i što bih htio da ovo bude?

FINOĆA SVJESNOSTI KOJU ZAPRAVO IMATE

Dain:

To se temelji na zaključku, umjesto na finoći svjesnosti koju zapravo imate. Imate finoću svjesnosti. To je svjesnost o svakoj finoći energije koja jest. To je svjesnost o onome što je moguće, što nije moguće, što je s nekim moguće i što nije.

Učili su nas da idemo u zaključak, umjesto u svjesnost, a kad idete u zaključak, prekidate svu finoću svjesnosti koju imate; prekidate sve što možete vidjeti i sve što možete percipirati. Možete samo djelovati iz zaključka kojeg imate. Kad mislite o djevojci i dopustite si postaviti pitanje, imat ćete lakoću, imat ćete težinu ili nekakvo uvijanje pa možete pitati: "Je li ovo finoća moje svjesnosti?" Ako je, onda je detektivski posao to pronaći. Ako uvidite da ste došli do gomile zaključaka, možete pitati: što sada mogu promijeniti kako bi ovo bilo drugačije? Ili može li se ovo uopće promijeniti?

Gary:

To je pitanje u koje morate ići. Većina muškaraca ide u zaključak: "O, ova žena je divna. Ova žena je sjajna. Ona je sve što sam ikada želio." I kakvo je to pitanje?

Sudionik tečaja:

Nikakvo.

Gary:

Stvarnije nam je kad nemamo pitanja. Izmišljamo ideju da nešto treba biti na određeni način, umjesto da pitamo: "Što ovo može biti? Što bih stvarno htio da ovo bude, a nisam čak ni percipirao?"

Sudionik tečaja:

Nedavno sam po drugi put slušao *Mjesto* i samo sam plakao. Bilo je: "Znam da je ovo moguće. Kako da dovraga tamo dođem?"

Gary:

Da, znam. To je i za mene realnost. Pitajte: što je ovdje stvarno moguće, a nisam uzeo u obzir?

Dain:

I što ako je to zapravo moguće kreirati kao stvarnost koja živi i diše, umjesto svega onoga što smo pokušali učiniti stvarnim, a svi znamo da nije?

EREKCIJA KOJU BISTE MOGLI BIRATI

Gary:

Koji izum koristite da izbjegavate erekciju koju biste mogli birati? Sve što to jest bezbroj puta, hoćete li sve to uništiti i dekreirati? Right and Wrong, Good and Bad, POD and POC, All Nine, Shorts, Boys and Beyonds.

Zašto je ovo pitanje koje u našim tijelima stvara najviše radosti?

Dain:

To je ono koje samo ide i ide i ide.

Gary:

Dar koji nastavlja darivati. Erekcija.

Dain:

Koji izum koristite da izbjegavate erekciju koju biste mogli birati? Sve što to jest bezbroj puta, hoćete li sve to uništiti i dekreirati? Right and Wrong, Good and Bad, POD and POC, All Nine, Shorts, Boys and Beyonds.

Gary:

Nije li to sjajno? *Biti* erekcija, čak i više nego *imati* erekciju, je realnost. Kad imate erekciju, onda ste najvoljniji imati veći život. Uvijek tražite "Gdje mogu staviti ovu stvar? Što još s ovim mogu raditi?" U pitanje odlazite jedino kad imate erekciju.

Dain:

Ali to je i jedino vrijeme kad uopće nemate pitanja.

Gary:

To je vrijeme kad dolazite do ozbiljnih zaključaka, također.

Sudionik tečaja:

To je vrlo zahtjevno kad imate erekciju.

Gary:

Da. Vrlo je zahtjevno. Što ako biste bili voljni imati svoju želju, a ne svoj zahtjev? Kako bi to bilo?

Da koristite istu energiju za kreiranje drugačije mogućnosti, kakav bi život bio?

Dain:

Koji izum koristite da izbjegavate erekciju koju biste mogli birati? Sve što to jest bezbroj puta, hoćete li sve to uništiti i dekreirati? Right and Wrong, Good and Bad, POD and POC, All Nine, Shorts, Boys and Beyonds.

Ovo bi mogao biti proces koji se zauvijek pokreće.

Gary:

To je vječni proces. Snimite ovo, posebno ako spavate pored žene. Mogla bi dobiti erekciju i zaskočiti vas ujutro. Ako ona dobije erekciju kao očvrsnuće njezinoga klitorisa, željet će seks s vama.

Koji izum koristite da izbjegavate erekciju koju biste mogli birati? Sve što to jest bezbroj puta, hoćete li sve to uništiti i dekreirati? Right and Wrong, Good and Bad, POD and POC, All Nine, Shorts, Boys and Beyonds.

Mogu osjetiti kako sva vaša tijela govore: "Da! Da! Da!" Shvaćate li koliko svoje tijelo pokušavate isključiti?"

Tako stvaramo starenje. Zato nikada niste vječni dječak – gašenjem svoje erekcije postarujete svoje tijelo i činite ga manje stvarnim i manje vrijednim da ga imate. Želite li pomlađivanje? Pokrećite ovaj proces.

Dain:

Koji izum koristite da kreirate izbjegavanje erekcije koju biste mogli birati? Sve što to jest bezbroj puta, hoćete li sve to uništiti i dekreirati? Right and Wrong, Good and Bad, POD and POC, All Nine, Shorts, Boys and Beyonds.

To je zanimljivo. Radili smo "Koju glupost koristite?", a sad radimo "Koji izum koristite?".

Gary:

Učinili ste se nesvjesnim, ali sada ne biramo samo nesvjesnost; mi izmišljamo ono što smo birali kao da je nekako stvarnije od našega kapaciteta za biranje nečeg drugačijeg pa je to dio toga, iako ponešto drugačije.

Koji izum koristite da izbjegavate erekciju koju biste mogli birati? Sve što to jest bezbroj puta, hoćete li sve to uništiti i dekreirati? Right and Wrong, Good and Bad, POD and POC, All Nine, Shorts, Boys and Beyonds.

Osjeća li se tko kao da mu više krvi cirkulira tijelom?

Sudionik tečaja:

Ima nešto u potiskivanju životne energije i svemu vezanom uz to, jer bilo bi neprikladno cijelo vrijeme imati erekciju.

Gary:
   U krivu ste. Ne bi bilo neprikladno da cijelo vrijeme imate erekciju. Bio bi to poziv ženama da vas više koriste.

Dain:
   Aha.

Gary:
   Ako nemate erekciju, niste korisni, zar ne?

Sudionik tečaja:
   Ne.

Gary:
   Ako ne izbjegavate erekciju koja jeste, postajete korisnija osoba u životima drugih ljudi, a ako sebe želite vidjeti bezvrijednim, morate postati beskorisni, točno? Stoga možda shvatite da izbjegavanje erekcije koju biste mogli birati utječe na sva područja vašeg života.

Sudionik tečaja:
   Potpuno. Čuvam to dok se u prikladnom trenutku ne može osloboditi. Ne u svemu u životu. Kao slika standardnog morala muškaraca.

Gary:
   Kao da je erekcija na život drugačija nego kad imate seksualno čvrsti štap, kakav jest. Toliko je područja vašeg života koja potiskujete jer nije prikladno imati erekciju. Ne dopuštate si da u svom životu i življenju imate taj zanosni element, što znači da si ne dopuštate biti.

Sudionik tečaja:
  Točno. Oho.

Gary:
  Koji izum koristite da izbjegavate erekciju koju biste mogli birati? Sve što to jest bezbroj puta, hoćete li sve to uništiti i dekreirati? Right and Wrong, Good and Bad, POD and POC, All Nine, Shorts, Boys and Beyonds.

  Ako ste voljni biti erekcija, voljni ste biti energija koja stvara erekciju. Vi jeste energija koja stvara i generira. Ako ste manje od toga, pokušavate utemeljivati ono što žena želi da radite ili budete, što nije biranje da budete svoji.

  Tu muškarci prestaju biti energija koja daje ono što može biti primljeno, ali ne mora dati ono što ne može biti primljeno i to je ono što vi jeste ako ste voljni biti ta erekcija. Ako to niste voljni biti, onda morate braniti njezino gledište, odbiti dati ono što ona može primiti i odbiti biti ono što može biti primljeno.

  Ako ste voljni biti energija koja poziva – jer imati erekciju je poziv. Ako osoba to može primiti, sjajno. Ako osoba to ne može primiti, je li krivo to što imate erekciju?

  Iz nekog razloga ne shvaćate da biti erekcija znači poziv. To ne znači da ga ljudi trebaju prihvatiti. Samo znači da je to poziv. Što ako ste samo vrući i to je početak mogućnosti energije seksa, kopulacije i čvrstog kurca? Da imate takvu energiju bivanja "Spreman sam ići kad si ti spremna ići", bi li to bila drugačija energija i drugačiji poziv nego "Sa mnom nešto nije u redu jer imam čvrsti kurac"?

Sudionik tečaja:
Da. Možete li o tome još govoriti?

Gary:
Da. To vam je dostupno onda kad ste voljni imati takav energetski tok. No vi ste to okrenuli u "čvrsti kurac kako bi bio sposoban nekoga jebati". Morate biti voljni kreirati ono što će kreirati nešto veće.

ZAKORAČITE U ULOGU KRALJA

Dain:
Kad ste voljni kreirati nešto veće, prestajete glumiti princa. Princ je onaj koji se igra i dopušta da se svijet oko njega događa i ako se poseksa, sretan je i to je dovoljno. Morate zakoračiti u ulogu kralja. To je kada shvatite da vi stvarate realnost oko sebe. Nitko to neće učiniti za vas. Nitko za vas neće biti odgovoran. Pokušat će vas obeshrabriti i prosuđivati, no to nije važno. Vi ste jebeni kralj. Pa umjesto da svoj život živite vjerujući da ste otpad, a sve dok se seksate, sve je u redu, pitajte: "Što ja ovdje stvaram?"

Ako ste voljni biti kralj i erekcija koja ste odbijali biti, shvatit ćete da ste stvaralačka sila i stvaralačka kontrola u svijetu što ste odbijali biti. Ako pogledate koliko sranja radimo oko žena – sviđamo li im se, hoćemo li se seksati, seksa li se netko drugi više od nas, seksamo li se mi manje i bla bla bla – sve je to sranje koje koristimo kako ne bismo bili kreativno, generativno biće koje zapravo jesmo.

Koji izum koristite da kreirate sebe kao nekreativan, negenerativan izvor, silu i kontrolu što biste mogli birati? Sve što to jest bezbroj puta, hoćete li sve to uništiti i dekreirati? Right and Wrong, Good and Bad, POD and POC, All Nine, Shorts, Boys and Beyonds.

Gary:

Moramo dodati još nešto: "izvor, silu, kontrolu i generativnu energiju".

Dain:

Koju glupost koristite da kreirate izume, umjetne intenzitete i demone onoga da nikada niste kreativni, generativni izvor, sila, kontrola, doprinos i generativni kapacitet što birate? Sve što to jest bezbroj puta, hoćete li sve to uništiti i dekreirati? Right and Wrong, Good and Bad, POD and POC, All Nine, Shorts, Boys and Beyonds.

Sudionik tečaja:

Oho. Ovo je raketa.

Sudionik tečaja:

Je li ovo povezano i s imidžom?

Gary:

Pokušavate se kreirati kao tko *izgleda kao*, umjesto kao netko *tko jest*. Želite izgledati kao jebački majstor. Želite izgledati kao ono što mislite da će žena željeti. Želite izgledati kao netko tko je uspješan. Želite izgledati kao netko tko vrijedi, ali *biti* sve to i *izgledati kao* to dva su različita svijeta.

Gary Douglas

ŠTO AKO BISTE BILI VOLJNI BITI KRALJ MOGUĆNOSTI?

Dain:

Morate biti svjesni da će vas svijet promatrati na razne načine. Ljudi će vas promatrati na svakakve načine. Morate znati što je vaš cilj, koja je vaša meta i što je za vas zapravo istinito.

Ne znam za vas dečki, ali ja sam dugo vremena bio princ šarmer. Doimalo se idealnim, no sada shvaćam da za mene to nije dovoljno. Ne znam je li vama to dovoljno. Ne znam jeste li pogledali otkud sam funkcionirao i rekli: "Oho, meni bi to bilo dovoljno. Zauzet ću njegovo mjesto."

Što ako biste to mogli shvatiti u vlastitom svijetu, čak i uspoređujući se s kim god se uspoređujete – uspoređujući se sa mnom, uspoređujući se s Garyjem, uspoređujući se s nekim drugim? Je li vam to dovoljno? Možda postoji nešto puno veće u tome da budemo kreativan, generativan izvor, sila, kontrola i kapacitet koji jesmo, što nas vodi iznad princa koji smo prakticirali biti dok smo bili sretni imati bilo koju ženu koja želi nas.

Što ako bismo bili kralj mogućnosti?

Gary:

Oh! Ovo je dobro!

Koju glupost koristite da kreirate izum i umjetni intenzitet izbjegavanja da budete kralj mogućnosti što biste mogli birati? Sve što to jest bezbroj puta, hoćete li sve to uništiti i dekreirati? Right and Wrong, Good and Bad, POD and POC, All Nine, Shorts, Boys and Beyonds.

Jesam li ti rekao koliko volim kad otvoriš svoja usta, Dain?

Sudionik tečaja:

Kreiramo li tako i odvajanje i nadmetanje među muškarcima, kad nekoga pogledamo i kažemo "Ooo, oho!" umanjujući sebe?

Dain:

Da, jer ako shvatite da ste kralj mogućnosti, imali biste potpuno drugačiji pogled na sebe. Bilo bi to: "Žao mi je. S kim bih se natjecao?" Bili biste sposobni vidjeti kako bi drugi kraljevi sami po sebi mogli biti doprinos, darivanje i primanje u ovom kreativnom, generativnom kapacitetu i sila, izvor i kontrola nečeg drugačijeg.

Riječi *sila, izvor* i *kontrola* obično ne koristimo kao nešto što treba prigrliti, no mi muškarci nismo bili voljni prigrliti svoje prirodne kapacitete. Da prigrlite te kapacitete, što bi još bilo moguće? I što ako bi način za izlazak iz nadmetanja sa mnom, s drugim muškarcima u Accessu ili muškarcima izvan Accessa bio prepoznavanje da imate veći kapacitet nego što ga ste bili voljni prepoznati? Što ako zapravo jeste ono što ste se pretvarali da niste? Što ako zapravo jeste kralj mogućnosti? I ako ste to voljni biti, bi li to u vašem životu eliminiralo nadmetanje s drugim muškarcima?

Gary:

Ne postoji stvarno nadmetanje. Nadmetanje je laž. Nadmetanje je ono što radite na sportskom terenu. Više od bilo čega drugoga, nadmetanje među muškarcima je način da nikada ne morate priznati cijeloga sebe. To je način na koji osiguravate da ne morate birati svoju veličanstvenost.

Tako birate protiv drugih muškaraca kao da to znači pronaći sebe, umjesto da uvidite što je zapravo moguće i kako biste mogli raditi za sebe.

Jeste li ikada doživjeli da s drugim muškarcem radite tako povezano i lagano da ste sve obavili vrlo brzo?

Sudionik tečaja:
Da.

Gary:
To je zato što ne postoji stvarno nadmetanje. Da postoji, nikada ne bi bilo situacije u kojoj muškarci mogu surađivati jedan s drugim. I vidim puno primjera gdje muškarci vrlo lako surađuju s muškarcima. Kako bi bilo da ste voljni imati potpuno drugačiji svijet? Volio bih da ovo snimite i slušate:

Koja energija, prostor i svijest mogu biti što bi mi dopustilo da budem kralj mogućnosti što uistinu jesam zauvijek? Sve što to ne dopušta bezbroj puta, hoćete li sve to uništiti i dekreirati? Right and Wrong, Good and Bad, POD and POC, All Nine, Shorts, Boys and Beyonds.

Dain:
Igrajmo se, gospodo. Kreirajmo drugačiju realnost.

Gary:
Da. Hajmo imati gomilu kraljeva mogućnosti, umjesto kraljica gluposti.

Dain:
I prinčeva besmislenosti.

Gary:

I prinčeva nevidljivosti.

Dain:

Molim vas pokrećite te procese, dečki. Hvala vam puno na vama. Što je još moguće da zajedno kreiramo?

Gary:

Puno vam hvala što ste na ovom tečaju. Sjajni ste.

Sudionici tečaja:

Hvala vam!

5.
Fenomenalan seks, kopulacija i odnos koji biste mogli birati

Da ste voljni raditi iz gledišta najveće mogućnosti i najvećeg izbora, umjesto iz pogrešnosti svoga gledišta, što bi još moglo biti moguće?

Gary:
   Bok, gospodo.

STVARANJE DEMONIMA UVEĆANIH POJAVNOSTI

Dain i ja smo nedavno primijetili da kada žene žele muškarce, dečki prekidaju svoju svjesnost kako bi se seksali. Nikada ne idu u pitanje je li to ono što žele ili hoće li im to život učiniti boljim.

Kažete nešto poput "pa, to se samo dogodilo", "nisam si mogao pomoći", "poskliznuo sam se" ili "slučajno se dogodilo", no nije tako. Mislite da ako se može dogoditi, da *bi se trebalo* dogoditi; prema tome, pozivate demone kako biste osigurali da *se* to i dogodi.

Koju glupost koristite da kreirate demonima uvećane pojavnosti što birate? Sve što to jest bezbroj puta, hoćete li sve to uništiti i dekreirati? Right and Wrong, Good and Bad, POD and POC, All Nine, Shorts, Boys and Beyonds.

Sudionik tečaja:
Što mislite pod pozivanjem demona?

Gary:
Morate pozvati demone kako biste moć koju imate kreirali kao nemoć. Nitko od vas nije bio nemoćan pred svojim kurcem, zar ne?

Sudionik tečaja:
Da.

Gary:
Uvijek ste nemoćni. Čim se vaš kurac počne puniti energijom, mozak kao da nije dostupan. Imate jednoznamenkasti IQ. Isto vrijedi i u drugim područjima života. Svaki put kad kažete "pa, ovo se samo dogodilo" ili "nisam si mogao pomoći", pozivate demone kako biste osigurali da niste odgovorni za ono što se dogodilo. Gdje god kažete "uh, ne znam kako se ovo dogodilo", to je laž. To radite kako biste bili sigurni da nemate kontrolu i kapacitet stvaranja bilo čega. Padate pod utjecaj svega onoga što se oko vas pojavljuje.

Koju glupost koristite da kreirate demonima uvećane pojavnosti što birate? Sve što to jest bezbroj puta, hoćete li sve to uništiti i dekreirati? Right and Wrong, Good and Bad, POD and POC, All Nine, Shorts, Boys and Beyonds.

Pa, dobra je vijest da ste vi dečki bili demonski uvećani otkad ste dobili penis!

Sudionik tečaja:
Što znači *uvećan*?

Gary:
Uvećan znači da demoni dođu i pomognu vam da budete glupi. Pomognu vam da budete manje svjesni. Pomognu vam da se postavite u lošu situaciju. Pomognu vam osigurati da nemate nikakve ideje o tome što će se stvarno dogoditi i zato se događaju loše stvari s kojima niste sretni. To može biti s novcem, može biti sa seksom – ali s vama dečkima obično je sa seksom. Sve vas volim, ali vi ste hrpa kuraca koji traže da se nešto dogodi.

Koju glupost koristite da kreirate demonima uvećane pojavnosti što birate? Sve što to jest bezbroj puta, hoćete li sve to uništiti i dekreirati? Right and Wrong, Good and Bad, POD and POC, All Nine, Shorts, Boys and Beyonds.

Sudionik tečaja:
Moj partner i ja se razilazimo. Selimo se i to. Nakon Dainovog tečaja Energetske sinteze bivanja bilo mi je tako jasno što bih želio kreirati i generirati pa sam se vratio kako bih se iselio iz kuće koju moj partner i ja dijelimo. No kad sam ušao u kuću, udario sam u cigleni zid. Je li to demonima uvećana pojavnost?

Gary:
Jeste li voljni vidjeti što je istinito za vas? I sjetite se da sam pomislio "istina" prije nego što sam ovo pitao.

Sudionik tečaja:
Bio sam prije nego što sam ušao u kuću, a sad sam nesretan.

Gary:
Da, zato što ste shvatili s čime ste cijelo vrijeme živjeli.

Sudionik tečaja:
Da.

Gary:
Jednom kad si pojasnite da želite raditi nešto drugo, iznenada postanete svjesni, konačno, svega onoga što ste isključivali iz svoje svjesnosti kako biste održali ono što imate.

Odnos se pojavi onakav kakav jest, u kojem prekidate svoju svjesnost kako biste bili sigurni da nastavljate imati sve onakvo kakvo je.

Sudionik tečaja:
Dakle, samo sam svjesniji onoga gdje sam se blokirao?

Gary:
Da. Svjesni ste onoga čega ste ranije odbijali biti svjesni. U što god uključite svoj penis, svaki put kad idete u bilo kakav odnos, idete u vjerodostojan odnos. Ne birate nestvaran i nevjerojatan odnos. Zašto želite odnos u koji možete vjerovati?

Sudionik tečaja:
Da, to vas jednostavno vuče natrag u ovu realnost.

Gary:

Da. Dovodi vas natrag u ovu realnost. Lijepi vas za ovu realnost, umjesto da vam pruži izbor drugačije realnosti. Zašto ne biste htjeli drugačiji izbor?

Sudionik tečaja:

O, želim.

Gary:

Da imate izbor, da zapravo birate i imate izbor i svjesnost, ne biste dopustili da demonima uvećane pojavnosti preuzmu kontrolu nad vašim životom. Ali vi dopuštate da demonima uvećane pojavnosti kontroliraju vaš život. Kažete: "Oh, izgubio sam ovaj novac. Ispao mi je ovaj novac." Ponašate se kao da nema izbora, a ima ga.

Koju glupost koristite da kreirate demonima uvećane pojavnosti što birate? Sve što to jest bezbroj puta, hoćete li sve to uništiti i dekreirati? Right and Wrong, Good and Bad, POD and POC, All Nine, Shorts, Boys and Beyonds.

Koju glupost koristite da se branite od nestvarnog, nevjerojatnog, fantastičnog i fenomenalnog seksa, kopulacije i odnosa koje biste mogli birati? Sve što to jest bezbroj puta, hoćete li sve to uništiti i dekreirati? Right and Wrong, Good and Bad, POD and POC, All Nine, Shorts, Boys and Beyonds.

Oho, dečki, stvarno ne želite imati ništa što nije obično, zar ne?

Koju glupost koristite da kreirate obranu od nestvarnog, nevjerojatnog, fantastičnog i fenomenalnog seksa, kopulacije i odnosa koje biste mogli birati? Sve što to jest bezbroj puta, hoćete li sve to uništiti i dekreirati? Right and Wrong, Good and Bad, POD and POC, All Nine, Shorts, Boys and Beyonds.

Koju glupost koristite da kreirate demonima uvećane pojavnosti što birate? Sve što to jest bezbroj puta, hoćete li sve to uništiti i dekreirati? Right and Wrong, Good and Bad, POD and POC, All Nine, Shorts, Boys and Beyonds.

NIJE SE "SAMO DOGODILO"

Kad iznenada odlučite da s nekime želite imati seks, to nije slučajnost. To nije nešto što se jednostavno pojavilo. Nije se samo dogodilo. Te vas žene love. Je li vam to uopće stvarno? Ja gledam ljude. Neki sam dan na tečaju gledao kako žena lovi tipa. Bilo je očito da ga lovi i bio je smiješno ružan način na koji se to odvijalo. On to uopće nije mogao vidjeti jer su demoni uvećali pojavnost. Nije imao pojma da bi svojim izborom zapravo mogao izazvati vlastitu smrt.

Sudionik tečaja:
Biramo li to od trenutka otkad nas djevojka počne loviti?

Gary:
Da. Birate to od trenutka otkad ona počne sliniti po vama. Ovaj tip i djevojka izlazili su na ručak. Vidio sam ih i pomislio: "Oh, jadna naivčina. Zlo mu se piše." Ova je djevojka bila zlobna i zla i znao sam da će mu raditi zlobne i zle stvari. No njegova se agenda učvrstila, mozak je otišao i on je imao demonima uvećanu pojavnost zvanu "ljubav prema seksu". Sve je ignorirao kako bi bio s njom. Sve što je obećao drugima odbio je napraviti. Sve što je rekao da će postići,

sve što je bilo dio njegovog posla, njegovog života i njegovih prijateljstava sa svima u svijetu, izgubljeno je u korist zlatne vagine koja je slinila po cijelom njegovom svijetu.

Sudionik tečaja:
Oho.

Gary:
Sve što to jest bezbroj puta, hoćete li sve to uništiti i dekreirati? Right and Wrong, Good and Bad, POD and POC, All Nine, Shorts, Boys and Beyonds.

Sudionik tečaja:
Jesam li svoj odnos koristio kako bih se branio da to žene ne naprave meni?

Gary:
Pa, branili ste se od toga. Prije svega, ne radi se o tome hoće li vam to napraviti žene. Muškarci će vam također to raditi.

Sudionik tečaja:
Da.

Gary:
Branite se od svega što bi vam dalo izbor.

Sudionik tečaja:
Sad mi se križaju oči. Što pod time mislite?

Gary:
Ako sebe definirate kao homoseksualca ili heteroseksualca ili ako imate bilo koju seksualnost, stvarate skup prosudbi

da osigurate tu definiciju i učinite je stvarnom. Branite se od onoga što to dovodi u pitanje ili što vas postavlja u poziciju gdje biste to mogli preispitati.

Što ako bi najbolji odnos koji ste imali bio s dobrim prijateljem? Prije mnogo godina imao sam prijatelja s kojim sam bio stvarno blizak. Sve smo radili zajedno. Bilo je stvarno zabavno. Bio je pametan i bistar i zabavan i sjajno smo se zabavljali. Onda je on pronašao djevojku. Odbacio me kao neko jeftino odijelo, a ja sam rekao: "Uh, čekaj malo! Bili smo tako bliski, a on sad sa mnom ne može ni razgovarati?"

Prekinuli su i on me nazvao. Htio je da se nađemo i da opet budemo prijatelji. Rekao je: "Pojačajmo naše prijateljstvo."

Rekao sam: "Ne, jer kad ponovno nađeš djevojku, opet ćeš me odbaciti. Nisam zainteresiran." On je bio voljan uništiti prijateljstvo sa mnom kako bi imao isključiv odnos s djevojkom. Mislio je da je odnos najvažniji.

Jeste li voljni ignorirati svoje prijatelje zbog vagine koja trenutno slini po vama? To je ono što radite bez obzira imate li kakvu obavezu ili ne.

Sudionik tečaja:

Čak i obaveze prema sebi.

Gary:

Ponajviše obaveze prema sebi. Ići protiv onoga na što ste se obavezali je kao da kažete: "Ona je važnija. Sve što ona ima, važnije je od mog života."

Sudionik tečaja:

I kad jednom izgubite tu obavezu prema sebi...

Gary:
Tada počinjete uvoditi smrt. Tu izazivate smrt. Evo još jednog procesa kojeg želim da sami pokrećete:

Koje zavođenje koristim da kreiram indukciju smrti što biram? Sve što to jest bezbroj puta, hoćete li sve to uništiti i dekreirati? Right and Wrong, Good and Bad, POD and POC, All Nine, Shorts, Boys and Beyonds.

Dopuštamo si biti zavedeni do smrti. Tip o kojem sam upravo pričao zaveden je kako bi odustao od svih svojih prijatelja, ljudi koji su ga podupirali i voljeli, u korist žene. Samo joj je to bilo važno. Kad ga je ostavila, osjećala se poput milijun dolara; on se osjećao kao hrpa sranja.

Koje zavođenje koristim da kreiram indukciju smrti što biram? Sve što to jest bezbroj puta, hoćete li sve to uništiti i dekreirati? Right and Wrong, Good and Bad, POD and POC, All Nine, Shorts, Boys and Beyonds.

Molim vas, snimite ovo i slušajte non-stop, gospodo. Morate doći do toga da vas se ne zavodi kako biste zbog žene odustali od svog života, samo zato što vas ona želi.

"ŽELIM DA ON ZBOG MENE ODUSTANE OD SVOGA ŽIVOTA"

Prije dosta godina imao sam tečaj na kojem je sudjelovao i jedan par. Upitao sam ženu: "Što od njega želiš?", a ona je rekla: "Želim da on zbog mene odustane od svoga života."

Rekao sam: "Što?!" Svi ostali u sobi su rekli: "Oh, nije li to slatko?"

Rekao sam: "Slatko? Želite da tip odustane od svoga života zbog vas? U biti govorite da bi on trebao raditi sve što vi hoćete, trebao bi raditi što god vi zahtijevate i želite i ne bi uopće trebao imati vlastiti život."

Rekla je: "Da."

Ovako se stvara većina odnosa. Upitao sam: "Zašto ljudi misle da je to dobro?" Morate biti voljni vidjeti što stvarno želite kao svoju realnost i što u odnosu želite imati.

Komu ili čemu ste se voljni predati, a da se ne predajete, dobili biste cijeloga sebe? Sve što to jest bezbroj puta, hoćete li sve to uništiti i dekreirati? Right and Wrong, Good and Bad, POD and POC, All Nine, Shorts, Boys and Beyonds.

Sudionik tečaja:
Stvaramo li zavođenje ka indukciji smrti predajući sebe?

Gary:
Da. Predajete sebe kako biste to kreirali.

Koju glupost koristite da kreirate obranu od nestvarnog, nevjerojatnog, fantastičnog i fenomenalnog seksa, kopulacije i odnosa koje biste mogli birati? Sve što to jest bezbroj puta, hoćete li sve to uništiti i dekreirati? Right and Wrong, Good and Bad, POD and POC, All Nine, Shorts, Boys and Beyonds.

Dain je neki dan bio s damom. Rekla je: "Mislim da bismo trebali provesti nekoliko dana zajedno."

Upitao je: "Zašto?"

Odgovorila je: "Kako bismo se mogli bolje upoznati."

Rekao je: "Ali ja to ne trebam. Znam te." On je voljan znati. Ona nije bila voljna znati. Ona je htjela provesti vrijeme zajedno jer je njezino gledište bilo da moraš s nekim provesti vrijeme kako bi ga upoznao. Što ako ne morate s nekim provoditi vrijeme kako biste ga upoznali? Što ako biste ga mogli samo znati?

Komu ili čemu ste se voljni predati, a da se ne predajete, dobili biste cijeloga sebe? Sve što to jest bezbroj puta, hoćete li sve to uništiti i dekreirati? Right and Wrong, Good and Bad, POD and POC, All Nine, Shorts, Boys and Beyonds.

Sudionik tečaja:

Kad "provodimo par dana zajedno kako bismo nekoga upoznali", nije li to pronalaženje načina kako rezati sebe da se podesimo tuđoj realnosti?

Gary:

Da. Tako možete inducirati svoju smrt u korist tuđeg života.

Koliko bi vas odustalo od svog života kako bi imalo ženu? Sve što to jest bezbroj puta, hoćete li sve to uništiti i dekreirati? Right and Wrong, Good and Bad, POD and POC, All Nine, Shorts, Boys and Beyonds.

ROMANTIKA

Sudionik tečaja:

Je li predavanje sebe ono što u ovoj realnosti zovu romantika? Je li to ono što zovu romantičnim?

Gary:

Pa, ono što se zove romantika je zabavljanje i radost bavljenja onim što stimulira vas i ženu s kojom jeste, koja kreira neku iluziju da ćete imati nešto veće. Romantika je ono što koristite kao stimulans za stvaranje ženinog odgovora.

Ja osobno volim romantiku. Volim večere i čeznutljivo gledanje u oči, davanje cvijeća, dobro vino i glazbu, razgovor i neprekidno postavljanje pitanja o njoj, nikada ne govoreći ništa o sebi. Kad na kraju večeri kaže: "Oh, ti si najzanimljiviji muškarac kojega sam ikada srela", znam da ću dobiti seks. Pragmatičniji sam od vas, dečki. Znam što mi je meta. Vi mislite da vam je meta dobiti ženu. Koliko vas je dobilo ženu i poslije toga bilo sretno?

Romantiku koristite za stimuliranje žene da spusti svoje barijere i pruži vam ono što želite. Ne odustajete od sebe kako biste dobili ženu. Vi biste, dečki, odustali od svega da dobijete vaginu. Ako ona kaže: "Želim da laješ kao pas", vi ćete jebeno lajati kao pas. Učinit ćete sve što traži jer ona ima vaginu.

Koliko ste cijeloga života odustajali od sebe zbog vagine? Sve što to jest bezbroj puta, hoćete li sve to uništiti i dekreirati? Right and Wrong, Good and Bad, POD and POC, All Nine, Shorts, Boys and Beyonds.

"IZGLEDA DA PRIVLAČIM UDANE ŽENE"

Sudionik tečaja:

Izgleda da privlačim udane žene koje sa mnom traže zabavu i onda se okrivljavam što im dajem svoje tijelo. Okrivljavam se zbog onoga što će to kasnije stvoriti sa suprugom i slično. Rado bih znao što vi mislite o tome i kako biste se vi postupili u toj situaciji?

Gary:

Udane žene koje nisu zadovoljne sa svojim životom učinit će sve da dođu do muškarca s kojim mogu imati seks. Hoće li zbog vas zapravo ostaviti svog supruga? To bi bilo ne. Zašto to rade? Biraju vas jer ste sigurni i niste se voljni ni na što obavezati. Udane žene koje vas love u svojim su gledištima puno muževnije nego ženstvenije. Većina žena ići će za oženjenim muškarcem. Jeste li vi oženjeni?

Sudionik tečaja:

Ne.

Gary:

Jeste li samo jebač?

Sudionik tečaja:

Moguće, da. Rado bih da se ne okrivljujem zbog toga i da se malo zabavim, no stalno mislim što bi to kasnije moglo stvoriti njima i njihovim…

Gary:

Jeste li vi humanoidni muškarac?

Sudionik tečaja:

Vjerujem da jesam.

Gary:

Humanoidni muškarci ne vole ići za udanim ženama jer ne žele sjebati poslove drugog muškarca.

Sudionik tečaja:

Da.

Gary:
Ali to morate stvarno pogledati. Je li posao već sjeban? Da ili ne?

Sudionik tečaja:
Da.

Gary:
Je li stvarno da morate imati problem? Ili pokušavate stvoriti problem kako biste opravdali da vi, kao humanoidni muškarac, ne možete vjerovati da je u redu imati seks s udanom ženom?

Sudionik tečaja:
Da. To je to.

Gary:
Stvarate demonima uvećanu pojavnost. Evo procesa kojeg trebate pokretati. Pojasnit će vam činjenicu da ako vas lovi udana žena, to je zato što je odlučila da želi izaći iz svoga braka i u vama vidi izvor. Ako je tako, morali biste imati puno novca i dobro plaćeni posao i trebali biste izgledati kao netko tko ima više od vas. Je li to točno?

Koje zavođenje koristite da kreirate indukciju smrti što birate? Sve što to jest bezbroj puta, hoćete li sve to uništiti i dekreirati? Right and Wrong, Good and Bad, POD and POC, All Nine, Shorts, Boys and Beyonds.

Sudionik tečaja:
Pa, imam stvarno dobar posao.

Gary:

Jeste li dobar komad?

Sudionik tečaja:

Ovisi tko me gleda. Sigurno. Ljepota je u oku promatrača. Ne znam. Ne znam to. Morat ćete pitati druge.

Gary:

Morate priznati tko ste i prestati pokušavati biti ono što mislite da biste trebali biti. Ako ste samo kurac za upotrebu, onda budite kurac za upotrebu i jebeno uživajte u upotrebi. Realno, to je većina mladih muškaraca. Udane žene često love mlađe dečke koje vide kao kurac koji mogu iskoristiti. Zašto biraju dobre komade? Zato što toliko tuku svoje muškarce kod kuće da oni više ne žele imati seks.

Morate biti otvoreno iskreni sa sobom, dečki, s onime što jeste. Ako ste kurva, kurva ste. To nije pogrešnost; samo nešto što jeste. Prestanite pokušavati stvoriti nešto što za vas nije stvarno. Morate pogledati što je za vas stvarno – a ne što je stvarno za druge.

Koje zavođenje koristite da inducirate smrt što birate? Sve što to jest bezbroj puta, hoćete li sve to uništiti i dekreirati? Right and Wrong, Good and Bad, POD and POC, All Nine, Shorts, Boys and Beyonds.

Svaki put kad idete u prosudbu, odlazite u smrt. Inducirate smrt svaki put kad prosuđujete.

ODUSTAJETE LI OD SEBE?

Uzmimo prijatelja o kojem sam govorio. Usput, to nije Dain. Ovo je drugi prijatelj. Svi uvijek misle da kad govorim o prijatelju, govorim o Dainu. Ne, ne govorim. Kad je taj tip otišao s tom ženom, stvorio je uzrujanost kod svih ljudi s kojima se nešto dogovorio. Predao je svoj život u korist nje i njezinih gledišta o tome što je htjela. To je u njegovom životu zaustavilo puno napretka koji je stvarao novac, mogućnosti i izbore. Trebale su mu dvije godine da sve preokrene.

Svaki put kad birate ići protiv sebe, možete biti zavedeni iz onoga što je za vas svjesnost i sve posložite na način da na kraju odustanete od svega što ste započeli zbog onoga što ste dobili. Kada to napravite, gubite svu svoju budućnost.

Koje zavođenje koristite da inducirate smrt što birate? Sve što to jest bezbroj puta, hoćete li sve to uništiti i dekreirati? Right and Wrong, Good and Bad, POD and POC, All Nine, Shorts, Boys and Beyonds.

Sudionik tečaja:
Gary, imam trenutak "O moj Bože". Jesam li ja to radio prošle godine?

Gary:
Da, pokušavali ste se prilagoditi osobi s kojom jeste kako biste je usrećili. To je opravdanje; nije stvarno. Ne radite to kako biste je usrećili. To radite kako biste odustali od sebe. To radite kako biste se ubili. Koliko vam je stalo do sebe? Slabo ili ništa.

Sudionik tečaja:
Pa, očito mi nije bilo stalo.

Gary:

Sve što to jest bezbroj puta, hoćete li sve to uništiti i dekreirati? Right and Wrong, Good and Bad, POD and POC, All Nine, Shorts, Boys and Beyonds.

Sudionik tečaja:

Hoće li mi proces o zavođenju pomoći da se vratim u svijet kako bih kreirao i generirao ono što želim?

Gary:

Nadam se. Barem ćete biti sposobni vidjeti što želite. Nećete biti zavedeni idejom da "ona neće biti sretna sa mnom ako ja ovo radim". Nećete zavesti sebe da nešto ne radite, kao da će je to učiniti sretnom. To je ne čini sretnom. Ništa je ne čini sretnom, osim kad ona odluči biti sretna. I ništa muškarca ne čini sretnim, osim da odustaje od sebe zbog vagine. Radeći to on misli da je sretan, no na kraju je sjeban, jadan i želi se ubiti. Kako vam to odgovara, gospodo?

Sudionik tečaja:

Ne odgovara baš!

Gary:

Koje zavođenje koristite da inducirate smrt što birate? Sve što to jest bezbroj puta, hoćete li sve to uništiti i dekreirati? Right and Wrong, Good and Bad, POD and POC, All Nine, Shorts, Boys and Beyonds.

Je li itko od vas ikada primijetio da kad idete u odnose, idete u početak-i-zaustavljanje cijelog vašeg života? Krenut ćete nekim putem, vezati se uz ženu i sljedeće što znate je da onda odustajete od svega što ste započeli stvarati kako biste bili s njom. Zašto to radite?

Komu ili čemu ste se voljni predati, a da se za to ili tomu ne predajete, dobili biste cijeloga sebe? Sve što to jest bezbroj puta, hoćete li sve to uništiti i dekreirati? Right and Wrong, Good and Bad, POD and POC, All Nine, Shorts, Boys and Beyonds.

Zašto niste kompletni bez žene?

Koju glupost koristite da se branite od biranja sebe umjesto žene ili seksualnog partnera što birate? Sve što to jest bezbroj puta, hoćete li sve to uništiti i dekreirati? Right and Wrong, Good and Bad, POD and POC, All Nine, Shorts, Boys and Beyonds.

Birajte ono što želite birati. Nemojte birati zato što to ona želi. Birajte zato što to vi želite.

Koju glupost koristite da kreirate zavođenje u indukciju smrti što birate? Sve što to jest bezbroj puta, hoćete li sve to uništiti i dekreirati? Right and Wrong, Good and Bad, POD and POC, All Nine, Shorts, Boys and Beyonds.

ULIJEVANJE REALNOSTI

Sudionik tečaja:

Dain mi je neki dan govorio kako ja ulijevam tuđu realnost. Uzmem nečiju realnost i pomiješam je sa svojom.

Gary:

Ulijevanje je kad uzmete sve dijelove i komade od vas oboje zajedno i stavite ih u mikser pa pokušate vas dvoje stvoriti istima. Tako većina ljudi pokušava stvarati odnose.

Mislimo da odnos moramo stvarati miješajući naše realnosti i stvarajući nešto što je ukusno za oboje. No jedini dio koji dobijete je njezino sranje, a jedini dio koji ona dobije je vaše zlato. Uvijek uzimate njezino sranje u zamjenu za vaše zlato. Što?

Sudionik tečaja:
Rade li to ljudi i s obiteljima?

Gary:
To ljudi rade i s obiteljima.

Sudionik tečaja:
Kultovi?

Gary:
Kultovi i religije – i gdje god se pokušavate prilagoditi. Nažalost, većina vas je loša u prilagođavanju jer ste daleko više voljni biti vođe nego sljedbenici. U stvarnosti, svi ste poput mačića. Nitko vas ne može kontrolirati, a stalno se pretvarate da vas se nekako može kontrolirati. To ne funkcionira, ali ako ste s time sretni, dobro. Ako vas veseli, izvolite. Sjebite se i dobro se osjećajte s tim.

Postoji i *izlijevanje* kada, umjesto da vi i vaš partner pokušavate pomiješati sve svoje dijelove i komade zajedno, pokušavate sve to odvojiti. Vi ste ulje i voda, umjesto izbor.

Ispreplitanje postojanja je kad ste s nekim toliko bliski da čujete i percipirate ono što on nije voljan čuti i percipirati. Dain i ja smo vrlo bliski i kad on odbija vidjeti što je zapravo moguće, ja to uvijek vidim i znam.

Za mene to znači da vidim gdje osoba treba razumjeti što se stvarno događa i vidjeti iz drugačijeg mjesta. Na primjer, primao sam čudna sranja od djevojaka s kojima je Dain imao seks o tome da ne žele da on bude ni sa kim drugim. Mislio bih: "O moj Bože. Ne želim da Dain bude ni sa kim drugim", a onda bih rekao: "Ali on nije sa mnom! Što je ovo?"

Znao sam ono što nije bio voljan primiti. Ja sam voljan puno toga znati. Znao sam da po tipu na tečaju slini žena. Mogao sam točno vidjeti što se događa, no on to nije htio vidjeti unatoč svemu što su mu govorili pa sam šutio i dopustio mu da ode u samoubojstvo kako bi opet dobio tu priliku. Nije mu to bio najbolji izbor. Ne želite ići tim putevima.

Sudionik tečaja:
A izbor stvara svjesnost.

Gary:
Izbor uistinu stvara svjesnost. On je izabrao. Dobio je puno svjesnosti. Ne one koju je htio, ali dobio je puno svjesnosti.

Koju glupost koristite da kreirate usađivanje realnosti kao odnos što birate? Sve što to jest bezbroj puta, hoćete li sve to uništiti i dekreirati? Right and Wrong, Good and Bad, POD and POC, All Nine, Shorts, Boys and Beyonds.

Kad sam se prije dosta godina razveo, jedna je dama rekla: "Ne mogu dočekati da provodimo vrijeme zajedno."

Pitao sam: "Kako to misliš?"

Rekla je: "Pa, mislim da ćemo od sada provoditi sedamdeset i pet posto našeg vremena zajedno.

Rekao sam: "Sedamdeset i pet posto našeg vremena? Da vidimo, to znači da ću od dvadeset i četiri sata dnevno s tobom provoditi osamnaest sati? Ne volim ni sa kim provoditi osamnaest sati. Ne želim s nekim provoditi osamnaest sati."

Koliko biste sati zapravo htjeli provoditi s nekim – i da cijelo vrijeme s osobom budete prisutni? Ako kažete više od dva i pol sata, lažete.

Sudionik tečaja:
Da. Dva ili tri sata.

Sudionik tečaja:
Tri i pol sata tjedno.

Gary:
Vrijeme koje želite provoditi s nekim je oko deset posto vremena koje u danu imate jer to znači da ste za osobu potpuno prisutni. Ona je potpuno prisutna za vas. Koliko vas može biti potpuno prisutno za nekoga, da nemate prosudbe, nemate zaključak, nemate razmatranje, već ste samo tu, potpuno u pitanju i u prisutnosti? Koliko vas to može raditi duže od dva i pol sata?

Sudionik tečaja:
Dva i pol sata čine se prilično dugo.

Gary:
Većina vas želi biti s nekim dok ne svršite i onda ste spremni otići.

Koje zavođenje koristite da inducirate smrt što birate? Sve što to jest bezbroj puta, hoćete li sve to uništiti i dekreirati? Right and Wrong, Good and Bad, POD and POC, All Nine, Shorts, Boys and Beyonds.

BUDITE ISKRENI S ONIM GDJE SE U ŽIVOTU NALAZITE

Gary:
Dečki, budite iskreni sa sobom. Ako ste kurac željan akcije, onda ste kurac željan akcije. To nije krivo ili pravo, niti bilo što drugo. Samo ste kurac željan akcije.

Morate biti iskreni s onim gdje se u životu nalazite. Kakva ste osoba. Što vam je stvarno važno. Što želite kreirati. Ako ste to voljni raditi, pitajte: "Dobro, kako ovo mogu koristiti?", umjesto: "Kako se ovime mogu zlostavljati?" Biti jebački majstor i kurva u ovoj se realnosti smatra lošim, ali što ako je to najveća moć koja vam je dostupna? Ako ste voljni djelovati iz gledišta najveće mogućnosti i najvećeg izbora, umjesto iz pogrešnosti svoga gledišta, što bi još moglo biti moguće?

Sudionik tečaja:
Ja koristim "ja sam kurva" kao opravdanje da se ubijem.

Gary:
Da, "kurvu" koristite kao opravdanje, umjesto da kažete: "U redu, ja sam kurva. Imao bih seks sa svima. Kako da to upotrijebim u kreiranju svog života?" To nije: "Kako da to upotrijebim da uništim svoj život, da se ubijem?"

Sve što to jest bezbroj puta, hoćete li sve to uništiti i dekreirati? Right and Wrong, Good and Bad, POD and POC, All Nine, Shorts, Boys and Beyonds.

Vi ste jebački majstor. Jednostavno jeste. Možete to upotrijebiti za indukciju svoje smrti ili za kreiranje svoga života. Na koji ste način vi to koristili?

Sudionik tečaja:
Da induciram smrt.

Gary:
Da. Nije vam to najbolji izbor, zar ne?

Sudionik tečaja:
Za kreiranje života. Kako bi to izgledalo?

Gary:
Pitajte: kako to što sam kurva mogu upotrijebiti da kreiram više u životu, a ne manje? Koga mogu pojebati što će proširiti moj svemir, dati mi život koji želim i da sve funkcionira? Umjesto da idete za onim što će vam kreirati život, vi idete za onim što će vam omogućiti seks jer je seksanje postalo vrijedan proizvod – ne činjenica da se možete seksati, ne činjenica da ste simpatični i mamite ljude na seks, ne činjenica da možete vražje uživati u sebi. Vama je seks krajnji cilj, meta svega. Većini muškaraca je tako.

Sudionik tečaja:
Smijem se. Vidim to tako jasno.

Gary:

Stvaranje prestaje u trenutku kad odete u završetak: "Ova će žena sa mnom imati seks." Ne gledate: "Kako ovo mogu upotrijebiti u svoju korist?" Mrzim vam ovo reći, gospodo, ali žene vole seks jednako koliko i muškarci. Samo žele romantiku kako bi ga mogle izabrati.

KAKO DA TO ŠTO SAM LJIGAVAC UPOTRIJEBIM U SVOJU KORIST?

Gary:

Na primjer, neki od vas su ljigavci. Da li vam to obično odgovara? Ne, ne odgovara vam. Stoga morate pitati: "Kako da to što sam ljigavac upotrijebim u svoju korist?" Ako dodate humor, mogli biste to upotrijebiti u svoju korist. Ako u tome vidite zabavu i igru, ako vidite mogućnosti, umjesto razaranja, zloće, grozote ili bilo čega sličnog, bi li se pojavila drugačija realnost?

Sudionik tečaja:

Možete li mi dati neki primjer?

Gary:

Ako ste ljigavac s humorom, ljudi će misliti da zapravo niste ljigavac. Ljigavac znači da slinite za djevojkama. Pitate: "Hej, mogu li skinuti hlače i pokazati ti svoj penis? Zar ga ne želiš sada kad si ga vidjela?" A žene kažu: "Odvratno!" Niste pogledali kako to možete iskoristiti na drugačiji način. Što ako napravite nešto drugačije, umjesto da posvuda slinite po ženama i govorite: "Željet ćeš imati seks sa mnom."

Ne radi se o tome da promijenite činjenicu da ste ljigavac, već da uvidite kako to možete upotrijebiti u svoju korist. Pokušavam vam reći da ste ljigavac, a ne dobivate rezultate koje želite. Pa što biste trebali drugačije biti ili raditi da dobijete rezultate koje stvarno želite? Kako biste to mogli drugačije raditi ili biti?

Pitajte: kako to mogu upotrijebiti na drugačiji način? Morate naučiti kako to koristiti na način koji vam odgovara. Trenutno to koristite na način koji ne funkcionira. Morate si pojasniti što želite.

Želite li odnos? Želite li samo seks? Ako samo želite seks, zaradite puno novca i unajmite kurvu. To ne opterećuje. Ili postanite homoseksualac jer to je također neopterećeni seks.

Isto je i s bilo čim drugim. Ako dobro izgledate, morate priznati da dobro izgledate i pitajte: "Kako da to iskoristim u kreiranju svoga života?", a ne: "Kako da to iskoristim da dobijem ženu?" Svoj ćete izgled iskoristiti da dobijete ženu i onda uništiti svoj život kako biste je imali. Svoj ćete izgled upotrijebiti da se ubijete. Zavedeni ste činjenicom da vam vaš dobar izgled donosi seks pa zavodite nekoga zbog seksa kako biste ubili sebe.

Koje zavođenje koristite da inducirate smrt što birate? Sve što to jest bezbroj puta, hoćete li sve to uništiti i dekreirati? Right and Wrong, Good and Bad, POD and POC, All Nine, Shorts, Boys and Beyonds.

Koju glupost koristite da kreirate obrane od nestvarnog, nevjerojatnog, fantastičnog i fenomenalnog sebe što jeste, umjesto da se seksate, što birate? Sve što to jest bezbroj puta, hoćete li sve to uništiti i dekreirati? Right and Wrong, Good and Bad, POD and POC, All Nine, Shorts, Boys and Beyonds.

KORIŠTENJE SVOJE SEKSUALNE ENERGIJE

Sudionik tečaja:
Ne vidim sebe kao jebačkog majstora ili ljigavca. Možete li mi pomoći da pronađem što je to za mene što bih mogao iskoristiti za kreiranje svoga života?

Gary:
Pokušavate li se kreirati vrlo seksualnim ili aseksualnim?

Sudionik tečaja:
Trenutno aseksualnim.

Gary:
U redu pa sve ste učinili da budete aseksualni. Kad pokušavate biti aseksualni, pokušavate li ukloniti seksualnu energiju koju imate kako ne biste bili zavedeni u odnos koji više ne funkcionira? Ili pokušavate biti aseksualni kako ne biste stvarali probleme u svjetovima drugih ljudi?

Sudionik tečaja:
Ovo posljednje.

Gary:
Sve što to jest bezbroj puta, hoćete li sve to uništiti i dekreirati? Right and Wrong, Good and Bad, POD and POC, All Nine, Shorts, Boys and Beyonds.

Kad pokušavate biti aseksualni, a da to ne bi izazivalo probleme u svjetovima drugih, mamite mnoge ljude da vas pokušaju zavesti, a taj dio vam se sviđa. Nije li zgodno kad vas ljudi pokušavaju zavesti, a vi možete reći ne?

Sudionik tečaja:
    Da.

Gary:
    Sviđa vam se da možete reći ne. "Ne, ja nisam takva djevojka… mislim, ja nisam takav dečko. Neću se tako jeftino podati. Nisam jeftina kurva. Nisam ljigavac. Nisam jebački majstor. Ja sam dobar dečko."

Sudionik tečaja:
    Znači kad ste aseksualni, to kod ljudi stvara želju da vas zavode? Je li to samo zastrašivanje?

Gary:
    Potpuna seksualna energija može biti zastrašivanje. Ako ste voljni biti potpuno seksualni i koristiti svoju seksualnu energiju kao način zastrašivanja drugih, otvara se potpuno novi svijet. Jednom sam imao tečaj o seksu i jedna me stvarno lijepa mlada stvar pogledala i rekla: "Mogla bih vas vezati i iskoristiti."
    Upitao sam: "Zar stvarno misliš da se sa mnom možeš nositi, dušo?" i ona se potpuno povukla u sebe. Prakticirala je seks kao silu. Nije prakticirala seks kao realnost. Morate prepoznati da je seks kao realnost potpuno drugačiji svemir. Seks kao realnost je "Koga mogu zastrašiti sa svojom seksualnom energijom? Koga mogu pozvati sa svojom seksualnom energijom? Koga mogu navesti u svoj život, a neće me ubiti? I s kime mogu stvarati nešto što će kreirati više onoga što u životu stvarno želim imati?"
    Mnogi ljudi koriste svoju seksualnu energiju kako bi stvarali umjetnost i književnost; uzvišuju svoju seksualnu

energiju kopulacije i umjesto toga je koriste na umjetničke načine, kao da to za njih rješava stvari. Seksualna energija nije *izvor* stvaranja; ona je *doprinos* njemu. Želite širiti svoju seksualnu energiju kako bi ona bila doprinos svemu što ste sposobni stvarati, bila to umjetnost, književnost, slikanje, glazba ili nešto drugo.

Morate imati voljnost da budete seksualno zastrašujući, što znači da umjesto da kažete: "Oh, ona me želi. Super. Tako mi je drago što me želi. Dopustit ću joj da ostavi svoj sluzavi trag po cijelom mom tijelu i nitko me drugi neće dirati", pitajte: "Zar stvarno misliš da me zadovoljavaš, mala? Bok. Vidimo se kasnije. Imam posla, ljude za vidjeti i mjesta za obići!", a ne: "Da. Predat ću svoj život za tebe."

Sve što to jest bezbroj puta, hoćete li sve to uništiti i dekreirati? Right and Wrong, Good and Bad, POD and POC, All Nine, Shorts, Boys and Beyonds.

Većina vas ne želi biti seksualno zastrašujuća jer smatrate da ako ste seksualno zastrašujući, nitko vas neće htjeti. Ne, htjet će vas oni zabavni.

Kad ste seksualno zastrašujući, nikada niste voljni biti umanjeni zbog toga što netko drugi ne može primiti seksualnu energiju koja vi jeste. Kad ste seksualno zastrašujući, ljudi moraju birati hoće li s vama biti ili ne, umjesto da vas pokušavaju zavesti da radite nešto što oni ne žele raditi. Kada pokušavate ne biti seksualno zastrašujući, ljudi pokušavaju shvatiti što od njih želite, umjesto da su sposobni birati što žele. Ako ste voljni biti seksualno zastrašujući, znaju što od njih želite i mogu birati hoće li to raditi - ili ne.

Koliko puta niste bili voljni biti seksualno zastrašujući? Gdje god ste odlučili da je pogrešnost biti seksualno zastrašujući, hoćete li sve to uništiti i dekreirati? Right and Wrong, Good and Bad, POD and POC, All Nine, Shorts, Boys and Beyonds.

Većina vas kad imate stvarno dobro seksualno iskustvo, sljedeći ćete ga put umanjiti kako biste osigurali da tu osobu ne izgubite.

Sve što to jest bezbroj puta, hoćete li sve to uništiti i dekreirati? Right and Wrong, Good and Bad, POD and POC, All Nine, Shorts, Boys and Beyonds.

Radije biste da vas želi neka šepava patka, nego netko tko bi bio zabavan i tko bi jebeno uživao u vama i uživao se s vama jebati. I ako kažete da ne želite raditi ono što osoba želi da radite, ona kaže: "Oh, u redu. Radit ću što god ti želiš."

Dain je konačno postao seksualno zastrašujući. Kad je dama rekla da želi s njim provesti dva dana, on je rekao: "Ne, ne želim s tobom provesti dva dana." Sljedećeg mu je dana poslala poruku: "U pravu si. Samo želim biti s tobom. Koje god vrijeme dobijem, to je takav poziv, takav doprinos. Hoću imati to." Ako niste voljni prilagoditi se svjetovima drugih ljudi, oni će se prilagoditi vašem. Prestanite biti maćuhica.

Sve što ste učinili da od sebe stvorite maćuhicu koju svatko može pomirisati ili polizati, hoćete li sve to uništiti i dekreirati? Right and Wrong, Good and Bad, POD and POC, All Nine, Shorts, Boys and Beyonds.

Sudionik tečaja:

Pa ako biram aseksualnost, zavodim li sebe u indukciju smrti?

Gary:
> Da. Zavodite se do smrti. To je aseksualnost. Nemate seksualnost. Nemate ni muškog ni ženskog ni ničega u svome životu. U svome tijelu nemate seksualnu energiju. Kako ćete iscijeliti svoje tijelo ako nemate seksualnu energiju?

Sudionik tečaja:
> Ne možete.

ŠTO STVARATE SA SVOJOM SEKSUALNOM ENERGIJOM?

Gary:
> Seksualna energija je kreativna energija. Morate ponovno uključiti seksualnu energiju, ali je ne morate koristiti za seks.

Sudionik tečaja:
> Ne, mogu je koristiti za kreiranje i generiranje svoga života. Pa koja pitanja ovdje mogu postaviti?

Gary:
> Pitajte: koje zavođenje koristim da induciram smrt što biram? Zavodite se u aseksualnost kao da će vam to kreirati život. Ne, to će kreirati vašu smrt.
>
> Morate pogledati što stvarate sa svojom seksualnom energijom. Ako ste jebački majstor, mislite da seksanjem tri puta dnevno kreirate svoj život. Ne, kreirate svoj penis. Ne kreirate svoj život. Život nije penis. Ne mora biti krut cijelo vrijeme kako biste u njemu uživali. Morate početi gledati iz

drugačije pozicije i početi pitati: što stvarno želim kreirati kao svoj život?

Kad mi je dama rekla: "Možemo provesti sedamdeset i pet posto našeg vremena zajedno", morao sam to dobro i dugo razmatrati i pitati: "Želim li uistinu odnos?" Ona je htjela. Bila je inače udana i napustila bi muža zbog mene. Kad sam to pogledao, shvatio sam da nije bila zainteresirana za mene; zanimalo ju je da ja budem zainteresiran za nju. Koja je razlika?

Sudionik tečaja:
To je vaš prostor kad niste voljni predati sebe.

Gary:
Nisam ni zbog koga voljan predati sebe, za bilo koji novac ili bilo što drugo.

Komu ili čemu ste se voljni predati, a da se ne predajete, dobili biste cijeloga sebe? Sve što to jest bezbroj puta, hoćete li sve to uništiti i dekreirati? Right and Wrong, Good and Bad, POD and POC, All Nine, Shorts, Boys and Beyonds.

SJAJAN SEKS

Jedan tip mi je pričao o svom iskustvu sjajnog seksa. Pitao je: "što je potrebno da imam još više toga?" Kad imate iskustvo sjajnog seksa, umjesto pitanja "Što je potrebno da imam više toga u svom životu?", pokušajte: "Što je potrebno da percipiram tu energiju u ljudima?" Morate biti voljni percipirati energiju u ljudima koja stvara sjajan seks.

Sudionik tečaja:
　I to birati.

Gary:
　Da, i birati ono što će to kreirati. Vi dečki stvarate čudne standarde na temelju tuđih gledišta o tome što je privlačna osoba. Mogu vidjeti ženu s lijepim tijelom ili muškarca s lijepim tijelom i reći: "Oh, oho, lijepo! Bi li osoba bila imalo zabavna za seks?" Ne? U redu. Lijepo tijelo. Lijepo za gledanje. Nevjerojatno zavodljivo – i beskorisno iz mojega gledišta.
　Vi dečki vidite lijepo tijelo, lijepi par cica ili što god vas uzbuđuje i… Zašto vidite nešto što vas uzbuđuje, umjesto da budete tako uzbuđeni da uzbuđujete sve ostale?

Sudionik tečaja:
　Je li prva vrsta uzbuđenosti zavođenje u indukciju smrti?

Gary:
　Da. To je zavođenje u indukciju smrti jer osoba koja vas uzbuđuje je ona koja će u vama potaknuti smrt.
　Sve što to jest bezbroj puta, hoćete li sve to uništiti i dekreirati? Right and Wrong, Good and Bad, POD and POC, All Nine, Shorts, Boys and Beyonds.
　Svi ste vrlo ljupki, ali imate jednoznamenkasti IQ i on visi među vašim nogama.

Sudionik tečaja:
　Stvarno cijenim ovaj tečaj. Ovi pozivi su sjajni.

Gary:

Ako dvojicu ili trojicu vas dovedem do toga da se zapravo možete zabavljati i stvarati svoj život, dok istovremeno možete biti jebački majstor, droljica ili ljigavac, onda je vrijedilo…

NE ČINITE PROSUDBE DRUGIH LJUDI ISTINITIM

Dečki! Volim vas, ali ste jednostavno prokleto glupi. Ako vas netko pokušava okriviti zato što ste ono što jeste, ne činite to pogrešnim. Recite: "Da, hvala" ili "Sranje! Šališ se?" Vi se okrivljavate zbog jednog od svojim najboljih atributa. Umjesto da to koristite *za* sebe, koristili ste to *protiv* sebe. Kad su mi ljudi rekli da sam perverzan, droljica, odgovorio sam: "Da, jesam!"

Rekli su: "Pa to nije dobro."

A ja sam rekao: "Na temelju čega? Meni odgovara."

Sudionik tečaja:

Dakle, mi kreiramo indukciju smrti kako bismo potvrdili nečije gledište?

Gary:

Da, da potvrdite nečije gledište da ste u krivu. Niste u krivu, samo ste drolja. Drolja nije u krivu. Drolja je drolja.

Sudionik tečaja:

Pazite! Dolazi Droljica!

Gary:
U redu, sad dolazimo do nečega! Zvat ću vas droljica umjesto aseksualni.

Sudionik tečaja:
Sve se ovo temelji na potvrđivanju prosudbi drugih ljudi?

Gary:
Sve se temelji na potvrđivanju gledišta ove realnosti – prosudbi realnosti drugih ljudi. Rekao bih: "Dobro pa što ako sam drolja?" Kad vas ljudi prosuđuju, vi to činite stvarnim i istinitim. Ja nikad. Pitam: "Što? Misliš da je to bilo dobro ili loše ili krivo ili ispravno i zašto ne bi vidio ovo drugo gledište?"

Kad sam bio u srednjoj školi dobro sam plesao i dobro izgledao. Nisam znao da dobro izgledam, ali jesam. Od prve godine srednje škole pozivali su me na svaku maturalnu zabavu. Pozivale su me najružnije djevojke na svijetu, ali nije mi smetalo. Trebao sam biti djevac kad se oženim i nisam bio u iskušenju imati seks s ružnim ženama. Išli smo na vino i večere, plesao bih s njima, a one su se osjećale stvarno posebno i lijepo i to je bilo u redu.

Sve što to jest bezbroj puta, hoćete li sve to uništiti i dekreirati? Right and Wrong, Good and Bad, POD and POC, All Nine, Shorts, Boys and Beyonds.

Kad sam konačno odlučio odustati od svoje nevinosti i ne čekati do vjenčanja, krenuo sam za ženom koju su smatrali najvećom droljom na mjestu gdje sam radio. Odbijala je sve dečke. Nije ju zanimao nijedan od njih. Pa sam je zabavljao. Osmjehivao sam joj se, razgovarao s njom, bio sam zabavan, bio sam ugodan, bio sam sjajan. Vukao sam od nje energiju i nikada je nisam pozvao van. Tri mjeseca je nisam pozvao van. Onda sam je konačno pozvao. Imali smo najbolji seks! Naučio sam se seksati u svakoj poziciji. U svakom autu. Na svakom komadu namještaja. Bilo gdje i bilo kad. Bilo je divno. Bila je djevojka koja je uživala u seksu, a mene je zanimao netko tko uživa u seksu. Moj je kriterij bio: Hoće li biti lagano? Hoće li biti zabavno? I hoću li štogod naučiti? A ne: mogu li se predati i umrijeti za ovu ženu kako bi ona znala koliko je volim?

Molim vas pokrećite ovo sljedećih mjesec dana:

Koje zavođenje koristim da induciram smrt što biram? Sve što to jest bezbroj puta, hoćete li sve to uništiti i dekreirati? Right and Wrong, Good and Bad, POD and POC, All Nine, Shorts, Boys and Beyonds.

Mogu vam garantirati da svaka žena za koju smatrate da je tako zavodljiva da je ne možete propustiti dizajnirana da inducira vašu smrt.

Koristite ova pitanja:
- Ako ovo izaberem, kakav će mi život biti za pet godina?
- Ako ovo ne izaberem, kakav će mi život biti za pet godina?

I budite iskreni za promjenu. Vi mislite da ako se poseksate, život će biti bolji. Ne, neće biti bolji. Bit će još više onog istog što ste kreirali, a nije funkcioniralo. Ne odustajte ni od kojeg dijela svoga života zbog nekog drugog jer ako to radite, odustajete od svake budućnosti koju ste započeli stvarati i morat ćete opet početi od nule. Sve vas volim. To je sve za danas.

Sudionici tečaja:
Hvala, Gary.

Gary:
Hvala vama. Dobri ste, dečki. Sad budite loši. Puno je zabavnije. Bok.

6
Što vi stvarno želite?

Vaša svjesnost može kreirati odnos ako to želite.
Može kreirati što god želite, ali to morate željeti.
Pitanje je: što vi stvarno želite?

Gary:
Bok, gospodo. Ima li tko pitanje?

ŠTO AKO BI SVI BILI VOLJNI BITI DROLJE?

Sudionik tečaja:
U posljednjem ste pozivu govorili da biti drolja i jebački majstor nije pogrešnost. Uvijek sam prihvaćao gledište da je biti drolja i jebački majstor nešto krivo i da nije lijepo, pristojan gospodin to ne bi ni radio. Možete li još malo govoriti o tome?

Gary:
Što vas čini gospodinom? Koliko ga mekano ubacite dok je krut? Da su svi voljni biti drolje, imali bismo puno lakši svijet, ali svi pokušavaju prosuđivati o tome što bi "prikladno"

trebali biti. Misle da ako bi mogli raditi ono što je prikladno i ispravno, neće imati problema. Ali problemi postoje ne zato što ste drolja ili jebački majstor. Problemi postoje zbog prosudbi koje ljudi koriste kao oružje protiv vas.

Koliko vas je imalo nekoga tko je svoju prosudbu o vašoj seksualnoj energiji koristio protiv vas? Svaki put kad se pojavi seksualna energija, prvo što napravite je da okrivljujete sebe jer prosudba je bila da to morate napraviti.

Sve što to jest bezbroj puta, hoćete li sve to uništiti i dekreirati? Right and Wrong, Good and Bad, POD and POC, All Nine, Shorts, Boys and Beyonds.

ŠTO U SVOM ŽIVOTU ŽELITE IMATI?

Toliko ste vremena proveli okrivljujući se zbog svega što ste birali. Ne pitate: "Što ja stvarno ovdje želim kreirati?" Što ako biste bili voljni pogledati što je zapravo moguće?

Morate pitati: "Istina, želim li imati odnos? Ili samo rado imam seks? I što sam spreman platiti da imam seks koji želim?"

Dain:

Ako pitate: "Želim li imati odnos?", možete reći: "Pa, ne nužno, ali sviđa mi se seks. Sviđaju mi se i zajednički izlasci i igranje i maženje. Jednom kada to postane odnos, to je teško. Samo hrpa obaveza." Ne mislim nužno da je mnogima od nas seks dovoljan. Volimo se i družiti s ljudima pa gdje nas to vodi?

Gary:

Morate pogledati što biste stvarno za sebe htjeli kreirati. Što u svome životu želite imati? Kako bi bilo da ste sposobni imati sve što želite?

Dain:

I što bi to bilo? Često kažemo ovako: "Želiš li samo seks ili želiš odnos?" Postoji li još nešto? Postoji li širi spektar mogućnosti?

Gary:

U ovoj realnosti nema šireg spektra mogućnosti.

Dain:

Tako je. Je li to dijelom razlog zašto imamo toliko izazova i poteškoća – zato što mislimo da bi trebalo biti i/ili jer to tako svaki muškarac obično smatra?

Gary:

Mislite da je vaš jedini izbor biti i/ili gledišta svih ostalih. Pretpostavljate da s vama, onakvim kakvi jeste, postoji neki problem ili pogrešnost. Morate pitati: što bi bila najnevjerojatnija stvar koju bih u svom životu mogao imati? Nažalost, vidim da većina ljudi pokušava shvatiti zašto *ne bi trebali* imati, umjesto što *mogu* imati.

Dain:

Mislim da svi to radimo. Postoje mjesta u našim svjetovima gdje se slažemo, recimo u području seksa i odnosa pa nekoga pronađemo i imamo s njime seks. Imamo seks još nekoliko puta, a onda iznenada, prije nego što shvatimo da se dogodilo, nađemo se u teškoj poziciji koja nije zabavna. Postoje obaveze. Kažemo: "Čekaj malo. Kako smo dotuda došli? Samo trenutak ranije sve je bilo lako, a sad smo u ovoj nemogućoj poziciji. Što se događa?" Pokušavamo što više prekinuti sebe kako bismo poništili nemoguću poziciju u kojoj se nalazimo, umjesto da shvatimo da ako je pravovremeno priznamo, tamo ne bismo trebali ići.

BIRANJE SVJESNOSTI

Gary:

Umjesto da birate svjesnost, birate prekinuti svoju svjesnost.

Gdje god ste izabrali prekinuti svoju svjesnost, umjesto da je birate, kao da je prekidanje svjesnosti veći izvor izbora, hoćete li sve to uništiti i dekreirati? Right and Wrong, Good and Bad, POD and POC, All Nine, Shorts, Boys and Beyonds.

Žene činite nedokučivima. Koliko vas je prepoznalo da težite vidjeti žene kao neku vrstu nedokučive stvari koju ne možete odgonetnuti? Ne pitate:

- Što mogu odgonetnuti s ovom ženom?
- Čega mogu biti svjestan?
- Što mogu znati?

Koju glupost koristite da se potpuno branite od nedokučivih žena, seksa, kopulacije i odnosa što birate? Sve što to jest bezbroj puta, hoćete li sve to uništiti i dekreirati? Right and Wrong, Good and Bad, POD and POC, All Nine, Shorts, Boys and Beyonds.

Cijeloga ste života pokušavali shvatiti kako postupati sa ženama, no izgleda da ne možete dokučiti, otići dovoljno duboko i shvatiti što je to. To postaje nedokučivo. Ne možete ići dovoljno duboko da razumijete ili shvatite o čemu one govore.

Koju glupost koristite da se potpuno branite od nedokučivih žena, seksa, kopulacije i odnosa što birate? Sve što to jest bezbroj puta, hoćete li sve to uništiti i dekreirati? Right and Wrong, Good and Bad, POD and POC, All Nine, Shorts, Boys and Beyonds.

To je vječna obrana. Nemate izbora nego se braniti od svega.

Dain:

Gary, kad si započeo s procesom, rekao si "obrana od", a onda si drugi put rekao "obrana za". Radimo li oboje? Branimo to *i* branimo se od?

Gary:

Da, tako izgleda.

Koju glupost koristite da kreirate vječnu obranu za i od nedokučivih muškaraca, žena, seksa, kopulacije i odnosa što birate? Sve što to jest bezbroj puta, hoćete li sve to uništiti i dekreirati? Right and Wrong, Good and Bad, POD and POC, All Nine, Shorts, Boys and Beyonds.

Sudionik tečaja:

Završite u ničijoj zemlji.

Gary:

Pa, nije li to otprilike tamo gdje se većinu vremena nalazite? U nekoj vrsti ničije zemlje gdje nemate pojma što se događa i zašto?

Sudionik tečaja:

Apsolutno.

MORATE ŽUDJETI ZA TIME

Gary:
To je ukratko cijela situacija. Nemate ideje što se događa niti zašto. Znate samo da nekako nešto nije u redu. I obično ste vi taj koji nije u redu. I zato što ste odredili i odlučili da niste u pravu i da s vama nešto ne valja, morate biti u neprestanom stanju promatranja svoje pogrešnosti. Ne gledate u izbor i svjesnost koja vi jeste. Ne vidite se kao vrijedan proizvod.

Vaša svjesnost može kreirati odnos, ako to želite. Može kreirati što god želite, ali vi to morate željeti. Pitanje je: što vi stvarno želite? Nedavno sam razgovarao s tipom koji je rekao: "Pa, stvarno ne želim djecu, ali nekako možda..." Bila je tu gomila fantazije i bla, bla, bla.

Rekao sam: "Znaš što? Ovdje nemaš izbora. Istina, želiš li stvarno odnos?"

Odgovorio je: "Osjećam težinu."

Upitao sam: "Želiš li odnos iz mašte?"

Rekao je: "Da, želim."

Upitao sam: "Dobro, možeš li ga stvoriti?"

Rekao je: "Ne, ne bi bio dobar."

Upitao sam: "Kako znaš? Nisi ga još stvorio." Je li itko od vas ikada dosegao odnos iz mašte za kojeg ste mislili da postoji?

Sudionik tečaja:
Ne.

Gary:

Tako je. Ne pokušavate ga raditi iz svjesnosti! Pokušavate ga raditi iz nedokučivog odnosa, seksa, kopulacije, muškaraca i žena.

Koju glupost koristite da kreirate vječnu obranu za i od nedokučivih muškaraca, žena, seksa, kopulacije i odnosa što birate? Sve što to jest bezbroj puta, hoćete li sve to uništiti i dekreirati? Right and Wrong, Good and Bad, POD and POC, All Nine, Shorts, Boys and Beyonds.

Sudionik tečaja:

To je kao da branimo temelj ove realnosti.

OKRIVLJAVATE LI SEBE ZBOG SVOJE ISTINE?

Gary:

Da, to je temelj odnosa, seksa i kopulacije u ovoj realnosti. Volio bih vas dovesti do toga da počnete gledati kakav biste odnos htjeli kreirati, umjesto odnosa temeljenog na ovoj realnosti.

Sudionik tečaja:

Kad sam bio u svojim ranim dvadesetim, na zabavi sam sreo djevojku i njezina mi je prijateljica rekla: "Ti samo želiš jebati." Jasno se sjećam da sam rekao: "Da i?" Zatim sam se okrivljavao zbog onoga što uistinu jesam.

Gary:

Da vidimo, bilo je to otprilike prije petnaest godina. Dobra je vijest što ste se petnaest godina okrivljavali, a uistinu je to bila istina vaših ranih godina.

Koju glupost koristite da se branite od jebačkog majstora, droljice što uistinu jeste, što birate? Sve što to jest bezbroj puta, hoćete li sve to uništiti i dekreirati? Right and Wrong, Good and Bad, POD and POC, All Nine, Shorts, Boys and Beyonds.

Koliko svoje svjesnosti morate prekinuti da ne prepoznate da je ono što stvarno želite jebanje? Okrivljujete se i onda cijelo vrijeme pokušavate dokazati da to nije ono što stvarno želite kako bi ljudi mislili da to ne želite, a to stvarno jest ono što želite. Ali drugi su ljudi isto vidoviti pa znaju da to stvarno želite. Morate im lagati i morate lagati sebi dvostruko kako biste dokazali da zapravo ne želite ono što stvarno želite jer bi to bilo tako loše i tužno.

Sve što to jest bezbroj puta, hoćete li sve to uništiti i dekreirati? Right and Wrong, Good and Bad, POD and POC, All Nine, Shorts, Boys and Beyonds.

Koju glupost koristite da kreirate vječnu obranu da ne budete jebački majstor, droljica što uistinu jeste, što birate? Sve što to jest bezbroj puta, hoćete li sve to uništiti i dekreirati? Right and Wrong, Good and Bad, POD and POC, All Nine, Shorts, Boys and Beyonds.

Koju glupost koristite da kreirate vječnu obranu za i od nedokučivih muškaraca, žena, seksa, kopulacije i odnosa što birate? Sve što to jest bezbroj puta, hoćete li sve to uništiti i dekreirati? Right and Wrong, Good and Bad, POD and POC, All Nine, Shorts, Boys and Beyonds.

Sudionik tečaja:
Što je potrebno da generiramo i kreiramo doprinos s kojim idemo iznad sranja koje izmišljamo stvarnijim od onoga što mi stvarno jesmo?

Gary:
O tome se radi u ovoj seriji poziva.

IDEALNI ODNOS SA ŽENOM

Sudionik tečaja:
Biste li mogli opisati idealni odnos sa ženom?

Gary:
Da. Ona živi na drugoj strani države. Posjećujete se na tri dana. Šalim se.

Vi stalno pokušavate stvarati odnos koji će biti idealan. Ako imate odnos iz gledišta idealnog odnosa, gledate li u osobu ispred sebe? Ili gledate u ono što biste htjeli da ona bude, što mislite da bi ona trebala biti i što mislite da bi ona mogla biti?

Koju glupost koristite da kreirate obranu za i od utopijskog ideala odnosa što birate? Sve što to jest bezbroj puta, hoćete li sve to uništiti i dekreirati? Right and Wrong, Good and Bad, POD and POC, All Nine, Shorts, Boys and Beyonds.

Najbolji odnos sa ženom je kad možete živjeti jedno s drugim i svatko od vas dopušta drugoj osobi da bude ono što jest. Ne prosuđujete, oboje uživate u seksu kojeg imate, bilo to malo ili puno i ne morate svaki trenutak provoditi zajedno.

PROVODITI VRIJEME ZAJEDNO

Jedna od stvari koju svi morate pogledati je koliko vremena želite provoditi sa ženom. Ja osobno volim provesti sat do sat i pol razgovarajući s njom, a nakon toga želim s njom imati seks.

Koliki postotak svog života želite provesti sa ženom? Deset? Dvadeset? Trideset? Četrdeset? Ili koliko?

Sudionik tečaja:
Deset.

Gary:
Dobro, znači s njom želite provesti dva i pol sata dnevno.

Sudionik tečaja:
Da.

Gary:
Dva i pol sata je vjerojatno dobar postotak. Imalo više od toga vjerojatno bi vam dosadilo.

Sudionik tečaja:
Izgleda da žene žele provoditi sa mnom više vremena nego ja s njima.

Gary:
Da, zato što se nikada ne obavezujete biti prisutni, čak i kada s njima provodite deset posto vremena. I niste voljni biti zastrašujući. Skloni ste djelovati iz potpune nesposobnosti da ih zastrašujete. Što ako biste od njih zahtijevali da s vama provode više vremena?

Sudionik tečaja:
   Bi li to bilo zastrašujuće?

Gary:
   Da, jer ako muškarac od žene zahtijeva da s njim provodi više vremena, pogodite što će ona htjeti? Otići. Ako želite da djevojka ode, zahtijevajte više vremena s njom.

Sudionik tečaja:
   Možete li mi dati primjer kako to raditi? Je li to energetski? Ili ono što govorim?

Gary:
   Morate početi s energijom toga. Morate je pogledati i reći: "Znaš što? Mislim da ne provodimo dovoljno vremena zajedno."
   Kad niste zajedno, nazovite je i recite joj koliko vam nedostaje. Ako to nastavite raditi, ona će iznenada pronaći razloge da ne bude dostupna. Ako se prestane javljati na svoj telefon, onda znate da konačno imate kontrolu. Kome su od vas žene to radile? Zovu vas tako često i tako puno da se ne želite ni javiti na svoj telefon.

Sudionici tečaja:
   Da.

Gary:
   Pa zašto i vi to ne radite njima? Odbijate biti tako zahtjevni da *one* moraju biti tihe i mirne s vama, umjesto da ste *vi* mirni, dobri i tihi s njima.

Sudionik tečaja:
    Da, o Bože!

Gary:
    Želite li da vam žena da malo prostora? To je još jedna stvar koju većina muškaraca želi u odnosu – netko tko će im dati prostora. Koliko vas shvaća da, kao muškarac, volite svoje vrijeme za samoću?

Sudionik tečaja:
    Da.

Gary:
    Muškarcima treba odmor. To je vaše vrijeme za procesiranje. Kad uzmete sve što ste cijeloga dana sakupljali, obratite na to pažnju i dođete do svjesnosti ili do zaključka što želite raditi sa svjesnošću o svemu tome.
    Sve što ne dopušta da vam se to u životu pojavi, hoćete li sve to uništiti i dekreirati? Right and Wrong, Good and Bad, POD and POC, All Nine, Shorts, Boys and Beyonds.
    Muškarce su učili da moraju nešto raditi kako bi pokazivali da vole ili brinu. Trenirani su vjerovati da rad znači brižnost. Zato se moraju baviti sa svime što su skupili i pitati: "Što da radim sa svim ovim?" dok ne dođu do: "Oh! Vidim što trebam napraviti." To je način na koji dolaze do svjesnosti o onome što "trebaju raditi". No to zapravo nije svjesnost – to je zaključak koji im ne daje slobodu koja bi im dala svjesnost.
    Žene mogu o nečemu pričati cijeli dan i nikada ne moraju doći do zaključka. Muškarac nešto mora procesirati sve dok

ne dođe do zaključka i odredi što treba raditi. To je drugačiji način bavljenja životom.

ŠTO MI JE NAJVAŽNIJE?

Sudionik tečaja:
Biste li više govorili o stvaranju naših života?

Gary:
Pa, jedna od stvari koju morate pogledati je: što bih htio imati kao svoj život? Morate postavljati pitanja poput:
+ Kakav želim da mi život bude za pet godina?
+ Želim li putovati?
+ Koliko novca želim stvarati?
+ Što mi je najvažnije?

Pogledajte ako je u to uključen odnos. Primjećujem da većina muškaraca vodi svoj život i onda odluče dodati odnos, što im ukloni pola života. Što ako bi odnos bio dodatak vašem životu, a ne zamjena za vaš život?

Gdje god ste odnos pretvorili u zamjenu za život i življenje, hoćete li sve to uništiti i dekreirati? Right and Wrong, Good and Bad, POD and POC, All Nine, Shorts, Boys and Beyonds.

Sudionik tečaja:
Izgleda da se moram obavezati samom sebi da pitam "što bih htio".

Gary:
Da, morate pogledati želite li stvarno odnos i onda se obavezati na ono što biste htjeli. Većina vas automatski ulazi u odnos. Prepoznajete li to?

Sudionik tečaja:
Da.

NAPRAVITE LISTU: ŠTO BIH HTIO KOD PARTNERA?

Morate pitati: "Što bih htio kod partnera?" Morate si pojasniti što u odnosu želite. Problem je što to ne pitate. Vidite nekoga i kažete: "Oh, sviđa mi se." Nikada ne pitate: "Sviđam li se ja njoj? Sviđaju li joj se muškarci?" Pretpostavljate, zato što vam se sviđa, da ćete joj se svidjeti i da ona voli muškarce i da će sve biti savršeno.

Otkrijte što želite. Kakvu interakciju želite? Kako bi bilo da ste s njom u interakciji? Što s njom želite kreirati? Želite li nekoga tko ima sjajan smisao za humor? Nekoga s kim možete dobro razgovarati?

Usput, velika je razlika između razgovora i komunikacije. Komunikacija je: "Makni svoja prljava stopala s kauča." To je iskrena komunikacija; to je dobra komunikacija, ali nije razgovor. Otkrijte što s njom želite kreirati. Napravite listu onoga što u partneru želite imati.

TREBA VAM I LISTA "NE ŽELIM IMATI"

Prije nego što sam bio sa svojom bivšom ženom, napravio sam listu svega što *sam želio* kod žene s kojom sam u odnosu.

Ona je sve to imala. Ono što nisam napravio je lista svega onoga što kod osobe *nisam želio*. Stoga sam dobio sve što sam htio, kao i ono što nisam htio.

Sudionik tečaja:
Koliko detaljna lista onoga što ne želimo mora biti? Ne stvara li to ograničenje?

Gary:
Ne radi se o ograničenju. Morate je pogledati i reći: "Ne želim imati ženu koja cijelo vrijeme gunđa" ili "ne želim ženu koja se uvijek svađa". Je li itko od vas primijetio da ste izabrali ženu vrlo sličnu posljednjoj ženi koju ste izabrali? Kao da je to ista žena u drugačijem tijelu?

Sudionik tečaja:
Da.

Gary:
Opet i iznova birate istu ženu očekujući drugačiji rezultat. Tko je jedina osoba koju možete promijeniti?

Sudionik tečaja:
Ja.

KOJU GLUPOST KORISTITE DA KREIRATE ŽENE KOJE BIRATE?

Gary:
Morate promijeniti *svoju* perspektivu. Ne možete promijeniti tuđu. Pogledajte svoju perspektivu. Opet i

iznova sam birao istu ženu i iz toga nisam dobio ono što želim. Zašto bih to radio?" Ako trebate preplivati rijeku i cijelo vrijeme plivate istim brojem zamaha u jednom smjeru, hoćete li doći do drugačijeg mjesta na rijeci? Ne. Doći ćete na isto mjesto kao i prije. Stoga pitajte: koju glupost koristim da kreiram ženu koju biram?

Sudionik tečaja:
Radit ću to.

Sudionik tečaja:
Prošlog sam mjeseca sudjelovao u prijenosu Dainove Energetske sinteze bivanja. Iako fizički nisam bio tamo, primijetio sam da prosuđujem neke žene na tečaju. Nisam mogao podnijeti način na koji postavljaju pitanja. Izgledalo mi je da samo pokušavaju pridobiti Dainovu pažnju.

Gary:
Naravno! On je vođa tečaja. Žele pridobiti njegovu pažnju. Pa o čemu se radi?
Gdje god niste voljni priznati svoju svjesnost, hoćete li sve to uništiti i dekreirati? Right and Wrong, Good and Bad, POD and POC, All Nine, Shorts, Boys and Beyonds.

Sudionik tečaja:
Primijetio sam da je Dain s njima bio sasvim smiren. Primio ih je bez prosuđivanja bez obzira što su govorile ili pitale. Kako da ja to budem? Da primam sve djevojke i žene onakve kakve jesu. Postoje li kakvi procesi koje možemo raditi kako bismo i mi to mogli?

Gary:

Koju glupost koristim da kreiram žene koje biram? Sve što to jest bezbroj puta, hoćete li sve to uništiti i dekreirati? Right and Wrong, Good and Bad, POD and POC, All Nine, Shorts, Boys and Beyonds.

Nastavite raditi ovaj proces.

BITI BEZ POTREBE ZA ŽENOM

Sudionik tečaja:

U prošlosti sam vas slušao kako govorite o bespotrebnosti. Možete li reći nešto više o tome vezano za djevojke, žene, seks, odnos i kopulaciju? Za mene je to velika stvar. Da nije svih tih stvari koje mislim da trebam, mogao bih imati svoju istinsku vrijednost.

Gary:

Što više funkcionirate iz bespotrebnosti bilo čega, bolje ćete prepoznavati izbore koje imate da to zapravo izaberete. Nedavno sam upitao Daina: "Shvaćaš li da te ove žene žele?", a on mi je odgovorio: "Ne, ne shvaćam to."

Rekao sam: "Da, stalno misliš da ti želiš njih, no realnost je da one žele tebe."

Kad ste bez potrebe za ženom, ona vas stalno želi. Što ste bespotrebniji, ona vas više želi. Imate potrebu da vas se treba jer su vas učili da trebate biti sposobni popravljati stvari i raditi nešto za ženu kako biste joj dokazali da je volite. Pokušavate radom dokazati ljubav, umjesto da nemate potrebe imati ljubav ili davati ljubav.

Sudionik tečaja:
   Da.

Gary:
   Koju glupost koristite da se branite od bespotrebnosti koju biste mogli birati? Sve što to jest bezbroj puta, hoćete li sve to uništiti i dekreirati? Right and Wrong, Good and Bad, POD and POC, All Nine, Shorts, Boys and Beyonds.

Sudionik tečaja:
   Kad sam prvi put počeo tražiti odnos, on nije imao veze sa mnom. Odnos mi je *trebao* biti vrijedan proizvod. Govorili su nam da trebamo svakakve stvari.

Gary:
   Zašto trebate odnos? Odnos vam treba kako biste nešto dokazali. Odnos vam treba kako biste dokazali da niste beskorisna gomila smeća. Odnos vam treba da dokažete da niste homoseksualni. Odnos vam treba da dokažete da imate vrijednost. Odnos vam treba. Je li išta od toga istinito?

Sudionik tečaja:
   Ne i tako je sa svime. Idemo u potrebu: "Trebam imati djecu. Trebam se oženiti. Trebam imati toliko novca."

Gary:
   Tako završavate izbor.
   Koliko ste svoga života završavali izbor na temelju potrebe da budete nešto što niste? Sve što to jest bezbroj puta, hoćete li sve to uništiti i dekreirati? Right and Wrong, Good and Bad, POD and POC, All Nine, Shorts, Boys and Beyonds.

"PRESTAO SAM STVARATI"

Sudionik tečaja:
Osjećam da sam sada prestao stvarati. Možete li mi pomoći s tim?

Gary:
Jeste li prestali stvarati zato što netko drugi sve stvara?

Sudionik tečaja:
Hm. Da.

Gary:
Jeste li prestali stvarati zato što nemate potrebe za stvaranjem? I jeste li pogrešno protumačili i pogrešno primijenili *nemanje potrebe* kao *bespotrebnost*?

Sudionik tečaja:
Da. Pogrešno sam protumačio *nemanje potrebe* kao *bespotrebnost*.

Gary:
Sve što to jest bezbroj puta, hoćete li sve to uništiti i dekreirati? Right and Wrong, Good and Bad, POD and POC, All Nine, Shorts, Boys and Beyonds.

Sudionik tečaja:
Oho.

Sudionik tečaja:
Hvala što ste postavili to pitanje. Pokazalo mi je zbrku koju sam stvorio kako bih imao nešto za raditi. I sad ne stvaram.

Gary:

Vaš je problem to što ste stvarali potrebu kao izvor izbora, umjesto izbor kao stvaranje svoga života.

Sudionik tečaja:

Da.

Gary:

Koju fizičku aktualizaciju kreiranja kroz izbor ste sad sposobni generirati, kreirati i utemeljivati? Sve što ne dopušta da se to pojavi bezbroj puta, hoćete li sve to uništiti i dekreirati? Right and Wrong, Good and Bad, POD and POC, All Nine, Shorts, Boys and Beyonds.

ODRICANJE OD SVOGA GLASA

Sudionik tečaja:

Na tečaju za voditelje Pravoga glasa za Vas spomenuli ste da se muškarci odriču svoga glasa.

Gary:

Da. Većina muškaraca u svijetu misli da je važno biti snažan, tih tip. Koliko ste se svoga glasa u svijetu odrekli kako biste bili snažni i tihi? Puno, malo ili megatone?

Sudionik tečaja:

Megatone.

Gary:

Right and Wrong, Good and Bad, POD and POC, All Nine, Shorts, Boys and Beyonds.

Odričete se svog glasa u odnosu na žene jer se s njima ne želite prepirati. Mislite da ako započnete prepirku, one će otići. Žene imaju čudnu karakteristiku. O svemu vole raspravljati, a da ne dođu do zaključka. Kao muškarac, vi uvijek pokušavate doći do zaključka o svemu što govorite ili radite. Za vas prepirka znači zaključak. Ženi to znači: "Samo raspravljamo o tome i ti si u krivu."

Sve što to jest bezbroj puta, hoćete li sve to uništiti i dekreirati? Right and Wrong, Good and Bad, POD and POC, All Nine, Shorts, Boys and Beyonds.

Sudionik tečaja:
Je li zaključak kad pokušamo odlučiti što poduzeti?

Gary:
Trebate shvatiti što poduzeti samo na temelju zaključka da ste prije svega u krivu. (Nije da vas u odnosu nikada nisu okrivljavali!) Ovdje se muškarci odriču svoga glasa.

Koju glupost koristite da branite ispravnost odricanja od svoga glasa što birate? Sve što to jest bezbroj puta, hoćete li sve to uništiti i dekreirati? Right and Wrong, Good and Bad, POD and POC, All Nine, Shorts, Boys and Beyonds.

Pa, gospodo, loša je vijest da nismo gotovi. Dobra je vijest da možete izlaziti i vježbati. Zapamtite, ukližite lagano. To vas čini gospodinom.

Sudionik tečaja:
Sviđa mi se to. Sad imamo definiciju što znači biti gospodin.

Dain:
   Konačno!

Sudionik tečaja:
   Divni ste, Gary. Hvala vam.

7.
Biti dobar u krevetu

Odlučio sam da je bolje da naučim sve što mogu da zadovoljim ženu kako bi ona bila zadovoljna bez obzira što ja radio.

Gary:
Bok, gospodo. Počnimo s pitanjima.

Sudionik tečaja:
Priručnik Razine 1 Access Consciousnessa kaže da je biti dobar u krevetu jedan od tri elementa dobrog odnosa. Možete li govoriti o tome? Što mislite pod time "biti dobar u krevetu"? Postoji li kriterij za ono što je dobro u krevetu?

STVARANJE GALVANSKOG PODRAŽAJA U NJEZINOM TIJELU

Gary:
Da, postoji nekoliko kriterija. Počnimo promatrajući galvanski podražaj ljudske kože. To je način na koji vaš dodir utječe na drugu osobu. Zavrnite svoj rukav, prođite dlanom centimetar i pol iznad svoje ruke i povucite energiju. Osjetit

ćete kako se dlake na vašoj ruci počinju dizati prema vašem dlanu. Ako to koristite s nekim s kim imate seks, osoba će vas vidjeti vrlo drugačijim od svojih drugih ljubavnika i bit će uzbuđenija. Galvanski podražaji koje možete kreirati u nečijem tijelu dio su onoga što vas čini dobrim u krevetu. To je i dio onoga što tijelo vašeg partnera poziva u orgazam, što vas također čini boljim u krevetu. Morate pitati: "Koliko sam vremena voljan potrošiti za seks s ovom osobom?"

IDITE POLAKO

Većinu nas su učili da brzo završimo. Naučili ste ejakulirati gledajući neke slike i lupajući svojim udom što jače možete kako biste što brže svršili, da netko ne bi pokucao na vrata, ušao i uhvatio vas na djelu. Morate prevladati to gledište. I naučiti ići polako.

UPOZNAJTE SE S DIJELOVIMA ŽENSKOG TIJELA

Nadalje, želite se upoznati s dijelovima ženskog tijela. Klitoris je najosjetljiviji dio njezinoga tijela. Ne koristite grubost na klitorisu. Koristite najlaganiji mogući leptirov dodir svog jezika kojeg možete stvoriti i pozovite taj klitoris da bude kao dlaka s vaše ruke koja želi doseći i uhvatiti vaš dlan.

Dodirujte klitoris tako lagano da to stvara trnce u ženinom tijelu, ali i svjesnost o sebi i o onom što stvara trnce. Čekajte dok klitoris ne počne izlaziti prema vama. Otvorite strane i stavite jezik u vaginu. A onda nastavite vrlo lagano dodirivati klitoris.

Ako koristite svoj jezik kao leptir na ženinom klitorisu, obično je možete dovesti do orgazma unutar pet do sedam minuta. Ako ona doživi dva ili tri orgazma prije nego što uopće uđete u nju, mislit će da ste najbolji u krevetu ikada. Stoga koristite ovu tehniku.

KAKAV BI JOJ SE DODIR SVIĐAO?

I pitajte: kakav bi se dodir ovoj osobi sviđao? Što bi kod nje stvorilo dinamični galvanski podražaj? Kad to radite, umjesto da gledate kako ga možete dignuti, pokrenuti i ubaciti, a da ne pokvarite svoju frizuru, počet ćete shvaćati kako ona funkcionira i kako bi mogla nešto raditi. Želite drugačije gledište. Želite gledati mogućnosti onoga što *bi moglo* biti – a ne ono što vi *želite* da bude ili *ne želite* da bude. To je stvarno važno.

SMANJENI LIBIDO

Sudionik tečaja:
Znate li za nešto što može pomoći muškarcima sa seksualnom disfunkcijom poput smanjenog libida ili prijevremene ejakulacije?

Gary:
Imate smanjeni libido jer niste birali imati seks s ljudima koji žele s vama imati seks. Naš mozak stvara libido, a ne naše tijelo. Što radite da stimulirate svoj mozak? Većina muškaraca misli da stimuliranje mozga znači gledanje porno filmova ili nečega što će ih uzbuditi i zbog čega će željeti imati

više seksa. Ne. Pogledajte dijelove tijela koji vas uzbuđuju. Neke žene imaju divnu liniju leđa, kao i neki muškarci. Pogledajte kako se giba ženina guza i kako funkcionira. To je ono što kod vas stimulira osjećaj mogućnosti koje se mogu pojaviti radeći s tim tijelom.

Koji vam je dio tijela najuzbudljiviji? Većina muškaraca je trenirana da vjeruje da su grudi i vagina ukupnost seksualne želje. Ja osobno u to ne vjerujem. Primijetio sam da je način na koji žena hoda odličan pokazatelj hoće li biti dobra u krevetu. Treba biti sposobna gibati tim kukovima. Treba biti sposobna gibati ih s vama u krevetu.

I usput, gospodo i vi trebate biti sposobni tako hodati. Trebate znati da možete gibati svoje kukove u svakom mogućem smjeru. Svrha dobre forme je da možete bolje jebati.

Stvarajte svoju formu da bolje jebete, a ne da dobro izgledate u ogledalu. Vi se fokusirate na to kako izgledate u ogledalu i to samo da inspirirate druge muškarce da misle da se s njima ne nadmećete – ili da misle da se nadmećete. To nije nužno vaš najbolji izbor. Primijetite kako ljudi gibaju svojim kukovima. To vjerojatno ne bi bilo istinito za homoseksualnog tipa. On bi mogao gledati kako netko jede jer je to bolji pokazatelj hoće li njega dobro jesti.

Ako imate smanjeni libido, možete koristiti nešto poput Viagre. Postoje i različite vrste prirodnih sastojaka koje Kinezi godinama koriste za stvaranje veće i dugotrajnije erekcije. Samo morate pronaći onu koja funkcionira s vašim tijelom. Pitajte svoje tijelo:

- Hoće li ti ovo biti dobro?
- Hoće li ti se ovo svidjeti?
- Kako bi ti ovo odgovaralo?

To nije: "Oh dobro, od ovoga će mi se dignuti." To nije perspektiva. Prije svega, ukrućivanje je jedna stvar; stvaranje dinamičnog kapaciteta u krevetu je potpuno drugačiji svemir. Morate pitati: Kako da kreiram stimulaciju u tijelu ove osobe? Želite doći do toga da ste tako prisutni s načinom na koji se seksate da možete osjetiti kako tijelo druge osobe osjeća ono što mu radite, dok vaše tijelo osjeti to isto i tako dobivate iz svih smjerova. To bi bila najveća stimulacija koju možete raditi za svoj libido.

Sudionik tečaja:
Postoji li proces za to, Gary?

Gary:
Koju glupost koristite da se branite za i od galvanskih podražaja, stimulativnih dodira i osnažujućih mogućnosti koje bi promijenile vaše ograničene seksualne kapacitete što birate? Sve što to jest bezbroj puta, hoćete li sve to uništiti i dekreirati? Right and Wrong, Good and Bad, POD and POC, All Nine, Shorts, Boys and Beyonds.

Sudionik tečaja:
Imam pitanje o kreiranju svoga tijela za bolje jebanje. Postoji li pitanje ili proces koji bi tome mogao pomoći?

Gary:
Koju fizičku aktualizaciju kreiranja svoga tijela kao jebačkog stroja bih mogao birati, a ne biram? Sve što ne dopušta da se to pojavi bezbroj puta, sve to uništavam i dekreiram. Right and Wrong, Good and Bad, POD and POC, All Nine, Shorts, Boys and Beyonds.

Sudionik tečaja:

Gary, kad kažete "jebački stroj", u umu mi se pojavi zec. Kao da prakticirate zečji seks.

Gary:

Jeste li se prosuđivali da prakticirate zečji seks jer ste prerano svršili?

Sudionik tečaja:

Ne zato što sam prerano svršio, već zato što sam uživao u njegovoj sirovosti.

Gary:

I tko vas je zbog toga prosuđivao?

Sudionik tečaja:

Žena i ja.

Gary:

Je li to traženje kako biste mogli koristiti galvanski podražaj za stvaranje nečeg drugačijeg? Ne. Pogledajte galvanski podražaj o kojem sam vam govorio i kako koristiti klitoris. Postoji i G-točka na gornjoj strani vaginalnog područja.

Sudionik tečaja:

Gary, možete li to objasniti? Ja ne znam što je to.

Gary:

G-točka je na gornjoj strani vaginalnog područja. Uđite sprijeda sa svojom rukom i pomičite se uokolo u malim krugovima po prednjoj strani vagine pa ćete osjetiti da se počinje pojavljivati čvrstoća. Isto se može pojaviti na stražnjoj strani vagine ako koristite istu tehniku. Sad, zašto se to pojavljuje? Zato što je dizajnirano da ide zajedno. Promislite samo o tome. Da ulazite straga sa svojim penisom – većina penisa ima nagib prema gore u odnosu na tijelo – i taj nagib ide prema gore te gađa neko mjesto u vaginalnoj šupljini koje dopušta veću stimulaciju. A vaša jaja koja lupaju po klitorisu mogu utjecati na to. Zato neke žene stvarno vole seks straga.

STIMULIRANJE NJEZINOG TIJELA

Kad sam počinjao sa seksanjem – a "seks" je značio tri dečka koja masturbiraju iza knjižnice – izvadili bismo svoje udove da vidimo tko će najbrže svršiti. Jedan je dečko imao kurac dug 30 cm i promjera oko 7 cm, drugi je imao kurac od 25 cm i promjera oko 9 cm, a ja sam imao oko 14 cm. Mislio sam da sam zasigurno retardirano dijete i da svi imaju kurčeve od 25 ili 30 cm.

Kasnije je bilo jako zanimljivo otkriti da nije tako, ali zato što sam mislio da sam uskraćen što se penisa tiče, odlučio sam da je bolje naučiti sve što mogu o tome kako ženu dovesti do vrhunca kako bi ona bila zadovoljna bez obzira što ja radio.

Učio sam o oralnom seksu, naučio sam kako dati dobar kunilingus, naučio sam o galvanskom podražaju i naučio sam o tome kako dodirivati žensko tijelo da ona vrišti da želi snošaj, a ne nešto drugo.

Počeo sam učiti kako radi klitoris i koji dio njezina tijela dirati i umjesto da samo ubacim svoj penis, išao sam polako. Provodio sam puno vremena milujući grudi, milujući pazuhe, milujući pregib na prednjoj strani laktova i dodirujući različite dijelove tijela. Ako svoje dlanove vrlo polako pomičete prema dolje iznad ženinog tijela, od njezinih grudiju prema koljenima, možete kreirati dovoljno galvanskog podražaja da se ona naježi i imat ćete sjajan seks. Morate je dovesti do toga da je voljna imati takvu stimulaciju unutar njezinoga tijela.

Većina žena nikada nije naučila imati takvu stimulaciju u svome tijelu jer seks imaju samo zato da dobiju odnos. A muškarce su učili samo da imaju seks. Nijedno nije ljubavni seks.

Koju fizičku aktualizaciju senzualnog, seksualnog, kopulacije i uzbuđenosti sam sad sposoban generirati, kreirati i utemeljivati? Sve što ne dopušta da se to pojavi bezbroj puta, hoćete li sve to uništiti i dekreirati? Right and Wrong, Good and Bad, POD and POC, All Nine, Shorts, Boys and Beyonds.

MASTURBACIJA

Što ako je svrha masturbacije stvaranje veće osjetljivosti u svom tijelu kako biste bili bolji ljubavnik?

Sudionik tečaja:
Onda bih ja trebao biti najveći ljubavnik na planetu!

Gary:
Da, ali jeste li to radili u tu svrhu – ili ste to radili da svršite?

Sudionik tečaja:
Ah, radio sam to da svršim.

Gary:
Kad je jedini razlog masturbiranja svršavanje, pokušavate rasipati seksualnu energiju koja je dio života i življenja.

Sudionik tečaja:
Pri masturbaciji, koja je vrijednost, ako postoji, maštanja o seksu i kopulaciji s raznim ženama koje mi dođu u život? Godinama sam u svojim mislima i u svojoj ruci imao seks sa ženama i onda sam osjetio da je čin završen.

Gary:
I jest. To je jedan od razloga zašto to radite. Ne postavljate pitanje: žele li te žene seks sa mnom? A ako žele, pitajte: što bi im mogao dati za najveći užitak?

Ako ćete imalo maštati, mislite na ono što biste radili da njezino tijelo dovedete do više razine vitalnosti jer to bi trebala biti svrha seksa. Zato ne biste trebali masturbirati zbog završetka; želite doći do točke kad vam je tijelo stimulirano i osjećate kako ulazi više energije. Kad se to dogodi, prestanite. Radite nešto drugo. To će učiniti sljedeće: broj jedan, u vašem će tijelu početi stvarati vrijednost seksualnog uzbuđenja i broj dva, stvarat će vam više libida. Pogledajte masturbaciju iz gledišta: što ovdje stvaram? Zašto ovo radim?

Ako masturbirate samo zato da svršite, nećete postići osjećaj veće energije koji se može pojaviti iz kopulacije. Svrha kopulacije trebala bi biti da vas stimulira na življenje, a ne stvaranje male smrti. Mala smrt je ono kako

Francuzi nazivaju ejakulaciju. Stoga nastavite gledati u: što pokušavam postići ovime što radim?

Većina ljudi masturbira na način da svoj penis učini neosjetljivim, umjesto da ga učini osjetljivijim. Znam osobu koja je uzela dva Rockharda, što je stimulans za penis. Rekao je: "Sve što sam trebao napraviti je okrznuti svoj penis o nešto i dobio bih erekciju." To je razina osjetljivosti koju većina muškaraca ne može podnijeti i većina žena ne želi znati da to imate. Drugi je prijatelj spomenuo da je uzeo Rockhard dok je nosio široke hlače bez donjeg rublja i hlače su se samo trljale oko njegovoga tijela. Rekao je: "Morao sam stati nasred ulice i misliti o mrtvim zečevima jer se nisam mogao riješiti erekcije." Postoje različiti načini kako da se učinite osjetljivijim. Pitajte: kako se mogu učiniti osjetljivijim kako bih bio spreman u svako doba?

Pokušajte stimulirati svoje bradavice i ostatak svoga tijela pomičući svoje prste prema dolje i radeći galvanski podražaj sve dok ne dobijete erekciju. Kad sljedeći put budete imali seks sa ženom bit ćete puno bolji ljubavnik jer ćete biti puno osjetljiviji i puno svjesniji. Imat ćete i voljnost primanja koja trenutno nije u vašem repertoaru. Većina muškaraca ne zna kako primiti felacio i većina žena ne zna kako ga dati. Sad, zašto je tako?

PRIMANJE

Sudionik tečaja:
Radi se o primanju, zar ne?

Gary:
Da. Nikada se niste učili primanju; učili ste se kako svršiti. Ako život provedete masturbirajući zbog svršavanja, ne povećavate svoj kapacitet primanja, što također ograničava količinu novca koju možete u svom životu imati. Morate svoje tijelo ponovno učiniti osjetljivijim jer ste to većinom prekinuli. U većini sportova sudarate se s drugim muškarcima. Je li to ono što zovete osjetljivost?

To zapravo eliminira osjetljivost. Pitajte: kako da svoje tijelo učinim osjetljivijim kako bi njegovi galvanski podražaji stvarali galvanski podražaj kod drugih?

Galvanski podražaj je sustav koje vaše tijelo ima, a možda ga ne koristite. Vaše tijelo u sebi ima automatske sustave. Posvuda u tijelu imate somatski odgovor. Način na koji vaše tijelo na nešto odgovara dio je informacije koje bi vaše tijelo trebalo dobiti. U svome tijelu imate elemente koji vam dopuštaju da "odgovorite" na različite načine. U sebi i svome tijelu možete stvoriti mjesto gdje su vaša osjetljivost i osjećaj primanja ekstremniji. Na primjer, većini muškaraca nikada nisu dodirivali anus. To im je jedan od najosjetljivijih dijelova tijela, ali neće mariti da ga dodiruju. Brišu ga toaletnim papirom i dalje od toga neće ići.

Naučite koliko vam svaki dio tijela može biti osjetljiv. Nećete postati homoseksualni. Ne znači da će žena staviti pojas i jebati vas u guzicu, iako bi i to moglo biti zabavno. Prepoznajte da postoji drugačija mogućnost u načinu na koji vaše tijelo prima. Kako bi bilo da imate više toga i manje onoga što trenutno imate? Je li ono što trenutno imate dovoljno? Je li ono što imate ono što želite?

Ljudi rijetko stvarno shvate da postoji drugačiji izbor. Većina ljudi ima ideju "moram raditi ovo" ili "moram raditi ono" ili "ovo je jedini način" ili "ovako treba biti". Što ako ništa od toga nije zapravo stvarno?

STVARANJE MOLEKULARNE VIBRACIJE IZMEĐU VAS I ŽENE

Sudionik tečaja:
Kažete da žene obično imaju seks kako bi dobile odnos, a muškarci imaju odnos kako bi imali seks. Umjesto da me ova realnost veže, kako mogu imati drugačiju mogućnost? Na primjer, kako da imam seks bez odnosa? Upoznao sam popriličan broj ljudi koji su jebački majstori, ali izgleda da ne razumijem zašto ili kako oni mogu biti jebački majstori. Izgleda kao da im je to tako prirodno. Kako je to moguće?

Gary:
Koju glupost koristite da se potpuno branite kako ne biste bili jebački majstor koji biste mogli biti što birate? Sve što to jest bezbroj puta, hoćete li sve to uništiti i dekreirati? Right and Wrong, Good and Bad, POD and POC, All Nine, Shorts, Boys and Beyonds.

Biti jebački majstor nije ni dobro ni loše. Morate postaviti pitanja: želi li ova žena stvarno imati seks sa mnom ili želi nešto drugo? Vrlo često žene koje s vama žele seks od vas žele nešto više od samog seksa, ali vi to ne želite znati. Mislite: "Dobro, mogu je poseksati" i prekinete svoju svjesnost kako biste osigurali seksanje.

Kad postanete stvarno dobri u kunilingusu, kad postanete stvarno dobri u korištenju svojih prstiju u ženskom tijelu i dovedete je do orgazma četiri ili pet puta prije nego svršite u njoj, žena će vas htjeti posjećivati opet i opet i opet.

Tako počinjete stvarati sebe kao vrijedan proizvod. Morate postati vrijedan proizvod čineći svoje tijelo dovoljno osjetljivim da možete osjetiti što osjeća njezino tijelo i da vaše tijelo osjeća što osjeća njezino tijelo. Radite galvanski podražaj kako biste došli do toga da stvarate zajedništvo između molekularnih struktura vaših tijela. Pitajte: kako da kreiramo molekularnu vibraciju među nama kao nešto veće od onoga što možemo imati sami?

Sudionik tečaja:
To opisujete u *Mjestu*, zar ne?

Gary:
Da. To opisujem u *Mjestu*. Pokušavam da to ljudi prepoznaju: postoji to mjesto. Jesam li ga osobno imao? Da. Bio sam sposoban to postići s par različitih žena.

Nije da sam bio jebački majstor. Svoj sam srebrni jezik koristio na više od jednog načina kako bih dobio što sam htio. Za cimere sam imao zgodne frajere koji su iskorištavali žene. Našli bi djevojku koja bi im dosadila nakon što bi s njom tri puta imali seks.

Pitao bih: "Što je dosadno u načinu na koji se ona seksa?"

PRIČAJTE S NJOM

Moji bi cimeri rekli: "Uh, samo sam umoran što s njom moram pričati." Shvatio sam da ako ste voljni s nekim razgovarati, doći ćete dalje nego ako niste. Pa sam počeo s tim djevojkama razgovarati i završio s njima u krevetu. Smiješno je što su mi sve rekle da sam bolji od svojih cimera jer mi nije bilo bitno samo da ga zabodem. Rekle su da su uživale u seksu sa mnom. Morate pitati: što će joj biti ugodno? Možete pitati ženu: "Što ti je najugodnije?"

Bio sam malo drugačiji. Kad sam bio mlad, moje je gledište bilo da moram naučiti sve što mogu jer nisam bio prikladno obdaren pa sam pokušavao odgonetnuti što su drugi ljudi radili. Pitao bih žene s kojima sam bio: "Bila si s tim tipom. Što je on radio, a ja nisam?" ili "Što je on radio, a bilo je sjajno?" Žene su bile iznenađene što pitam i oduševljene što mogu ispričati. Morate biti voljni pitati: "Što je najbolje što je itko ikada seksualno s tobom napravio?" Otkrijte što je to i onda pitajte: "Možeš li me naučiti kako da to napravim?" Pogodite što? Ako ih pitate da vas nauče, počet će vam doprinositi. Tako ih pridobivate u svoj tim. "Nauči me kako da učinim ono najbolje što si ikada imala. Nauči me kako da to učinim. Jesam li to dovoljno dobro učinio ili postoji nešto što mogu poboljšati?" Pitajte i tijelo osobe: "Što mogu drugačije učiniti što bi ovo poboljšalo?"

LJUDI SE POVEZUJU KAO TIJELA

Još je nešto kod čina svoga tijela osjetljivijim. Prepoznajte da se ljudi ne povezuju kao bića; povezuju se kao tijela. Ako ne prepoznate da se ljudi povezuju kao tijela umjesto kao bića, vaše vam ponašanje neće imati smisla. Skloni smo gledati u osobu s kojom smo ili s kojom bismo htjeli biti, na temelju onoga gdje je njezino tijelo i gdje je u vremenu. Zato kad netko umre ili kad, primjerice, izgubite ljubimca, tako vam nedostaje. Nedostaje vam da ga možete dodirnuti. Kad se od drugoga osjećate odvojeni, više ne osjećate da je vaše tijelo povezano s njegovim tijelom.

Kad prođete kroz velike promjene koje vam stvara Access Consciousness, često ćete imati osjećaj odvojenosti. Tada pitajte: jesmo li se moje tijelo i ja tako promijenili da nas sustavi drugih ljudi više ne mogu pronaći?

Pod sustavima mislim na ono što ljudi traže da bi imali osjećaj povezanosti s vašim tijelom. Žele znati gdje je vaše tijelo u prostoru i gdje ste vi u odnosu na njega. To nije nužno najlakši ili najbolji izbor, no tako se to ovdje radi. Kako prolazite kroz te promjene, vaš se odnos s novcem također mijenja – jer novac je za vas, biće ili je novac za tijelo? Za tijelo.

"MOJA SI"

Sudionik tečaja:

Otišao sam na radionicu gdje su muškarci i žene radili u parovima i žena je trebala pitati muškarca za dodir koji želi. Moja me partnerica pitala: "Možeš li me dodirivati kao da sam tvoja?" Htjela je da je dodirujem kao da je posjedujem ili kao da je moja žena.

Gary:

Što vam je žena govorila? Da voli muškarce? Da ne voli muškarce? Ili da želi posjedovati jednog?

Sudionik tečaja:

Željela je posjedovati jednog.

Gary:

Da. Ono što ljudi govore naznaka je onoga što jest. Jeste li je mogli zadovoljiti?

Sudionik tečaja:

Zapravo jesam i to mi je proširilo svemir jer prije nisam bio voljan ići u tu energiju. Prosuđivao sam da je energija "moja si" loša.

Gary:

Postoji razlika između "moja si" i "posjedujem te".

Sudionik tečaja:

Energija je bila "moja si". To je bila energija koju je htjela doživjeti.

Gary:

To morate biti voljni pogledati:
+ Kako da zauvijek posjedujem ovu ženu?
+ Što mogu napraviti da ona bude tako seksualno ushićena da se ne može zamisliti bez mene?

ŠTO OVA OSOBA ŽELI? / ŠTO JA ŽELIM?

Sudionik tečaja:

Dain je govorio kako se mi humanoidni muškarci ponekad volimo maziti i biti romantični. Možete li reći nešto više o tome? To je bilo izvan mog svemira. Uvijek ulazim u seks ili u odnos.

Gary:

To nije i/ili. Morate vidjeti što osoba s kojom jeste želi. I pitati: hoće li biti lako? Hoće li biti zabavno? Hoću li nešto naučiti? Naučio sam da su mnoge žene samo htjele maženje, a ne seks, kako bih mogao otići kući. Morate pogledati:

- Što ja želim?
- Po što sam došao?
- Zašto sam ovdje?
- Zašto želim snošaj s ovom osobom?
- Što je to što uistinu želim?
- Što je to što uistinu zahtijevam?
- Gdje s ovim želim ići?

Većina nas muškaraca nikada ne postavlja ova pitanja. Osobno sam shvatio: "Imam sva ta gledišta o tome kakav trebam biti kao muškarac na temelju onoga što su mi žene rekle da bih trebao biti, a ne na temelju onoga što će meni zapravo odgovarati. Oh! Trebam pogledati što stvarno želim, a ne pokušavati shvatiti što je to prema ženinim željama." Većina muškaraca pokušava shvatiti što će biti dobro za ženu i ignorira ono što će njima biti dobro.

Koju glupost koristite da se potpuno branite da ne budete muškarac koji uistinu jeste, što birate? Sve što to jest bezbroj puta, hoćete li sve to uništiti i dekreirati? Right and Wrong, Good and Bad, POD and POC, All Nine, Shorts, Boys and Beyonds.

Mogli biste raditi:

Koju fizičku aktualizaciju potpuno drugačije seksualne realnosti iznad ove realnosti sam sad sposoban generirati, kreirati i utemeljivati?

Pokušavao sam vas izvući iz mjesta gdje ženu činite autoritetom, razlogom i opravdanjem za sve. Kada to prestanete raditi, počinjete imati izbor da budete svoji, da imate sebe i da se vidite vrijednim.

Volio bih također i da dođete do toga da, umjesto da birate bilo koga za seks, počnete tražiti tko bi s vama imao seks, a bio bi vam zapravo zabavan.

Dakle "oh, ona će sa mnom imati seks" ne znači "uzimam je". Umjesto toga pitajte:

- Hoće li mi ovo biti zabavno?
- Hoću li u ovom uživati?
- Hoće li mi to uvećati život?
- Hoće li sve ono što ja želim zbog ovoga postati vrjednije, fenomenalnije?

Vidite li kako su ta pitanja drugačija od "Hoće li ona zapravo imati seks sa mnom?". Kad vidite ženu i kažete "Kladim se da je ona ta", to je zaključak. To nije pitanje. Pitanje je:

- Je li ona to što ja tražim?
- Hoće li ovo biti to što ja želim da bude?

Koliko se vas miri s onim što možete dobiti, umjesto da znate točno što želite i niste voljni pristati na manje?

Sve što to jest bezbroj puta, hoćete li sve to uništiti i dekreirati? Right and Wrong, Good and Bad, POD and POC, All Nine, Shorts, Boys and Beyonds.

Koju obavezu odbijate dati sebi, a kad biste to učinili dobili biste onakav seks i odnos kakav biste uistinu htjeli imati? Koju glupost koristite da se branite za i od seksa i odnosa što birate? Sve što to jest bezbroj puta, hoćete li sve to uništiti i dekreirati? Right and Wrong, Good and Bad, POD and POC, All Nine, Shorts, Boys and Beyonds.

Dečki, ne obavezujete se sebi. Obavezujete se svojim ženama. Zašto vam je važnije obavezati se ženi nego obavezati se sebi?

PRIGOVARANJE

Sudionik tečaja:
Zato da bude zadovoljna kako mi ne bi prigovarala.

Gary:
Drugim riječima, očekujete da vam ona prigovara. Od žene očekujete da vam prigovara. Evo problema s tim: pokušavate izbjeći prigovaranje pa uvijek birate žene koje će vam prigovarati. To se odnosi na svih vas.

Sudionik tečaja:
Možemo li to sad izbrisati, molim?

Gary:
Sve što to jest bezbroj puta, hoćete li sve to uništiti i dekreirati? Right and Wrong, Good and Bad, POD and POC, All Nine, Shorts, Boys and Beyonds.

Sudionik tečaja:
To je smiješno jer u mom odnosu je prigovaranje jedino na što reagiram. Nije me briga ni za što drugo, ali kad mi ona prigovara, stvarno se razljutim.

Gary:

Ali uvijek radite sve što možete kako biste stvorili njezino prigovaranje.

Sudionik tečaja:

Što još uvijek branim ili od čega se još uvijek branim sa svojom partnericom?

Gary:

Branite li da ona bude zanovijetalo kako biste mogli izabrati ostaviti je, dok se branite od nje kao zanovijetala kako biste je mogli voljeti?

Sudionik tečaja:

To je zastrašujuće.

Gary:

Ona je zapravo savršeni odnos za vas. Ona je djevojka koja će vam prigovarati i prigovarati i prigovarati sve dok ne napravite ono što ona želi, što znači da možete biti ljuti što vas je natjerala na ono što ona želi, ali će vam barem prigovarati.

Dopustite da vas pitam drugo pitanje. Jeste li "prigovaranje" definirali kao ljubav?

Sudionik tečaja:

Očito.

Gary:

Sve što ste učinili da prigovaranje definirate kao ljubav i svi vi dečki koji ste gledali svoje majke kako prigovaraju vašim očevima jer ste znali da kad je žena ljuta na muškarca i prigovara mu, to je istinska ljubav, hoćete li sve to uništiti i dekreirati? Right and Wrong, Good and Bad, POD and POC, All Nine, Shorts, Boys and Beyonds.

Sudionik tečaja:

To je sjajno. Koliko su ljubav i mržnja u osnovi isti? To su različite strane istog novčića. Počeo sam mijenjati dosta toga. Više ne reagiram na svoju partnericu kad mi prigovara. Dopuštam joj to i biram za sebe nešto drugačije, ali za nju je to kao da nestajem iz njezinog svemira zato što ne reagiram.

Gary:

Da, znam. Ona je prigovaranje definirala kao čin ljubavi.

Sudionik tečaja:

Što ovdje mogu drugačije raditi? Ne znam što raditi ili gdje ići. Gary:

Pa, što stvarno od nje želite?

Sudionik tečaja:

To je dobro pitanje.

Gary:

Ni ne znate što želite. Postavit ću vam pitanje. Što želite sa ženom? To. Koja se energija pojavila kad sam postavio pitanje?

Sudionik tečaja:

Dobio sam "netko tko mi nije na putu".

Gary:

Znači želite ženu koja vam nije na putu. Je li to vaša partnerica?

Sudionik tečaja:
(smijeh) Da.

Gary:
Sve što to jest bezbroj puta, hoćete li sve to uništiti i dekreirati? Right and Wrong, Good and Bad, POD and POC, All Nine, Shorts, Boys and Beyonds.
Pa što želite sa ženom? To.

Sudionik tečaja:
Nekoga tko se opire ili stvara otpor kako bih imao razlog za borbu.

Gary:
Super.
Sve što to jest bezbroj puta, hoćete li sve to uništiti i dekreirati? Right and Wrong, Good and Bad, POD and POC, All Nine, Shorts, Boys and Beyonds.

Sudionik tečaja:
Hvala Gary. Ovo stvarno pomaže. Prije nego što ste postavili pitanje, nisam bio svjestan da tražim nekoga tko stvara neki otpor ili borbu. Mislio sam da radim nešto drugačije.

Gary:
Sve što to jest bezbroj puta, hoćete li sve to uništiti i dekreirati? Right and Wrong, Good and Bad, POD and POC, All Nine, Shorts, Boys and Beyonds.
Gospodo, htio bih da svi pokrećete ovaj proces od sada pa do sljedećeg susreta.

Koju glupost koristim da kreiram (ime posljednjeg odnosa kojega ste imali ili osobe s kojom ste trenutno) što biram?

Dakle, ovako: Koju glupost koristim da kreiram (ime osobe) što biram? Sve što to jest bezbroj puta, hoćete li sve to uništiti i dekreirati? Right and Wrong, Good and Bad, POD and POC, All Nine, Shorts, Boys and Beyonds.

Radite to s osobom s kojom ste sad ili s posljednjom osobom s kojom ste bili. Svaku ženu s kojom ste ikada u svom životu bili izabrali ste jer je odgovarala nekoj vibraciji. Ako u svom životu uistinu želite kreirati promjenu, morate pronaći tu vibraciju. Dobro, gospodo. Čujemo se na sljedećem pozivu. Čuvajte se, prijatelji moji. Bok.

Sudionici tečaja:
Puno vam hvala!

8.
Što je gospodin?

Gospodin je bez zaključka i zato što ne prosuđuje,
otvara vrata mogućnostima za svaku osobu koju dodirne.

Gary:
   Bok, gospodo. Ima li tko pitanje?

BITI GOSPODIN

Sudionik tečaja:
   Kad pomislim na riječ *gospodin*, osjećam težinu. Osjećam da je biti gospodin ograničenje. Da bi bio gospodin, postoji nešto što bi trebalo raditi i nešto što ne bi trebalo. Koja je vaša definicija *gospodina*?

Gary:
   Prije svega, gospodin je onaj tko je voljan prepoznati što žena treba i to isporučiti. Sve što to ne dopušta bezbroj puta, hoćete li sve to uništiti i dekrcirati? Right and Wrong, Good and Bad, POD and POC, All Nine, Shorts, Boys and Beyonds.

Sudionik tečaja:
Postoji li dodatak toj definiciji?

Gary:
Ako ste voljni biti gospodin, voljni ste vidjeti što žena od vas traži. Gospodin ne zauzima samo muškarčevo gledište. Voljan je vidjeti i ženino gledište. Voljan je vidjeti što može učiniti što će kreirati drugačiju mogućnost. Ako niste voljni vidjeti što ste sposobni stvarati kao drugačiju mogućnost, jeste li uistinu sposobni kreirati ono što biste htjeli kreirati?

Na primjer, mogu biti gospodin i ženi otvoriti vrata kad ulazi u auto. Kada to radim, ona kaže: "Pravi si gospodin." Iz njezinoga gledišta to znači ono što vi tražite jer za stvaranje odnosa ili seksa s nekime, morate biti ono što je druga osoba voljna imati. Ako ste voljni biti gospodin, žene vas gledaju iz drugačijega gledišta. Je li to gledište prosudba ili ne? To je gledište bez prosudbe. Zato je ovdje gospodin operativno stanje.

Sve što to jest bezbroj puta, hoćete li sve to uništiti i dekreirati? Right and Wrong, Good and Bad, POD and POC, All Nine, Shorts, Boys and Beyonds.

Ako imate naboj biti gospodin, to znači da u jako puno života niste bili gospodin.

Gdje god "niste bili gospodin" i gdje god ste se prosuđivali zato što niste gospodin i gdje god ste se pokušavali pretvarati da zapravo ne marite biti gospodin, hoćete li sve to uništiti i dekreirati? Right and Wrong, Good and Bad, POD and POC, All Nine, Shorts, Boys and Beyonds.

Sudionik tečaja:

Možete li govoriti o tome što znači biti gospodin izvan odnosa sa ženom?

Gary:

Ako ste gospodin, shvaćate vrijednost svake osobe s kojom jeste. Gospodin nikoga ne prosuđuje. Samo ima svjesnost o tome što bi moglo biti moguće za svaku osobu oko njega. Što ako biste bili voljni imati svjesnost o svemu što je moguće, umjesto da prosuđujete što biste trebali ili ne trebali raditi?

Recimo da ste gospodin i izašli ste sa homoseksualnim muškarcem koji vam je prijatelj. Koketirate li s njim ili ne?

Sudionik tečaja:

Koketiram s njim.

Gary:

Da, jer to on od vas zahtijeva i želi. Znači li to da ćete nešto napraviti?

Sudionik tečaja:

Ne.

Gary:

Ne. To znači da ćete mu dati ono što on od vas želi. Morate biti voljni vidjeti što ljudi od vas žele. Ako niste voljni biti gospodin, niste voljni vidjeti što ljudi od vas žele. Gospodin uvijek zna što se od njega zahtijeva i želi i isporučuje što god izabere.

Sudionik tečaja:

Kako to radite, a da se ne razvedete od sebe – jer ja to radim?

Gary:

Pa vani ste s homoseksualnim prijateljem i koketirate s njim. Imate li s njim seks?

Sudionik tečaja:

Vjerojatno ne. Ali bih mogao. Tko zna, zapravo?

Gary:

Dobro. Uvijek ste otvoreni mogućnosti onoga što bi se moglo pojaviti, umjesto da zaključujete i prosuđujete što se može ili ne može pojaviti.

Sudionik tečaja:

Koja je razlika između gospodina i drolje?

Gary:

Gospodin je vrlo dobra drolja jer nema prosudbe o onome što radi ili što radi netko drugi. Gospodin ne zaključuje ni ne prosuđuje. Ako tražite suprotnost gospodinu, potražite seksista. To je blisko suprotnosti gospodinu.

Seksist je onaj tko je odlučio što je ispravno. Odlučio je da tako treba biti i da to trebate raditi. Biti gospodin znači da tražite mogućnosti, ne tražite zaključke i ne tražite prosudbu.

Sudionik tečaja:

Oho. Ovdje dobivam priznanje ili prepoznavanje.

Gary:
　　To je voljnost da budete nešto što drugi ljudi nisu voljni biti.

Sudionik tečaja:
　　Oho.

Gary:
　　Imam sedamdeset godina i žene od trideset mi govore da bi radije bile sa mnom nego s Dainom jer znaju da ih ja ne bi povrijedio, a Dain bi. Je li to stvarno istina?

Sudionik tečaja:
　　Ne.

Gary:
　　Ne, nekoga možete povrijediti samo ako mu ne date ono što želi. Vjerojatnije je da će im Dain dati ono što one misle da žele nego ja. Misle da će Dain biti princ šarmer kojeg su mislile da traže. Znaju da sam ja prestar da budem princ šarmer pa što mogu biti? Starac koji se elegantno brine o njima kako i zaslužuju.

GOSPODIN BIRA MOGUĆNOST NAD PROSUDBOM

　　Ljudi uvijek biraju prosudbu nad mogućnošću. I kao istinski gospodin, uvijek ćete birati mogućnost nad prosudbom, što poziva ljude ka većim mogućnostima. Prije dosta godina išao sam na večeru sa ženom i njezinim ocem koji je imao 88 godina. Bio je gospodin stare škole.

Elegantno se obukao i izgledao je elegantno. S nama na večeri bila je i žena u svojim pedesetim, potpuno orijentirana na njega. Zašto? Zato što je nije prosuđivao, samo je nudio mogućnost onoga što bi se moglo pojaviti.

Gospodin je bez zaključka i zato što ne prosuđuje, otvara vrata mogućnostima za svaku osobu koju dodirne.

Sve što je to podiglo svakome od vas, hoćete li sve to uništiti i dekreirati? Right and Wrong, Good and Bad, POD and POC, All Nine, Shorts, Boys and Beyonds.

Sudionik tečaja:

Često sam čuo kako žene kažu: "Sean Connery je takav gospodin."

Pitao bih: "Jeste li ga sreli?"

Žene bi rekle: "Ne, ali izgleda kao gospodin."

A ja bih pitao: "A ja ne?"

PITAJTE JE DA ZAKORAČI U VEĆU MOGUĆNOST

Gary:

Sean Connery je voljan biti elegantan kako bi stvorio mjesto u kojem će ljudi birati više elegancije. Ako ste gospodin, od svih ćete uvijek tražiti da postanu više onoga što mogu biti, ne manje. Koliko ste puta sa ženom imali seks i od nje tražili da postane manja nego što jest? Puno, malo ili megatone? Ako ženu pitate da vam se preda, pitate li je da bude sva svoja ili manje svoja?

Sudionik tečaja:
Manje svoja.

Gary:
Da. Kao gospodin, uvijek je pitajte da zakorači u veću mogućnost i ako to radite, mogućnost će se pojaviti. Zakoračit će u veću seksualnu energiju nego što ste ikada imali. Većina vas od žene traži da vam se preda, što nije traženje da bude više svoja. Ne pitate je da zakorači u veću mogućnost od one što je ikada znala da je moguće. Što ako biste pitali ženu s kojom imate seks da zakorači u nešto što nije ni znala da je moguće?

Sve što to jest bezbroj puta, hoćete li sve to uništiti i dekreirati? Right and Wrong, Good and Bad, POD and POC, All Nine, Shorts, Boys and Beyonds.

Sudionik tečaja:
Kako bi izgledalo da to pitamo ženu?

Gary:
Bilo bi: "Hej, mogu li ovo napraviti za tebe?" Prije dosta godina pitao bih žene: "Što je netko za tebe napravio što nitko drugi nikada nije, a da to za tebe netko napravi, dobila bi više nego što si ikada mislila da je moguće?" Uvijek sam htio znati što su drugi dečki radili, a ja nisam. Sad, zašto bih to radio?

Sudionik tečaja:
Da otkrijete što ona voli?

Gary:

Da! Da otkrijem što voli, što je usrećuje i zbog čega joj tijelo pjeva. Ako pitate što je neki drugi muškarac za nju napravio, a nitko drugi nije, dobit ćete energiju toga. Kad ste voljni isporučiti tu energiju, onda ste gospodin koji je voljan dati joj sve što je ikada željela, sve što je ikada htjela i sve što je ikada mislila da je sjajno.

Sve što vam ne dopušta da to percipirate, znate, budete i primate, hoćete li sve to uništiti i dekreirati? Right and Wrong, Good and Bad, POD and POC, All Nine, Shorts, Boys and Beyonds.

Sudionik tečaja:

Nisam sjeban kao što sam mislio da jesam.

Gary:

Jeste li to vi, gospodine Jebački Majstor?

Sudionik tečaja:

Da. Onaj koji se odmah predaje ženi.

Gary:

Jeste li me ikada čuli da kažem da niste sjebani kao što ste mislili da jeste?

Sudionik tečaja:

Da. Čuo sam to par puta.

Gary:

Da, ali mi nikada niste vjerovali, zar ne?

Sudionik tečaja:
Ja sam to čuo barem 2.000 puta.

Gary:
Kad vas sljedeći put vidim, morate mi dati euro kao potvrdu da nisam bio u krivu.
Ono za što ste sposobni i ono što radite dvije su različite stvari. Što ako ne bi bile dvije različite stvari? Pokušavate li vidjeti kako ste u krivu – ili kako ste u pravu?

Sudionik tečaja:
Kako sam u krivu.

Gary:
Koju kreaciju seksa i kopulacije koristite da vrednujete realnosti drugih ljudi i poništavate svoju realnost što birate? Sve što to jest bezbroj puta, hoćete li sve to uništiti i dekreirati? Right and Wrong, Good and Bad, POD and POC, All Nine, Shorts, Boys and Beyonds.

Sudionik tečaja:
Da, ja skačem u realnost drugih ljudi.

Gary:
Želite li znati da to radite?

Sudionik tečaja:
Da.

Gary:
Ne, ne želite. Uvijek pokušavate shvatiti kako to ne radite, umjesto da vidite kako to radite. Morate biti sposobni vidjeti što netko od vas zahtijeva i želi.

Na primjer, kad mislite da s nekim želite imati seks, prekidate li svoju svjesnost kako biste imali seks?

Sudionik tečaja:
Često, da.

Gary:
Ne često. Cijelo jebeno vrijeme!

Koju glupost koristite da kreirate obranu za i od kopulacije koju drugi biraju za vas, što birate? Sve što to jest bezbroj puta, hoćete li sve to uništiti i dekreirati? Right and Wrong, Good and Bad, POD and POC, All Nine, Shorts, Boys and Beyonds.

MORATE STVARATI IZ SVOJE REALNOSTI

Sudionik tečaja:
Gary, ovo je nevjerojatan tečaj. Prošle sam noći imao fenomenalan seks. Imam želju imati više seksa s određenom osobom i ovo istraživati više. Je li moguće imati pogodbu i isporuku sa ženom o tome kako imati više bez stvaranja odnosa?

Gary:
Hvala Bogu da ste konačno to doživjeli. Seksualna energija je generativni kapacitet života i življenja i orgazmična

kvaliteta života i življenja koju većina nas nije bila voljna ili sposobna imati. Shvaćate li svi ovo?

Je li moguće sa ženom imati više bez stvaranja odnosa? Vjerojatno ne. Želite li vjerovati da je moguće? Apsolutno. Jeste li potpuno u zabludi? Da, vi ste muškarac. Morate shvatiti da žene traže drugačije stvari od muškaraca. Žene nisu u istom svemiru kao vi. Često ne razumiju što tražite ili što vas zanima.

U životu postoji drugačija mogućnost kako to kreirati. Morate kreirati iz svoje realnosti. Počnite s procesom:

Koja energija, prostor i svijest mogu biti što će mi dopustiti da kreiram realnost za koju znam da je moguća, što uistinu mogu biti? Sve što ne dopušta da se to pojavi bezbroj puta, hoćete li sve to uništiti i dekreirati? Right and Wrong, Good and Bad, POD and POC, All Nine, Shorts, Boys and Beyonds.

Evo novog procesa kojeg sam upravo smislio, mislim da je prikladan za ovo:

Koju kreaciju seksa i kopulacije koristite da podredite, oslobodite i riješite izbor i svjesnost koju imate u korist realnosti drugih što birate? Sve što to jest bezbroj puta, hoćete li sve to uništiti i dekreirati? Right and Wrong, Good and Bad, POD and POC, All Nine, Shorts, Boys and Beyonds.

Vi stalno birate ono što će odgovarati ženi. To je jedna od stvari koju rade muškarci. Uvijek pokušavaju birati ono što će odgovarati ženi. Postoji li razlog za to? Da. Usklađivani ste i trenirani vjerovati da je žena najvredniji proizvod na planetu, a ne vi.

Sve što to jest bezbroj puta, hoćete li sve to uništiti i dekreirati? Right and Wrong, Good and Bad, POD and POC, All Nine, Shorts, Boys and Beyonds.

Koju kreaciju seksa i kopulacije koristite da podredite, oslobodite i riješite izbor i svjesnost koju imate u korist realnosti drugih što birate? Sve što to jest bezbroj puta, hoćete li sve to uništiti i dekreirati? Right and Wrong, Good and Bad, POD and POC, All Nine, Shorts, Boys and Beyonds.

Stalno pretpostavljate da morate odustati od svoje realnosti u korist tuđe. Ne radi se čak ni o odustajanju od svoje realnosti. Vi nemate gledište. Vi ste muškarac. Nemate gledišta, osim ako vam je penis krut i pokazuje smjer. Jedna stvar koju volim kod muškaraca je to što su potpuno neosjetljivi za tuđu svjesnost dok im penis pokazuje smjer. Penisno traženje je smjer kojega znate slijediti.

Nije li vam zanimljivo da uvijek pokušavate zadovoljiti i vrednovati nekog drugog prije nego što ćete uopće pokušati vidjeti svoju vrijednost?

Sudionik tečaja:
Da.

Gary:
Ima li to smisla?

Sudionik tečaja:
Pa ne, nema smisla.

Gary:
To je besmisleni svemir iz kojega pokušavate stvarati. Ne funkcionira.

ŠTO ŽELITE KREIRATI?

Sudionik tečaja:
Kad ste na posljednjem susretu govorili o seksu, rekli ste da postanemo vrlo dobri u kunilingusu i upotrebi svojih prstiju. Rekli ste da ćemo tako imati žene koje će htjeti doći opet i opet te ćemo tako stvarati mjesto u kojem postajemo vrijedan proizvod. Zvuči mi kao da govorite da nismo vrijedni proizvodi i da nešto moramo raditi kako bismo postali vrijedni proizvodi.

Gary:
Da, u njihovim očima.

Sudionik tečaja:
Nije li to postojanje umjesto bivanja? Rekli ste da smo *bivanje* mi, beskonačno biće koje jesmo, a *postojanje* nešto što radimo kako bismo dokazali da jesmo.

Gary:
Morate pogledati što pokušavate stvarati, a ne ono što mislite da treba biti. Možete imati svakakva divna gledišta o tome što bi trebalo biti, a nije. Morate gledati što *jest* – a ne što biste *htjeli da bude*.

Sudionik tečaja:
Možete li, molim vas, to pojasniti? Zvuči kao da govorite da muškarci trebaju ženino priznanje da postanu vrijedan proizvod.

Gary:
Kako biste u ženinom svijetu postali vrijedan proizvod, ženu morate zadovoljiti na način da ona cijeni seks kojega vi volite više nego ona.

Sudionik tečaja:
Ne čini li to ženu vrjednijom?

Gary:
Da. Što je tu krivo?

ZAŠTO SE POŽUDA SMATRA POGREŠNOM?

Sudionik tečaja:
Prošlog je mjeseca ženska prijateljica objavila našu sliku na Facebook na kojoj je sva sređena i našminkana. Izgledala je divno i mnogi su muškarci komentirali njezinu sliku. Hvalili su je, a neki su je pokušavali pozvati na spoj. Kad sam to vidio, primijetio sam da se osjećam pomalo ljutito. Što ovdje propuštam?

Gary:
Jeste li osjećali ljutnju ili zavist? Morate si pojasniti razliku. Meni se čini da ste osjećali zavist jer ste htjeli da se za vama žudi kao i za njom. Koliko vas odbija da se za vama žudi jer mislite da vas to umanjuje?

Sve što to jest bezbroj puta, hoćete li sve to uništiti i dekreirati? Right and Wrong, Good and Bad, POD and POC, All Nine, Shorts, Boys and Beyonds.

Sudionik tečaja:

Nekoliko dana kasnije imao sam svjesnost da je svojim izgledom i pojavom pokušavala kontrolirati suprotni spol. A ljutnja je bila upravo zato što ja to nisam bio voljan raditi.

Gary:

Mislite da se ljutite samo zato što sami nešto radite ili ne radite?

Sve što ste učinili da si učinite stvarnim i istinitim da ne možete biti požudna osoba koja uistinu jeste, hoćete li sve to uništiti i dekreirati? Right and Wrong, Good and Bad, POD and POC, All Nine, Shorts, Boys and Beyonds.

Koje odbijanje požude koristite da poništavate biće koje biste mogli birati? Sve što to jest bezbroj puta, hoćete li sve to uništiti i dekreirati? Right and Wrong, Good and Bad, POD and POC, All Nine, Shorts, Boys and Beyonds.

Sudionik tečaja:

Nisam bio voljan koristiti prednost svog izgleda. Većinu vremena izgledam normalno, a ponekad izgledam i prilično neuredno.

Gary:

Rekao bih, dragi moj prijatelju, da biraš biti neuredan koliko god možeš jer ne želiš da ljudi za tobom žude. Zašto se požuda smatra pogrešnom? Ne razumijem to.

Koju kreaciju požude koristite da poništavate sebe i da poništavate druge što birate? Sve što to jest bezbroj puta, hoćete li sve to uništiti i dekreirati? Right and Wrong, Good and Bad, POD and POC, All Nine, Shorts, Boys and Beyonds.

Koju kreaciju požude koristite da poništavate svoju realnost i da poništavate realnost drugih ljudi što birate? Sve što to jest bezbroj puta, hoćete li sve to uništiti i dekreirati? Right and Wrong, Good and Bad, POD and POC, All Nine, Shorts, Boys and Beyonds.

Sudionik tečaja:

Ovo me zbunjuje. Govore li da žudimo za ljudima kako bi sebe učinili manje vrijednim?

Gary:

Ponekad. Stvar je u tome da niste voljni vidjeti vrijednost požude.

Sudionik tečaja:

Pa koja je vrijednost požude?

Gary:

Vrijednost požude je kad izađete iz prosudbe i kažete: "Ovo ću učiniti bez obzira na to kako izgleda. Bez obzira na ono što je potrebno. Bez obzira na ono što se pojavi." Požuda nije pogrešnost. Požuda je kada ne možete prevladati svoju nevoljnost da budete ograničeni. Svaki put ćete izabrati požudu nad ograničenjem. Umjesto da to vidite kao prednost i mogućnost, vi vidite kao pogrešnost. Zašto? Zato što su vam uvijek govorili da je požuda pogrešna. Je li stvarno pogrešna – ili je to samo mjesto gdje sjedite?

Kad netko s vama želi seks, kažete li: "Oho, ova osoba sa mnom želi seks. Nije li to super?" Ili idete u zaključak: "Kako ću to napraviti i kad ću to napraviti?" Morate biti voljni pogledati: "Iz kojeg razloga ova osoba sa mnom želi seks?"

Sudionik tečaja:
To bi za mene bila promjena.

Gary:
Mnogi bi ljudi s vama odabrali imati seks zato što a) muškarac ste, b) seksualni ste, c) zapravo volite žene i d) znate kako napraviti prilično dobar kunilingus, ali samo prilično dobar, ne dobar.

Dečki, morate naučiti kako raditi bolji kunilingus, usput, ako to niste znali.

Koju glupost koristite da kreirate obranu za i od seksa koji netko drugi s vama želi imati što birate? Sve što to jest bezbroj puta, hoćete li sve to uništiti i dekreirati? Right and Wrong, Good and Bad, POD and POC, All Nine, Shorts, Boys and Beyonds.

Sudionik tečaja:
Prošli me tjedan ispitivala žena koja je sa mnom htjela otići na spoj. Počela se braniti da ne želi otići u krevet na prvom spoju. Pa sam je samo pitao: "Glumiš li da te je teško osvojiti ili što?"

Upitala me: "Da, ali tko bi ti bio ili što bi radio da do toga dođeš?"

Odgovorio sam: "Uh, bio bih svoj."

Rekla je: "Ah, imaš prilično samopouzdanja, točno?"

Pa sam onda rekao: "Nisi mi više na listi. Odjebi."

Gary:
U koju je svrhu dizajnirana ženka neke vrste? Da ima djecu ili da nema djece?

Sudionik tečaja:
Da ima djecu.

Gary:
Da pa koga će birati? Muškarca koji je dobar rasplodni materijal. Pogledat će nekog muškarca i reći: "On je dobar rasplodni materijal; prema tome, imat ću s njime seks." Pogledat će drugog muškarca i reći: "Mogao bi imati fizički nedostatak. On nije dobar izbor." Pogledat će nekog trećeg i reći: On je bolestan. Ne želim ga." ili "On ima ovisnost pa nije najbolji rasplodni materijal." Sve se svodi na to koga može odabrati kao najbolji rasplodni materijal.

Je li vam žena ikada rekla "Mogli bismo imati tako divnu djecu zajedno"?

Sudionik tečaja:
Ne tako puno, zapravo. Kod mene je to obično obrnuto.

Gary:
Vi ste taj koji to govori, zar ne? Ali time vas ona hrani da joj to kažete kako biste to izabrali napraviti.

Tko ima drugo pitanje?

BITI ZLOBAN PREMA DRUGIM MUŠKARCIMA

Sudionik tečaja:

Jednom sam se naljutio na drugog tipa i rekao mu: "Tijelo ima četiri živčana sustava – središnji živčani sustav, simpatički živčani sustav, apatični živčani sustav i posljednji koji je kod tebe najaktivniji." Dovraga. Naljutio se i bilo je zabavno. Je li to način na koji muškarci funkcioniraju?

Gary:

Ne. Htjeli ste s njim imati seks i jedini način da to izbjegnete bio je da mu kažete nešto zlobno. Muškarci jedni drugima rade zlobne stvari zato što s njima žele seks.

Sve što o tome niste voljni percipirati, znati, biti i primati, hoćete li sve to uništiti i dekreirati? Right and Wrong, Good and Bad, POD and POC, All Nine, Shorts, Boys and Beyonds.

Kad god ste prema drugom muškarcu zlobni, pitajte: "Biram li ovo jer se s ovim tipom želim seksati?" U ovoj realnosti nije prihvatljivo imati seks s drugim muškarcem, zar ne? Ne. Ne ako ste heteroseksualni. Pa zašto morate biti heteroseksualni?

Sudionik tečaja:

To je norma. Za uklapanje.

Gary:

Sve što ste učinili da vam to bude realnost, umjesto da imate izbor, hoćete li sve to uništiti i dekreirati? Right and Wrong, Good and Bad, POD and POC, All Nine, Shorts, Boys and Beyonds.

Usput, ne pokušavam vas nagovoriti da imate seks s muškarcem. Molim vas, znajte to. Homoseksualan tip se ne ljuti na muškarce. On s njima postaje seksualan. Vi se, dečki, ljutite na muškarce.

Pogledajte unatrag na sve situacije gdje ste se ljutili na muškarce, a zapravo ste s njima htjeli imati seks.

Hoćete li uništiti i dekreirati sve što vam ne dopušta da percipirate, znate, budete i primite da biste imali drugačiji odgovor da ste bili voljni imati seks? Right and Wrong, Good and Bad, POD and POC, All Nine, Shorts, Boys and Beyonds.

Ne zalažem se da imate seks s muškarcima. Pokušavam vam dati slobodu da pogledate ono što zapravo jest kako biste znali gdje su vam izbori. Činjenica da biste bili voljni s muškarcem imati seks znači da biste bili voljni u svome životu imati nekoga tko je voljan s vama imati seks.

Sudionik tečaja:
Nije li to veliki dio primanja drugih muškaraca? Ne dio o kopulaciji, već primanje?

Gary:
Da. Morate primiti kad vas drugi muškarci vide seksualnim, kao i kad sebe vidite seksualnim. Ne trebate zbog toga imati seks s muškarcem. Trebate imati svjesnost da ste tako seksualni da u svima oko sebe stvarate želju za seksom.

Sve što to jest bezbroj puta, hoćete li sve to uništiti i dekreirati? Right and Wrong, Good and Bad, POD and POC, All Nine, Shorts, Boys and Beyonds.

POKUŠAJ KRAĐE ŽENE DRUGOG MUŠKARCA

Sudionik tečaja:
Rekli ste da humanoidni muškarci ne pokušavaju ukrasti ženu drugog muškarca.

Gary:
Da.

Sudionik tečaja:
O sebi mislim kao o humanoidu pa ipak vidim da sam to napravio nekoliko puta. Što je to?

Gary:
Jeste li stvarno pokušali ukrasti njihove žene ili su njihove žene htjele svoje muškarce učiniti ljubomornima?

Sudionik tečaja:
To.

Gary:
Kad ste svjesni, često na stvari gledate iz gledišta "Što bi ova osoba željela?" Kako bi bilo da ste voljni vidjeti što bi bilo moguće sa svakom osobom, umjesto da pokušavate isporučiti ono što osoba od vas želi?

Sudionik tečaja:
I birati ono što meni odgovara.

Gary:
Da, stvar je u tome da ste tako psihički svjesni i kad idete ukrasti tuđu ženu, to je zato što žena želi muškarca učiniti

ljubomornim. Dain je jedne noći bio sa ženom i ja sam mislio: "Tako sam ljubomoran. Ne mogu vjerovati da ima seks s tom ženom." Rekao sam: "Što? Čekaj malo! Pod najboljim uvjetima to ne bi moglo biti moje gledište. Što je to?"

Shvatio sam da je to njezina misao. Ona je htjela ljubomoru u nečijem svemiru. Sljedećeg sam jutra upitao Daina: "Što je sinoć bilo? Što se događalo?" Rekao je: "Pa, ostala je preko noći jer je previše popila da vozi kući, ali nazvala je dečka da kaže: "Ne brini, ništa neću napraviti" i onda nije bila voljna spavati sa mnom. Spavala je na podu. Uopće ne razumijem tu ženu. Rekla je da sa mnom želi seks, a onda nije htjela."

Pitao sam: "Misliš li da je možda tražila način da svog dečka učini ljubomornim odlazeći s tobom pijana kako ne bi mogla voziti kući?"

Dain je rekao: "Da!"

Primijetivši to, shvatio sam da je ljubomora koju sam osvijestio bila ono čega Dain nije htio biti svjestan. Žena je svoga dečka pokušavala učiniti ljubomornim. Pretvarala se da će s Dainom otići u njegovu sobu kako bi s njim spavala, no to je radila kako bi joj dečko bio ljubomoran i rastopio se. Ako niste voljni vidjeti kako ljudi funkcioniraju, uvijek ćete biti pod utjecajem njihovog ludila.

Sve što ste učinili da se stavite pod utjecaj ljudskog ludila, umjesto da imate svjesnost o tome kad su ludi, hoćete li sve to uništiti i dekreirati? Right and Wrong, Good and Bad, POD and POC, All Nine, Shorts, Boys and Beyonds.

Oduvijek znam to sranje. Zašto to drugi ne znaju?

Sudionik tečaja:
Zato što ste čudni.

Gary:
> Da, znam. Zato što sam čudan.

OPOREZIVANJE

> Je li itko od vas nekad imao seks i onda ste se osjećali da morate za osobu nešto napraviti kako bi sve bilo u redu?

Sudionik tečaja:
> Da.

Gary:
> To je oblik oporezivanja. To je oporezivanje – nije izbor, nije mogućnost i nije kreiranje i generiranje. Jeste li ikada nekome pružili oralni seks i mislili da druga osoba vama treba pružiti isto?

Sudionik tečaja:
> Da.

Gary:
> Ili obrnuto?

Sudionik tečaja:
> Je li i to oporezivanje?

Gary:
> Da. "Postoji porez koji moram platiti za ono što sam dobio." Oporezivanje su svi oni dijelovi i komadići onoga što trebate platiti, bez obzira što se dogodilo. Zvuči li to kao zabava?

Sudionik tečaja:
    Ne. Otpuštam to.

Gary:
    Super. Dobro, sljedeće pitanje.

SEKSUALNA REALNOST IZNAD OVE REALNOSTI

Sudionik tečaja:
    Tijekom ovih poziva primijetio sam da su muškarci generalno skloni pitati: "Kako da dobijem bolji seks i više seksa?" Jesmo li stvarno zato ovdje?

Gary:
    Pa, nismo zato ovdje, ali to je jedan dio onoga što je ovdje dobro.

Sudionik tečaja:
    Iz moga gledišta, moja dama je vrlo seksi i obožavam je, ali zasigurno postoji više nego da samo smočim kurac. Iz vašega gledišta, što je iznad ovoga, a nismo još uzeli u obzir? Što je potrebno da to imamo?

Gary:
    Koju fizičku aktualizaciju seksualne realnosti potpuno iznad ove realnosti ste sad voljni generirati, kreirati i utemeljivati? Sve što to jest bezbroj puta, hoćete li sve to uništiti i dekreirati? Right and Wrong, Good and Bad, POD and POC, All Nine, Shorts, Boys and Beyonds.

SVE JE PROSUDBA PRIMANJA

Sudionik tečaja:
Na ovim se pozivima puno govorilo o ženama i seksu. Govorimo li o tome zato što je to tako međusobno povezano sa svim dijelovima naših života i to je način da...

Gary:
Nažalost, puno smo vremena proveli pokušavajući odrediti trebamo li ili ne trebamo imati seks, je li prikladno imati seks ili nije prikladno imati seks, hoćemo li dobiti više ako imamo seks ili nećemo imati više ako nemamo seks. Je li išta od toga prosudba ili je sve to prosudba?

Sudionik tečaja:
Sve je prosudba i je li to također u uzajamnoj vezi sa svim prosudbama koje imamo u svim ostalim područjima i dijelovima naših života?

Gary:
Sve je to prosudba primanja. Sjetite se, seks je primanje.

Sudionik tečaja:
Znam, znam.

Gary:
Recimo da ćete imati seks sa ženom. Što ste od nje voljni primiti? Bilo što ili ništa? Ništa.

Sudionik tečaja:
Pojavilo se *ništa*.

Gary:

I zato s njom pokušavate imati seks kako biste joj dali sve što kod sebe ne volite.

Sve što to jest bezbroj puta, hoćete li sve to uništiti i dekreirati? Right and Wrong, Good and Bad, POD and POC, All Nine, Shorts, Boys and Beyonds.

Sudionik tečaja:

Može li se nešto reći o suprotnoj situaciji kad imate više za dati nego što druga osoba može primiti?

Gary:

I dalje računate što možete dati, a ne što možete primiti. Da ste voljni vidjeti nekoga tko bi mogao primiti sve ono što vi jeste, biste li time bili zarobljeni?

Sudionik tečaja:

Dobio sam *da* za to.

Gary:

To je problem. Kada dobijete nekoga tko može primiti sve što vi jeste, mislite da ćete nekako biti zarobljeni. Je li to istina ili je to laž ili je to ludilo koje pokušavate učiniti stvarnim što zapravo nije?

Sudionik tečaja:

Ah, sranje!

Gary:

Sve što to jest bezbroj puta, hoćete li sve to uništiti i dekreirati? Right and Wrong, Good and Bad, POD and POC, All Nine, Shorts, Boys and Beyonds.

Više vas zanima odustajanje od izbora.

Koju kreaciju života, življenja i kopulacije koristite da postanete rob antisvijesti i nesvijesti što birate? Sve što to jest bezbroj puta, hoćete li sve to uništiti i dekreirati? Right and Wrong, Good and Bad, POD and POC, All Nine, Shorts, Boys and Beyonds.

Molim vas shvatite da je većina vas porobila sebe ovoj realnosti. Niste bili voljni pogledati koje izbore imate. Više vas zanima koje izbore nemate. Nije vam to najbolji izbor.

Sudionik tečaja:

Viđam se s divnom ženom i ovoga puta je stvarno drugačije. Vrlo je lagano. Seks je sjajan, kao i način na koji se s njom povezujem. To je samo prostor. Što je to? Da li ja nju ne primam?

Gary:

Ne, to je zapravo primanje.

Sudionik tečaja:

Tako je drugačije da gotovo ne znam što da radim s tim. Uopće na to nisam naviknut.

Gary:

Da, nikada niste izabrali ženu koja bi od vas zapravo primala, zar ne?

Sudionik tečaja:

Ne, nisam.

Gary:

I jeste li ikad izabrali ženu kojoj je zapravo stalo za vas?

Sudionik tečaja:
    Ne.

Gary:
    Zašto? Zašto biste izabrali ženu kojoj nije stalo do vas? Je li to zato da vi zapravo ne morate brinuti o njoj?

Sudionik tečaja:
    Da.

Gary:
    Sve što ste učinili da birate žene o kojima ne morate brinuti, hoćete li sve to uništiti i dekreirati? Right and Wrong, Good and Bad, POD and POC, All Nine, Shorts, Boys and Beyonds. Srećom, samo vi to radite.

Sudionik tečaja:
    Da, baš.

Gary:
    Zašto birate ženu o kojoj ne morate brinuti kako biste birali nekoga do koga vam je stalo?

Sudionik tečaja:
    To je stvarno dobro pitanje. Zato da se kontroliram kako ne bih bio veći?

Gary:
    Da kontrolirate sebe? Ili time osiguravate da nikada nećete birati biti svoja veličanstvenost?

Sudionik tečaja:
    Ovo drugo.

Gary:

Sve što to jest bezbroj puta, hoćete li sve to uništiti i dekreirati? Right and Wrong, Good and Bad, POD and POC, All Nine, Shorts, Boys and Beyonds.

Sudionik tečaja:

Hvala, Gary. Ovi mi pozivi drmaju svijet. Tako sam zahvalan na tome.

Gary:

Baš mi je drago. Čak i ako samo šestorica ili osmorica vas počne birati više, vi dečki možete promijeniti svijet i ja bih stvarno volio vidjeti što bi se ovdje dogodilo da su seks i odnosi drugačiji.

Sudionik tečaja:

Idemo promijeniti svijet!

KAKVU BUDUĆNOST ONA POKUŠAVA STVARATI?

Gary:

Da. Izvorno je ženin posao bio da bude voljna i sposobna stvarati budućnost jer su je žene voljnije vidjeti od većine muškaraca. To ne znači da su bolje. Samo znači da su voljnije.

Sudionik tečaja:

Je li to i zato što će žene puno prije ići osvajati svijet, a muškarci će radije ostati na istome mjestu?

Gary:

Većina humanoidnih muškaraca radije ima udoban život i stvara gnijezdo za svoju djecu nego što ide osvajati svijet.

Žene žele stvarati budućnost. Lakrdija učinjena ženama je to što ih se uvjerilo da je njihova želja za budućnost vezana uz djecu, a zapravo nije tako. Ono što rade nije zbog djece. Rade ono što rade kako bi stvarale drugačiju mogućnost.

Sve što to jest bezbroj puta, hoćete li sve to uništiti i dekreirati? Right and Wrong, Good and Bad, POD and POC, All Nine, Shorts, Boys and Beyonds.

Kad ste sa ženom, dečki, morate pogledati "Kakvu budućnost ona ovdje pokušava stvarati?" Ako pokušava stvarati budućnost kao imanje djece, znači da prihvaća ovu realnost.

Želite li živjeti po toj realnosti? Ako shvatite da pokušava stvarati djecu, hoćete li s njom imati isti odnos kao što biste imali da nije tako?

Sudionik tečaja:
Ne.

Gary:

Ako počnete gledati na to kakvu budućnost ona pokušava stvarati, nećete više prihvaćati svoju pogrešnost. Kad je žena voljna stvarati budućnost koja uključuje vas, to vašu pogrešnost neće činiti stvarnijom od izbora koje donosite.

Što biste vi kreirali da znate koju budućnost ona pokušava kreirati? Ako ona pokušava kreirati veću budućnost nego što ste vi voljni imati, možete li biti s njom?

Sudionik tečaja:

Dobio sam *ne* za to.

Gary:

Da. To je ne. Morate biti voljni stvarati budućnost koju je ona voljna imati. Koliko veliku budućnost je ona voljna imati? Ako ste to voljni znati, s njom možete stvarati bilo što. Možete stvarati odnos. Recimo da imate ženu koja želi ići osvojiti svijet, a vi ste savršeno sretni ostati kući ne radeći puno. Da je tako, bi li ta žena mogla ostati s vama?

Sudionik tečaja:

Ne.

Sudionik tečaja:

Da je tako, što onda?

Gary:

Onda trebate pitati: "Možemo li kreirati išta dobroga?"

Sudionik tečaja:

Da.

Gary:

Jedini način na koji možete kreirati odnos je ako možete uskladiti njezinu želju za budućnost i svoj kapacitet da tamo odete. Ako pogledate odnose koji vam u prošlosti nisu odgovarali, je li žena imala želju za budućnost koju vi niste imali?

Sudionik tečaja:

Da.

Gary:

Zato ti odnosi nisu funkcionirali.

Sve što to jest bezbroj puta, hoćete li sve to uništiti i dekreirati? Right and Wrong, Good and Bad, POD and POC, All Nine, Shorts, Boys and Beyonds.

Sudionik tečaja:

To objašnjava zašto sam odlazio ili se izvlačio ili birao da ženu više ne viđam. Zato što sam bio svjestan budućnosti. Bio sam je svjestan, ali nevoljan vidjeti pa sam se zbog toga okrivljavao.

Gary:

Ako žena ima budućnost u kojoj vi trebate biti sljedbenik, hoćete li u tome biti dobri?

Sudionik tečaja:

Ne.

Gary:

Ne. Vi niste sljedbenik. Jeste li voljni biti vođa?

Sudionik tečaja:

Da, jesam.

Gary:

Ili pokušavate izbjegavati vođu koji biste mogli biti?

Sudionik tečaja:

Da, izbjegavam.

Gary:

Sve što to jest bezbroj puta, hoćete li sve to uništiti i dekreirati? Right and Wrong, Good and Bad, POD and POC, All Nine, Shorts, Boys and Beyonds.

Molim vas znajte da vas ne pokušavam okrivljavati. Želim da vidite što vam u životu nije funkcioniralo kako biste kreirali nešto veće. Vrlo mi je stvarno da svi vi imate sposobnost stvaranja nečega za što drugi ljudi nemaju sposobnost stvaranja, ali vi se tako upetljavate sa ženama u svom životu. Neprestano mislite da će one izabrati nešto što će sve učiniti puno lakšim. Je li to stvarno moguće?

Sudionik tečaja:
Ne.

PRESTANITE BITI ZAUSTAVLJIVI

Sudionik tečaja:
Danas sam kontaktirao svog oca. Trinaest godina nisam s njim razgovarao.

Gary:
Čega ste bili svjesni vezano uz njega, a toga niste htjeli biti svjesni pa s njim niste razgovarali?

Sudionik tečaja:
Nedostajao sam mu.

Gary:
To je lijepo, ali to nije ono čega ste bili svjesni.

Sudionik tečaja:
> Mislim da je on također bolestan.

Gary:
> Niste toga bili svjesni. Je li vaš otac bio seksualan kao i vi? Ili je bio seksualniji?

Sudionik tečaja:
> Seksualniji.

Gary:
> Je li se to vašoj majci sviđalo ili je to mrzila?

Sudionik tečaja:
> Mrzila je to.

Gary:
> Je li se vama to sviđalo ili ste to mrzili?

Sudionik tečaja:
> Sviđalo mi se.

Gary:
> Pa jeste li htjeli odrasti i biti poput svog oca, ali ste se tome opirali?

Sudionik tečaja:
> Da.

Gary:
> Sve što to jest bezbroj puta, hoćete li sve to uništiti i dekreirati? Right and Wrong, Good and Bad, POD and POC, All Nine, Shorts, Boys and Beyonds.

Sudionik tečaja:

To visi u zraku otkad sam se rodio, moja me majka nije odobravala, a njega je odbijala.

Gary:

Jeste li bili voljni ublažiti svoju seksualnu energiju kako biste se uskladili s majčinim potrebama?

Sudionik tečaja:

Apsolutno.

Gary:

Koliko ste svoje seksualne energije ublažili kako biste se uskladili s potrebama drugih ljudi? Puno, malo ili megatone?

Sudionik tečaja:

Ovo posljednje.

Gary:

Sve što to jest bezbroj puta, hoćete li sve to uništiti i dekreirati? Right and Wrong, Good and Bad, POD and POC, All Nine, Shorts, Boys and Beyonds.

Koliko vas je ublažilo svoju seksualnu energiju kako bi odgovarala nečemu što je prihvatljivo vašim majkama ili neprihvatljivo vašim očevima ili preslično vašim očevima da bi bilo prihvatljivo vašim majkama? Sve što to jest bezbroj puta, hoćete li sve to uništiti i dekreirati? Right and Wrong, Good and Bad, POD and POC, All Nine, Shorts, Boys and Beyonds.

Samo zato što ste mogli biti seksualni poput svoga oca ili seksualni poput svoje majke ili seksualni kao oni kad su zajedno – to je to. Niste voljni biti seksualni kao što su oni zajedno bili jer pretpostavljate da je to ono što vas je stvorilo. Žao mi je. To nije ono što vas je stvorilo. Tresnuli ste ih zajedno kako biste napravili tijelo koje ste htjeli. To nije stvorilo vas, biće. Vi, biće, već ste postojali.

Sve što to jest bezbroj puta, hoćete li sve to uništiti i dekreirati? Right and Wrong, Good and Bad, POD and POC, All Nine, Shorts, Boys and Beyonds.

Opirete se svoj seksualnoj energiji u vlastitom životu kako ne biste bili seksualni kako što su vaš otac i vaša majka zajedno bili da ne kreirate nekoga poput sebe. To je super i naravno, ne zahtijeva od vas nikakvo prosuđivanje, zar ne?

Sudionik tečaja:
O, moj Bože.

Gary:
Sve što to jest bezbroj puta, hoćete li sve to uništiti i dekreirati? Right and Wrong, Good and Bad, POD and POC, All Nine, Shorts, Boys and Beyonds.

Dečki, nevjerojatno je da možete hodati, pričati i žvakati žvakaću gumu, a kamoli imati erekciju.

Sudionik tečaja:
To objašnjava i zašto tražim druge stvari za prosuđivanje, popravljanje ili pročešljavanje.

Gary:
Zašto ne shvaćate da ste sjajni? Zašto vam je vidjeti sebe sjajnim neodrživo, nedokučivo i neprikladno?

Koliko ste sebe učinili neprihvatljivim jer su smatrali da biste bili seksualni kao vaš otac i majka zajedno, što ste vi u njima kreirali kako biste stvorili svoje tijelo? Niste li voljni stvoriti nekoga sjajnog poput vas i dati mu tijelo isto kao što ste vi dobili? To bi bilo da.

Sve što to jest bezbroj puta, hoćete li sve to uništiti i dekreirati? Right and Wrong, Good and Bad, POD and POC, All Nine, Shorts, Boys and Beyonds.

Sudionik tečaja:
To bi poništilo sve ostale.

Gary:
Bi li to poništilo sve ostale ili bi inspiriralo sve ostale?

Sudionik tečaja:
Da, inspiriralo bi.

Gary:
Koliko vas dinamično odbija inspirirati druge kako biste isparili do nepostojanja? Sve što to jest bezbroj puta, hoćete li sve to uništiti i dekreirati? Right and Wrong, Good and Bad, POD and POC, All Nine, Shorts, Boys and Beyonds.

Sudionik tečaja:
Tu postavljamo sve one izume i standarde i sve čega se možemo dosjetiti kako bismo se ubacili u kutiju.

Gary:
Pa, je li išta od toga zapravo vaše?

Sudionik tečaja:
Ne.

Gary:

Koju kreaciju svoje seksualnosti odbijate, a uistinu biste mogli birati i birajući to kreirali biste sebi potpuno drugačiji svemir? Sve što to jest bezbroj puta, hoćete li sve to uništiti i dekreirati? Right and Wrong, Good and Bad, POD and POC, All Nine, Shorts, Boys and Beyonds.

Sudionik tečaja:
Oh, dobri Bože. Zezate me?

Gary:

Koju kreaciju svoje seksualnosti odbijate, a da ne odbijate, to bi vam zapravo dopustilo da budete sve što jeste? Sve što to jest bezbroj puta, hoćete li sve to uništiti i dekreirati? Right and Wrong, Good and Bad, POD and POC, All Nine, Shorts, Boys and Beyonds.

Vi se, dečki, jako trudite da odbijate vlastitu seksualnu energiju.

Koju svoju seksualnu energiju odbijate kako biste kreirali ograničenja što birate? Sve što to jest bezbroj puta, hoćete li sve to uništiti i dekreirati? Right and Wrong, Good and Bad, POD and POC, All Nine, Shorts, Boys and Beyonds.

Sudionik tečaja:
Uvijek sam odbijao svoju seksualnu energiju.

Gary:

Zašto? Zato što je nitko nije mogao primiti? Ili zato što ako biste to bili, morali biste biti nešto za što niste mislili da ste sposobni?

Sudionik tečaja:
Oh, sranje.

Sudionik tečaja:
Kad slušam što govorite, pojavljuje mi se riječ nedokučivo. Nedokučivo je zakoračiti u toliko puno seksualne energije.

Gary:
Mislite li iskoračiti da ne budete zaustavljivi?

Sudionik tečaja:
Da.

Gary:
Sve što to jest bezbroj puta, hoćete li sve to uništiti i dekreirati? Right and Wrong, Good and Bad, POD and POC, All Nine, Shorts, Boys and Beyonds.

Sudionik tečaja:
Došao sam do toga da moje tijelo nije htjelo da to učinim. Dobio sam osip.

Gary:
Vaše tijelo stvarno nije htjelo da to učinite? Ili ste znali da bi vam se tijelo trebalo promijeniti da ste to voljni učiniti? I je li vaše tijelo znalo da se mora promijeniti ako ćete to biti voljni izabrati?

Sudionik tečaja:
Da.

Gary:

Sve što to jest bezbroj puta, hoćete li sve to uništiti i dekreirati? Right and Wrong, Good and Bad, POD and POC, All Nine, Shorts, Boys and Beyonds.

Govorio sam vam: "Dobro, ovo je upozorenje. Ako nastavite ovim putem, puno ćete se više promijeniti."

Sudionik tečaja:

To je zanimljivo jer osip se uvijek pojavljivao kad sam se spremao birati nešto drugo. Onda bih se okrivljavao. Rekao bih si: "Što krivo radim? Vjerojatno radim nešto krivo."

Gary:

Pa volite li se okrivljavati?

Sudionik tečaja:

Pa, dobar sam u tome.

Gary:

Ako to radite, odgovor je da. I očito si uništavate život.

Sudionik tečaja:

Da. Znam to. Svaki put kad odem u pogrešnost, to definitivno ništa ne stvara.

Gary:

To je zato što stvarno ne želite ništa stvarati, točno?

Sudionik tečaja:

Bilo mi je zanimljivo biti sam kući, dok je moja partnerica bila odsutna na par tjedana. Prepoznao sam energiju destrukcije kad se pojavila.

ENERGIJA OGRANIČENJA

Gary:
Je li to stvarno energija destrukcije ili energija ograničenja?

Sudionik tečaja:
Točno. To.

Gary:
Zašto vam je ograničenje važnije od mogućnosti?

Sudionik tečaja:
Pa...

Gary:
Biste li trebali ići iznad granica onoga što ste odlučili da je realnost koju ste voljni imati?

Sudionik tečaja:
Da.

Gary:
Jeste li voljni to raditi?

Sudionik tečaja:
Dobivam *ne*.

Gary:
Zašto ne biste bili voljni ići iznad ograničenja onoga što ste voljni imati? Jeste li voljni živjeti unutar trenutno poznatih ograničenja? Ili ste voljni ići iznad onoga s čim ta energija može živjeti?

Sudionik tečaja:
    Voljan sam ići iznad.

Gary:
    To je zahtjev koji morate postaviti sebi: dobro, što god trebalo, ići ću iznad svakog ograničenja ovdje. Neću svoj život živjeti iz ovog ograničenog gledišta. Ne odgovara mi. I bez obzira kome odgovara, meni ne odgovara.

Sudionik tečaja:
    Da.

Gary:
    Što ako nikad ne biste marili što odgovara nekom drugom? Što ako biste uvijek gledali što *vama* odgovara?

Sudionik tečaja:
    Da. Sviđa mi se to.

Gary:
    Koliko ste u životu radili ono što odgovara ženi jer je to lakše nego ono što vama odgovara?

Sudionik tečaja:
    Sve.

Gary:
    Tako ste bili muškarac umjesto gospodin.

Sudionik tečaja:
    Točno.

Sudionik tečaja:

Gary, što mislite o sljedećem procesu kojeg sam kreirao? Može li se ikako unaprijediti? Je li učinkovit po vašoj svjesnosti?

Koja energija, prostor i svijest moje tijelo i ja možemo biti da primamo seksualne, njegujuće ženske energije koje su mi vibracijski kompatibilne?

Gary:

Pa, rekao bih da je u njemu samo jedno ograničenje.

Koja energija, prostor i svijest moje tijelo i ja možemo biti da primamo seksualnu, njegujuću energiju koja je u potpunosti vibracijski kompatibilna za mene i moje tijelo?

Možda vam nisu samo ženske energije seksualno njegujuće. Što ako postoje i muške energije koje vam dinamično doprinose? Biste li bili voljni to primati? Postoje neki muškarci koji vam svojim prijateljstvom mogu dati više od žena. Ako govorite o ženskoj energiji, definirate ograničenje onoga što ste voljni imati kao realnost. I postoji li zapravo *ženska* energija? Ili postoji energija ljudi koji su izabrali žensko tijelo? To je jedina razlika koju bih napravio u tom procesu.

Sudionik tečaja:

Hvala na ovim razgovorima, Gary. Sjajni su.

Sudionik tečaja:

Hvala, hvala, hvala.

Gary:
> Hvala vam, gospodo, što sudjelujete u ovim razgovorima. Nadam se da bi donekle mogli promijeniti budućnost kako bi muškarci i žene imali više slobode.

Sudionik tečaja:
> Hvala Vam, Gary. Divni ste.

Gary:
> Hvala što ste takvi sjajni muškarci.

9.
Što zapravo u odnosu želite?

Ako imate odnos, on bi trebao biti nešto što dodaje vašem životu i čini ga većim i boljim i zabavnijim. Ako odnos to ne radi, zašto ste u njemu?

Gary:
Bok, gospodo. Počnimo s pitanjem.

SAVRŠENSTVO ŽENA

Sudionik tečaja:
Na posljednjem ste susretu rekli da je gospodin voljan prepoznati što žena želi i zahtijeva i voljan je to isporučiti. Pitao sam se u čemu je vrijednost toga? Ne čini mi se da je to imalo dobro za muškarca. Moja bivša djevojka koristila je to gospodstvo protiv mene. Rekla bi nešto poput: "Trebao bi raditi ovo – ili nisi gospodin." i iz njezinoga je gledišta bilo pogrešno ako niste gospodin.

Gary:

Ne. Iz vašega je gledišta to bilo pogrešno pa ste bili voljni da ona kaže "moraš to napraviti" i vi ste napravili. Žene će vas koristiti kako bi dobile ono što žele.

Ako žena kaže: "Ako si gospodin, napravit ćeš to." to znači da vas želi kontrolirati. Želite li da vas se kontrolira? Da, donekle, ali ne u potpunosti. Nedavno smo smislili novi proces koji je prokleto dobar. Pokrenut ću ga na svima vama.

Koju bastardizaciju savršenstva žena koristite da kreirate prosudbe, ograničenja i pozive demonima, sirenama i zračnim duhovima anti-svijesti i nesvijesti što birate? Sve što to jest bezbroj puta, hoćete li sve to uništiti i dekreirati? Right and Wrong, Good and Bad, POD and POC, All Nine, Shorts, Boys and Beyonds.

Postoji savršenstvo žena, ali to nije ono što mi mislimo da ih čini savršenima. Ono što ženu čini boljom od muškarca je činjenica da ona ne mora doći do zaključka. Ništa ne mora popravljati. Bira više od muškarca. Dio savršenstva žene je da može promijeniti mišljenje – i muškarac to mora prihvatiti. Morate biti sposobni to vidjeti ili ćete inače biti nesretni.

Kad ženu činite savršenom, pozivate demone, sirene i zračne duhove. *Sirene* su žene koje će pozvati muškarca u smrt. *Zračni duhovi* su utvare koje se pojavljuju i nestaju iz života, ali zapravo ne postaju njegov dio. Zaključavamo se u nesvjesnost o tome što će žena od nas zahtijevati i željeti, a onda pokušavamo kontrolirati želje i zahtjeve koje kaže da ima. Želje i zahtjevi *koje kaže da ima* i oni koje *zapravo ima* dvije su različite stvari.

Koju bastardizaciju savršenstva žena koristite da kreirate prosudbe, ograničenja i pozive demonima, sirenama i zračnim duhovima anti-svijesti i nesvijesti što birate?

Sve što to jest bezbroj puta, hoćete li sve to uništiti i dekreirati? Right and Wrong, Good and Bad, POD and POC, All Nine, Shorts, Boys and Beyonds.

Dobro, nastavimo sa sljedećim pitanjem.

Sudionik tečaja:
Kao gospodin, kako se nosite s prezahtjevnim kujama?

Gary:
Zovite ih prezahtjevne kuje! Žena koja je uistinu žena borit će se za stvaranje budućnosti koja nije postojala na planetu Zemlji. To će raditi prava žena. Neće vas pokušavati natjerati da ispunjavate sve njezine želje, sve njezine nade i sve njezine zahtjeve. Prihvatili ste previše romantičnih komedija i ženskih filmova koje ste morali gledati. Kao gospodin, kako se nosite s prezahtjevnim kujama? Zovite ih prezahtjevne kuje.

PORNOGRAFIJA

Sudionik tečaja:
Možete li napraviti koji proces za pornografiju? Iako znam da to nije stvarno i da sve što rade nije njegujuće za naša tijela, mene pornografija uzbuđuje više nego stvarni svijet.

Gary:

Da i zašto to ne iznenađuje? Ako funkcionirate iz iluzija pornografije, ne morate uključiti nikoga drugoga u svoj svijet. Ne morate imati stvarnu osobu u svom životu.

Sudionik tečaja:

Općenito smatram da su djevojke u porno filmovima ljepše i raznovrsnije. Volio bih to izbrisati i biti prisutniji s djevojkama u stvarnom životu.

Gary:

Pa, ne morate to imati ako radije ne biste htjeli. Ako biste u svom životu radije imali ženu sličniju ženama u pornografiji, morate biti voljni prihvatiti takvu vrstu žene. Zvuči kao da ste od dobrih djevojaka pokušavali dobiti ne baš dobre i birali ste djevojke koje su ljupke, ali ne preljupke kako vas ne bi ostavile. U isto vrijeme niste voljni imati drolje i kurve koje će vam dati sve što seksualno želite.

Sve što to jest bezbroj puta, hoćete li sve to uništiti i dekreirati? Right and Wrong, Good and Bad, POD and POC, All Nine, Shorts, Boys and Beyonds.

UROCI KOJE STVARAMO

Sinoć smo Dain i ja snimili radijsku emisiju u kojoj smo govorili o urocima koje stvaramo. Način na koji stvaramo uroke u svom životu je tako da neprestano nešto ponavljamo kao da je istinito.

Bacate vlastite uroke na nešto. "Želim ovakvu djevojku" je urok koji bacate. Ne možete imati djevojku poput porno zvijezde ako ne odete tamo gdje snimaju porno filmove i pronađete djevojku koja je porno zvijezda. I o njoj pretpostavljate nešto što nema nikakve veze s realnošću.

Koliko uroka koristite da kreirate nužnost i ljubav prema pornografiji što birate? Sve što to jest bezbroj puta, hoćete li sve to uništiti i dekreirati? Right and Wrong, Good and Bad, POD and POC, All Nine, Shorts, Boys and Beyonds.

Svaki put kad kažete "moj penis je premali" bacate urok pa nikada neće biti viđen kao nimalo veći. I nikada ga ne možete povećati.

Sudionik tečaja:
I savršenstvo žene bi također bio urok, zar ne?

Gary:
Da, cijeloga ste života žene pokušavali vidjeti savršenima. Vidjeli ste ih većim od sebe ili da bolje zarađuju ili nešto drugo.

Urok se pojavljuje kad uzmete fiksno gledište koje u tijelu stvara obrazac zadržavanja. Na vrhu fiksnoga gledišta kojeg o tijelu imate postoji neprekidno ponavljanje nekih stvari. Stvarate urok svaki put kad kažete "ne mogu" ili "neću" ili "moj život je sranje" ili "u krivu si" ili bilo što slično.

Koliko vam je puta žena rekla da ste u krivu? Bacala je urok na vas.

Sve uroke koji su žene bacile na vas kako bi vam pokazale da ste u krivu, da ne radite dobro i da za njih trebate biti drugačiji, hoćete li sve to uništiti i dekreirati? Right and Wrong, Good and Bad, POD and POC, All Nine, Shorts, Boys and Beyonds.

Ne morate biti drugačiji za ženu. Trebate biti ono što vam odgovara.

Sudionik tečaja:
Jesam li ja to radio? Pokušavao se vidjeti kroz ženine oči?

Gary:
Da. Je li na vas bačen urok da se možete vidjeti samo kroz ženine oči?

Sudionik tečaja:
Da.

Gary:
Sve što ste učinili da se možete vidjeti samo kroz ženine oči i naravno, koliko vam često žena dopušta da zakoračite u njezin život i vidite se kroz njezine oči? Nikad.

Sve što to jest bezbroj puta, hoćete li sve to uništiti i dekreirati? Right and Wrong, Good and Bad, POD and POC, All Nine, Shorts, Boys and Beyonds.

Sudionik tečaja:
Bio sam na tečaju kad ste prvi put upotrijebili taj proces i percipirao sam kako se energija promijenila u cijeloj grupi i kod muškaraca i kod žena, nakon tog procesa. Zvuči kao proces za muškarce, ali osvijetlio je svemir ženama, čak i više nego muškarcima. Možete li govoriti o tome?

Gary:
Ako projicirate na žene da su savršene, to je urok koji na njih bacate pa moraju prosuđivati sebe kako bi se pokušale učiniti savršenim.

Sudionik tečaja:
Hvala.

Gary:
Molim. Kad ženu pokušavate učiniti savršenom ili vi želite biti savršeni ženi, nemate slobodu biranja.

Koju bastardizaciju savršenstva žena koristite da kreirate prosudbe, ograničenja i pozive demonima, sirenama i zračnim duhovima anti-svijesti i nesvijesti što birate? Sve što to jest bezbroj puta, hoćete li sve to uništiti i dekreirati? Right and Wrong, Good and Bad, POD and POC, All Nine, Shorts, Boys and Beyonds.

Ako uvijek projicirate "ova će žena biti savršena za mene", bacate urok na nju da za vas bude savršena. Projekcije su način bacanja uroka. Daje li joj to slobodu da bude svoja? Daje li vam to slobodu da budete svoji?

Koliko uroka koristite da kreirate zamku što birate? Sve što to jest bezbroj puta, hoćete li sve to uništiti i dekreirati? Right and Wrong, Good and Bad, POD and POC, All Nine, Shorts, Boys and Beyonds.

"NE MOGU PRESTATI RAZMIŠLJATI O NJOJ"

Sudionik tečaja:
Nedavno sam sreo ženu i osjećam da je na meni urok. Ne mogu prestati razmišljati o njoj. Što je to?

Gary:
Pa, koliko uroka imate da budete oduševljeni sa ženama? Sve što to jest bezbroj puta, hoćete li sve to uništiti i

dekreirati? Right and Wrong, Good and Bad, POD and POC, All Nine, Shorts, Boys and Beyonds.

A niste ni svjesni pa nikada ne možete znati kad ona misli na vas, zar ne?

Sudionik tečaja:

Točno, što je čudno jer je prekinula svu komunikaciju, ali povlačenje je još uvijek tu.

Gary:

Zašto je prekinula komunikaciju?

Sudionik tečaja:

Razbio sam si glavu s tim. Nemam za vas odgovor.

Gary:

Da, imate. Što ne želite znati o onome što je izabrala, a kad biste znali, oslobodili biste se?

Sudionik tečaja:

Rekla je da ne želi biti povrijeđena.

Gary:

Da, što znači da ona želi povrijediti vas.

Sudionik tečaja:

Da. To upravo radi.

Gary:

Sve što to jest bezbroj puta, hoćete li sve to uništiti i dekreirati? Right and Wrong, Good and Bad, POD and POC, All Nine, Shorts, Boys and Beyonds.

Sudionik tečaja:

Što je s tim kad ljudi kažu da ne žele ući u odnos jer se boje da će biti povrijeđeni? Je li to pokušaj kontrole?

Gary:

To je samo manipulacija. Žene pokušavaju kontrolirati muškarce. Zašto? Zato što ste vi navodno tip koji će otići i nešto im učiniti. Imaju li neke projekcije i očekivanja od vas?

Sudionik tečaja:

Da.

Gary:

Koliko tih projekcija i očekivanja stvara vašu pogrešnost?

Sudionik tečaja:

Većina.

Gary:

Sve što to jest bezbroj puta, hoćete li sve to uništiti i dekreirati? Right and Wrong, Good and Bad, POD and POC, All Nine, Shorts, Boys and Beyonds.

Sudionik tečaja:

Kako da takve stvari upotrijebim u svoju korist? Kako da to promijenim? Ili mogu li to promijeniti?

Gary:

Želite li biti s nekim tko bi vas tako rado rezao na komadiće?

Sudionik tečaja:

To je dobro pitanje. Želim reći ne, ali stvarno je da. Ali iz kojeg razloga želim biti s njom?

Gary:

Ne znam. Možda zato što ste samo prokleto glupi.

Sudionik tečaja:

Da, shvaćam. Potpuno, da.

Gary:

Koju glupost koristite da kreirate žene koje birate? Sve što to jest bezbroj puta, hoćete li sve to uništiti i dekreirati? Right and Wrong, Good and Bad, POD and POC, All Nine, Shorts, Boys and Beyonds.

"TRAŽIO SAM TO"

Sudionik tečaja:

Blokira me to što svaki put kad je moje tijelo s njom, sve je divno. Njegujuće je i osjećam se zbrinut. Tražio sam to.

Gary:

Koju glupost koristite da kreirate žene koje birate? Sve što to jest bezbroj puta, hoćete li sve to uništiti i dekreirati? Right and Wrong, Good and Bad, POD and POC, All Nine, Shorts, Boys and Beyonds.

Koju glupost koristite da kreirate povređujuće žene koje birate, bilo da vi povrijedite njih ili da one povrijede vas? Sve što to jest bezbroj puta, hoćete li sve to uništiti i dekreirati?

Right and Wrong, Good and Bad, POD and POC, All Nine, Shorts, Boys and Beyonds.

Znači seks je bio njegujuć i brižljiv?

Sudionik tečaja:

Da, potpuno.

Gary:

I tražili ste to?

Sudionik tečaja:

Da, jesam.

Gary:

Što je ona tražila, a nije vam rekla?

Sudionik tečaja:

Samo sam se isključio.

Gary:

Da, znam. To radite kako ne biste morali znati.

Koliko energije koristite da kreirate isključivanje što birate? Sve što to jest bezbroj puta, hoćete li sve to uništiti i dekreirati? Right and Wrong, Good and Bad, POD and POC, All Nine, Shorts, Boys and Beyonds.

Što je od vas tražila, a nije vam rekla? Što je to što ste znali da želi?

Sudionik tečaja:

Želi tipa koji će se brinuti o njoj i njezinom djetetu.

Gary Douglas

IMATE LI DOVOLJNO NOVCA ZA NJU?

Gary:
Da. Imate li dovoljno novca za nju?

Sudionik tečaja:
Ne u ovih deset sekundi, ne.

Gary:
Nije ni čudno da vas se riješila.

Sve što to jest bezbroj puta, hoćete li sve to uništiti i dekreirati? Right and Wrong, Good and Bad, POD and POC, All Nine, Shorts, Boys and Beyonds.

Gospodo, želite doći do toga da imate dovoljno novca jer kad imate novca, imate moć. Žena će uvijek cijeniti što imate novca. Bilo bi jako preporučljivo da otpustite uroke i kletve koje imate kako ne biste imali novac.

Sve uroke i kletve koje imate kako ne biste imali novac, hoćete li sad opozvati, otkazati, ukinuti, povratiti, obesnažiti, odreći se, uništiti i dekreirati i vratiti sve to pošiljatelju? Right and Wrong, Good and Bad, POD and POC, All Nine, Shorts, Boys and Beyonds.

Sudionik tečaja:
Oho. Ovo otvara potpuno novi svemir.

Gary:
Koliko novca biste trebali dobiti da idete putem kojim želite ići? Preko milijun ili manje od milijun?

Sudionik tečaja:

Vjerojatno preko milijun.

Gary:

Koliko ste energije koristili da nikada nemate više od milijuna pa ne možete imati ono što stvarno želite imati?

Sudionik tečaja:

Jebene tone.

Gary:

Sve što to jest bezbroj puta, hoćete li sve to uništiti i dekreirati? Right and Wrong, Good and Bad, POD and POC, All Nine, Shorts, Boys and Beyonds.

Sudionik tečaja:

Ovaj razgovor ne ide u smjeru u kojem želim da ide.

Gary:

To znači biti muškarac. Nikada ne ide tamo gdje želite da ide.

Sudionik tečaja:

Da, frustriran sam, uzrujan i ljut. Želim da ide u smjeru u kojem želim da ide. Što je s tom frustracijom kad nešto ne ide onako kako želite? Je li to samo slijepa glupost?

Gary:

Vi ste mrzovoljan dječak. Kad ste kao dijete imali emotivne ispade sa svojom mamom, jeste li dobivali što ste htjeli?

Sudionik tečaja:
   Da.

Gary:
   Da, pa ovo nije odnos s vašom mamom.

Sudionik tečaja:
   Pa što mogu učiniti?

LJUBAVNI SEKS KOJI BISTE HTJELI IMATI

Gary:
   Ne radi se o tome da od žene dobijete ono što želite. Radi se o tome što vi trebate biti, raditi, imati, stvarati i generirati kako biste imali ono što želite.
   Što biste morali biti, raditi, imati, kreirati ili generirati da dobijete ljubavni, njegujući seks koji biste voljeli imati? Sve što ne dopušta da se to pojavi bezbroj puta, hoćete li sve to uništiti i dekreirati? Right and Wrong, Good and Bad, POD and POC, All Nine, Shorts, Boys and Beyonds.

Sudionik tečaja:
   Nikada od vas nisam čuo da kažete "ljubavni seks". Što je to?

Gary:
   Nisam to prije rekao jer bi većini vas ta ideja bila toliko jebeno strana da biste radije umrli nego je izabrali. Da to imate, morali biste biti voljni potpuno primati.

Sudionik tečaja:

Kad ste pokretali taj proces, imao sam puno prostora. Bilo je: "Dobro, tko bih morao biti?" To sam samo ja. Mogu stvarati i birati što god želim kako bih kreirao ono što želim i zapravo mogu primati ono što bih volio imati.

Gary:

Mogli biste to opet imati. Vi pretpostavljate da ne biste mogli. Pretpostavljate i da ćete to dobiti samo od nje. Koliko žena to kreira kako realnost – da to nikada nećete dobiti od nekog drugog.

Sudionik tečaja:

Sranje, da.

Gary:

Sve što to jest bezbroj puta, hoćete li sve to uništiti i dekreirati? Right and Wrong, Good and Bad, POD and POC, All Nine, Shorts, Boys and Beyonds.

Sudionik tečaja:

Je li to poput ljubavnog napitka ili ljubavnog uroka kojega stvaraju ili koje ja prihvaćam?

Gary:

To stvarate samom sebi. To je urok "Više to nikada neću dobiti. Bilo je tako dobro ovaj put, nikako to ne mogu opet dobiti." Potpuno ste se umotali u "Neće više biti nikoga."

Dečki, koliko vas je odlučilo da neće biti druge tako dobre kao ona koju ste upravo imali? Sve što to jest bezbroj puta, hoćete li sve to uništiti i dekreirati? Right and Wrong,

Good and Bad, POD and POC, All Nine, Shorts, Boys and Beyonds.

Sudionik tečaja:
Kad idem u tu ranjivost, osjećam se tužno. Tako sam dugo izbjegavao ovaj prostor. Kad u njega zakoračim, to je *šmrc*.

Gary:
Stvarno? Zašto je tužno? Upravo ste zakoračili u nešto što ste oduvijek htjeli i sad ste tužni? Je li ona morala izabrati ono što je izabrala?

Sudionik tečaja:
Ne.

Gary:
Zašto je to izabrala? Bi li moglo biti da vam se previše približila i to ju je vražje prestrašilo?

Sudionik tečaja:
Da.

ZAŠTO ŽENE ŽELE POBJEĆI

Gary:
Kad ste stvarno ranjivi i stvarno prisutni i stvarno uživate u seksu, to je ženama obično tako zastrašujuće da žele pobjeći.

Sudionik tečaja:
Oh, moj Bože.

Gary:

Ako ste tako ranjivi sa ženama, to ih jako straši. Nemaju nad vama kontrolu.

Sve što to jest bezbroj puta, hoćete li sve to uništiti i dekreirati? Right and Wrong, Good and Bad, POD and POC, All Nine, Shorts, Boys and Beyonds.

Jednom sam izašao sa ženom i imali smo najbolji seks koji sam ikada u životu imao. Bilo je jednostavno divno. Ona nije bila ljepotica. Bila je pametna, bila je zabavna, bila je lagana, bila je prozračna, voljela je seks i bila je u njemu stvarno dobra.

Upitao sam: "Možemo li opet izaći?"

Rekla je: "Ne."

Ja sam rekao: "Što? Zašto ne?"

Rekla je: "Predobro izgledaš. Povrijedit ćeš me. Ostavit ćeš me." Pa je morala otići.

Sudionik tečaja:

Neki sam dan primio masažu od žene i bio sam potpuno voljan od nje primiti masažu. Sljedećeg je dana rekla: "Bilo je baš super da si bio voljan primati. To sve žene žele – da muškarac prima." Je li to zapravo istinito?

Gary:

Donekle, ali ne u potpunosti. Kad dobiju muškarca koji tako prima, sklone su pobjeći.

Zato trebate biti sretni sa sistemom 1-2-3. Prvi put je za zabavu. Drugi put ste u odnosu. Treći put se ženite. Morate shvatiti što će se stvarno dogoditi, a ne to pokušavati kreirati onako kako mislite da *bi se trebalo* dogoditi.

Koju glupost koristite da kreirate iluzije i deluzije o ženama što birate? Sve što to jest bezbroj puta, hoćete li sve to uništiti i dekreirati? Right and Wrong, Good and Bad, POD and POC, All Nine, Shorts, Boys and Beyonds.

"NE BIH JE TREBAO OSTAVITI"

Sudionik tečaja:
U svom posljednjem odnosu ostao sam barem godinu duže nego što sam trebao. U posljednjoj godini odnosa uopće nije bilo zabavno. Želio sam otići, ali nisam znao kako. Pretvarao sam se da je sve u redu dok sam bio s njom. Biti u odnosu izgleda tako teško.

Gary:
To je: "Ovo mi ne odgovara. Vidimo se." Stvarno je toliko teško.

Sudionik tečaja:
Stalno sam mislio: "Ona ne radi ništa krivo. Ne bih je trebao ostaviti", kao da je jedini način na koji mogu napustiti odnos ako moja partnerica radi nešto krivo ili nešto loše.

Gary:
To većina nas misli. To je dio iluzije i deluzije svega ovoga.

Sudionik tečaja:
Svaki put kad sam trebao otići, mislio sam: "Ako samo tako odem, osjećat će se povrijeđeno i ja ću snositi cijelu krivnju." Nisam htio da me se tako prosuđuje. Zbog toga nisam bio voljan ući u drugi odnos. Bojim se da će se opet

dogoditi nešto slično i ja se s time neću znati nositi. Bila bi to ista stara priča s drugom djevojkom. Vidim da i moji prijatelji imaju isti problem. Ostaju u nesretnim odnosima i nemaju hrabrosti završiti ih.

Gary:

To se zove: "Nabavi muda, čovječe." Moraš to završiti. Ako ne funkcionira, ne funkcionira. Nije da je odnos kriv ili da osoba radi nešto krivo. Morate prepoznati što se zapravo trenutno pojavljuje i prepoznati da li vam odgovara. Sa svojom sam bivšom ženom dugo ostao u odnosu jer sam si govorio: "Ovdje stvarno nije ništa krivo."

Jednog sam dana pitao: "Što bi se trebalo promijeniti da mi ovaj odnos odgovara?" Sjeo sam i napisao osam stvari koje bi se trebale promijeniti kako bi mi odnos odgovarao. Kad sam došao do broja osam, pogledao sam listu i shvatio da bi za šest stvari koje sam zapisao leopardica trebala promijeniti svoje točke – a ne možete natjerati leoparda da promijeni svoje točke.

Šest od osam značilo je da to nije bio odnos koji bi mogao širiti moju realnost ili moj život, a ako nemate odnos koji vam širi život, nije vam baš od koristi. Znam da većina vas misli ako vam se penis širi, onda je sve u redu zato što je sva krv napustila vašu glavu i više niste svjesni.

Sudionik tečaja:

To je tako istinito.

Gary:

Koju glupost koristite da kreirate iluzije i deluzije o ženama što birate? Sve što to jest bezbroj puta, hoćete li sve

to uništiti i dekreirati? Right and Wrong, Good and Bad, POD and POC, All Nine, Shorts, Boys and Beyonds.

Tko zna što žene stvarno zahtijevaju i žele? Žele li uistinu toliko ranjivosti i bliskosti u odnosu? Ne, to izaziva strah. Želi li muškarac toliko bliskosti u odnosu? Ne, to izaziva strah. Pa pogodite zašto su odnosi bez veze? Devedeset posto njih funkcionira iz straha. Nemaju nikakve veze sa širenjem vašeg života ili unapređivanjem bilo čega.

Sudionik tečaja:

Gary, često ste me pitali želim li odnos i ja sam davao Accessov odgovor "ne", a zapravo sam otkrio da je to nešto što bih volio imati, ali ne na taj jadan način.

Gary:

Pa zašto samo ne kažete što je istinito? "Da, ali ne želim normalni odnos." Dečki, morate se udaljiti od gledišta da ja imam fiksno gledište o odnosu. Nemam. Jedino fiksno gledište koje imam je: "Zašto biti u usranom odnosu?"

Ponekad mi ljudi kažu: "Ti ne voliš odnose." Ne. Ne volim loše odnose. Ne vidim razloga za loš odnos ikad. Ako imate odnos, on bi trebao dodavati vašem životu i činiti ga većim i boljim i zabavnijim. Ako odnos to ne radi, zašto biti u njemu?

Ako želite odnos, pojasnite si kakav odnos želite i što od odnosa želite. Ako je ono što želite nježan, ljubavni, njegujući seks i odnos koji širi vaš život, onda zatražite da se to pojavi u vašem životu.

Sudionik tečaja:
　　Gary, samo da vam odam priznanje, nikada ne bih bio u odnosu u kojem sam sad da nije bilo vas.

Gary:
　　Je li vam zabavniji nego bilo koji odnos kojega ste prije imali?

Sudionik tečaja:
　　Da i izgleda kao ništa što sam ikada zamišljao.

Gary:
　　I koliko morate odustati od sebe kako biste ga imali?

Sudionik tečaja:
　　Nimalo.

ODUSTAJANJE OD SEBE

Gary:
　　To morate tražiti, dečki – odnos u kojem ne morate odustati ni od kojeg dijela sebe i u kojem dobivate cijeloga sebe bez obzira kakva je situacija. Žene misle da od vas moraju zahtijevati da odustanete od sebe, ali ako odustanete od sebe, htjet će vas se riješiti.
　　Sve što to jest bezbroj puta, hoćete li sve to uništiti i dekreirati? Right and Wrong, Good and Bad, POD and POC, All Nine, Shorts, Boys and Beyonds.

Sudionik tečaja:
　　Počinjem odustajati od odustajanja od sebe.

Gary:

Sad dolazimo do nečega! Primjećujete li da ima više žena kojima ste privlačni?

Sudionik tečaja:

Oh, da.

Gary:

Želi li vas partnerica više nego prije?

Sudionik tečaja:

Da. Godinama je netko drugi vodio moj svemir glede onoga tko u njemu smije biti, a tko ne.

Gary:

Pa ste odustali od svog izbora kako biste bili u odnosu?

Sudionik tečaja:

Da.

Gary:

Koliko vas je odustalo od svog izbora o tome koga biste u svom životu mogli imati na temelju svog odnosa? Sve što to jest bezbroj puta, hoćete li sve to uništiti i dekreirati? Right and Wrong, Good and Bad, POD and POC, All Nine, Shorts, Boys and Beyonds.

Jednog sam dana razgovarao s Dainom i pitao: "Kako to da si prestao trčati i raditi sve ono što voliš?"

Rekao je: "Zato što ti to ne voliš raditi."

Pitao sam: "Pa kad smo mi otišli u odnos?" Nisam znao da smo u odnosu jer odnos to ne bi trebao biti. To sam radio kad sam bio u braku; bilo je ljudi koje nisam smio pozvati u svoju kuću. Dain i ja dopuštamo da druga osoba u kuću pozove koga god želi. Ako ne želimo biti s tom osobom, odemo u drugu sobu i damo im prostora da rade što žele. Prestanite odustajati od sebe jer žena uistinu želi i zahtijeva da muškarac ne odustaje od sebe. Želi muškarca koji je voljan biti sve što jest, a ne samo nešto od onoga što jest.

Sve što to jest bezbroj puta, hoćete li sve to uništiti i dekreirati? Right and Wrong, Good and Bad, POD and POC, All Nine, Shorts, Boys and Beyonds.

ŠTO BI VAS U VAŠEM ŽIVOTU ODUŠEVLJAVALO?

Sljedećeg bih mjeseca volio da svi pogledate biste li zapravo htjeli odnos. Želite li stvarno odnos? Biste li radije povremeno imali sjajan seks? Što biste htjeli imati? Što bi vas u vašem životu oduševljavalo? To je najvažnija stvar koju možete birati. Ako to izaberete, žene će vas htjeti kao lude. Ako to ne izaberete, odustajat ćete od sebe cijelo vrijeme kao da je to ono što je vrijedno.

Koju bastardizaciju savršenstva žena koristite da kreirate prosudbe, ograničenja i pozive demonima, sirenama i zračnim duhovima anti-svijesti i nesvijesti što birate?

Sve što to jest bezbroj puta, hoćete li sve to uništiti i dekreirati? Right and Wrong, Good and Bad, POD and POC, All Nine, Shorts, Boys and Beyonds.

Ako uistinu želite imati odnos, nađimo vam jedan dobar, dovraga. Vi ste "onaj loš" doveli do savršenstva. Trebate pogledati hoće li vam odgovarati i hoće li odgovarati osobi s kojom želite biti u odnosu.

Prije otprilike godinu dana shvatio sam da postoji žena s kojom bih mogao imati odnos i stvarno bi mi odgovarao, ali sam uvidio da je ona htjela nešto što joj ja nisam mogao dati. Njoj odnos ne bi odgovarao. Pa sam odustao od potencijalnog odnosa kako bi ona dobila ono što želi.

Sudionik tečaja:
Govorite li da čak i da je vama odgovarao, problemi bi se ponovno pojavili u vašem krilu jer odnos ne bi odgovarao njoj.

Gary:
Da. Morate sve to pogledati i svega biti svjesni. Morate to pogledati iz drugačijeg mjesta.

TREBATE NAPRAVITI POGODBU I ISPORUKU

Sudionik tečaja:
Uza sebe trenutno imam ženu koja se na mene jako ljuti. Što radim da to kreiram?

Gary:
Govorite li o svojoj partnerici?

Sudionik tečaja:
Da.

Gary:
Zašto se na vas ljuti?

Sudionik tečaja:

To je veliki dio moga pitanja. Ne shvaćam to potpuno.

Gary:

Ne, ne želite to shvatiti.

Sudionik tečaja:

To bi moglo biti istinito. Da, to je istinito.

Gary:

Ne želite je usrećiti. Radije ju unesrećujete.

Sudionik tečaja:

Je li to istinito?

Gary:

Pogledajte kako nešto radite.

Sudionik tečaja:

Možete li mi dati više informacija o tome? Mislio sam da je pokušavam usrećiti.

Spreman sam to napustiti jer mi trenutno nije dovoljno zabavno. Koje pitanje ovdje mogu postaviti?

Gary:

Što niste ili ne radite, a mogli biste biti ili raditi, što bi potpuno promijenilo odnos? Dečki, morate biti voljni potpuno promijeniti odnos.

Trenutno imate ženu koja s vama nije voljna komunicirati. Ako je stvarno želite, morate reći: "Želim ti se obavezati. Što je potrebno da se to pojavi i kako će tebi to odgovarati?" Trebate napraviti pogodbu i isporuku. Pitajte:

- Kako bi točno ti htjela da ovaj odnos izgleda?
- Što točno od mene očekuješ?
- Što točno od mene želiš?
- Što točno mogu raditi kako bih te usrećio?

Sudionik tečaja:
To uvelike olakšava, zar ne?

OBAVEZA

Gary:
Da. Svaka žena želi muškarca koji se prvo izjasni. Žele da im se obavežete. Ako im se obavežete, one znaju da će sve ispasti dobro. To im je važnije gotovo od bilo čega drugoga.

Sudionik tečaja:
Koja je energija obaveze, onda? Što je tu tako moćno?

Gary:
Moćno je zato što mislite da to zapravo nešto znači. Ali većini vas je obavezivanje, luđačka košulja u kojoj nemate izbora.

Sudionik tečaja:
Možete li reći nešto više o tome?

Gary:
Jeste li se obavezali svojoj bivšoj ženi?

Sudionik tečaja:
Da.

Gary:

Jeste li obaveze mogli s lakoćom završiti? I nakon koliko godina je to bilo od kad ste odlučili otići?

Sudionik tečaja:

Dvjesto milijuna.

Gary:

Samo sam pomislio pitati. Pa *obaveza* vama očito znači da ste u luđačkoj košulji i vaš izbor prestaje postojati.

Sudionik tečaja:

Ako se obavežem ženi u odnosu na pogodbu i isporuku, omogućuje li mi to izlazak iz luđačke košulje? Ili to ne zahtijeva luđačku košulju?

Gary:

Ako se obavežete na temelju pogodbe i isporuke, točno znate što se od vas očekuje. Trenutno imate ideju da ako se obavežete, to znači da se svega trebate odreći, uključujući sebe i sve ono što jeste, što vam ne ostavlja previše izbora.

Većina nas muškaraca ne želi znati ono što znamo, a posebno vi ne želite znati da biste mogli živjeti bez žene. Želite vjerovati da ste bez žene gubitnik, a pobjednik ste ako u svom životu imate ženu.

Gdje god ste kreirali tu kletvu i taj urok, hoćete li sve to uništiti i dekreirati? Right and Wrong, Good and Bad, POD and POC, All Nine, Shorts, Boys and Beyonds.

Upravo sam dobio email naziva "Savjet za muškarce br. 78" koji kaže: "Kad žena kaže 'samo radi ono što želiš' ni pod kojim uvjetima nemojte raditi ono što želite." Daje li vam to ikakvu informaciju o muškarcima i ženama?

Sudionik tečaja:
Da. To je dobro čuti.

Gary:
Pa što vi uvijek birate? Za sebe ili za ženu?

Sudionik tečaja:
Ja uvijek biram ono što ona želi.

Gary:
Zašto uvijek birate ono što ona želi?

Sudionik tečaja:
Zato što me to jače lupa po glavi nego lakoća svjesnosti koju sam prije toga imao.

Gary:
Da, a da ste zapravo birali za sebe, biste li htjeli odustati od sebe zbog bilo čega?

Sudionik tečaja:
Ne.

Gary:
Sve što ste učinili da zbog nekog drugog odustanete od sebe, hoćete li sve to uništiti i dekreirati? Right and Wrong, Good and Bad, POD and POC, All Nine, Shorts, Boys and Beyonds.

Pokušao sam vas navesti da to prije pogledate.

Sudionik tečaja:
    Da.

Gary:
    Jeste li htjeli?

Sudionik tečaja:
    Ne, nisam.

Gary:
    Zašto ne?

Sudionik tečaja:
    Nešto je povezano s kontrolom žena.

Gary:
    Sviđa li vam se da vas žene kontroliraju ili volite kontrolirati žene?

Sudionik tečaja:
    Pokušavam se pretvarati da mi se sviđa kontrolirati žene.

Gary:
    Pretvarate li se da kontrolirate žene ili ste zapravo sposobni kontrolirati žene i odbijate to raditi kako biste bili sigurni da nitko ne zna kako ste zapravo potpuni šupak?

Sudionik tečaja:
    Sposoban sam za to, ali odbijam to raditi.

Gary:
    Koliko energije svi vi koristite da pokušavate sakriti činjenicu da ste jebeni šupak po ženskim standardima? Sve

što to jest bezbroj puta, hoćete li sve to uništiti i dekreirati? Right and Wrong, Good and Bad, POD and POC, All Nine, Shorts, Boys and Beyonds.

Sudionik tečaja:
Je li to ista energija kao kad nisam voljan da se moja partnerica na mene ljuti?

Gary:
Radite točno ono što će je razljutiti pa ona izgleda kao idiot.

Sudionik tečaja:
Stvarno to radim? Sviđa mi se. Da. Ne kažem da ne radim. Nisam bio svjestan toga.

Gary:
Nije da niste bili svjesni toga. Samo to niste bili voljni priznati jer da jeste, ne biste mogli tako dobro misliti o sebi kao protuteža onome što ste odlučili da je vaša pogrešnost.

Sudionik tečaja:
Točno.

ŠTO MOGU BITI ILI RADITI DRUGAČIJE ŠTO ĆE SVE OVO PROMIJENITI?

Sudionik tečaja:
Pa što drugačije mogu raditi i biti?

Gary:

Sada dolazimo do dobrog pitanja! Pitajte: što mogu biti ili raditi drugačije što će sve ovo promijeniti?

Sudionik tečaja:

Kao da sam na rubu biranja nečeg drugačijeg i nemam pojma što je to.

Gary:

Nemate li pojma što je to – ili da to izaberete, to bi vam prebrzo promijenilo previše toga?

Sudionik tečaja:

Da i to.

Gary:

Sve što to jest bezbroj puta, hoćete li sve to uništiti i dekreirati? Right and Wrong, Good and Bad, POD and POC, All Nine, Shorts, Boys and Beyonds.

POKUŠAJ NADVLADAVANJA SVOGA TIJELA

Sudionik tečaja:

Nedavno sam spavao sa ženom i onda smo ručali. Predvečer sam u hotelskoj sobi shvatio: "Ovo ne funkcionira. Nije zabavno. Ne mogu nadvladati svoje tijelo" pa sam izabrao otići.

Gary:

Zašto ste pokušali nadvladati svoje tijelo?

Sudionik tečaja:

Zato što odlazim u jedno od onih "dostavljačkih" raspoloženja. Čak i ako ne želim, moram izvršiti i dostaviti. Ženina očekivanja od mene.

Gary:

Koju glupost koristite da kreirate sebe kao vječnog dječaka dostavljača što birate? Sve što to jest bezbroj puta, hoćete li sve to uništiti i dekreirati? Right and Wrong, Good and Bad, POD and POC, All Nine, Shorts, Boys and Beyonds.

Pa što volite u tome što ste dječak dostavljač?

Sudionik tečaja:

Više ništa.

Gary:

U koliko ste života bili konkubina? Pokušavate li još uvijek živjeti po toj reputaciji? Pokušavate li još uvijek živjeti po svojim obavezama da to budete? Ili pokušavate i dalje dostavljati – a obećali ste da više nikada nećete biti dostavljeni?

Sudionik tečaja:

Mislim da sam bio sve što ste upravo rekli i više.

Gary:

Sve obaveze koje imate da budete univerzalni donator sperme, hoćete li sad od svega toga odustati, molim? Right and Wrong, Good and Bad, POD and POC, All Nine, Shorts, Boys and Beyonds.

Koju glupost koristite da kreirate sebe kao konkubinu svih žena što birate? Sve što to jest bezbroj puta, hoćete li sve to uništiti i dekreirati? Right and Wrong, Good and Bad, POD and POC, All Nine, Shorts, Boys and Beyonds.

Koju bastardizaciju savršenstva muškaraca koristite da kreirate sebe kao konkubinu, donatora sperme i izvora kreacije tijela realnosti što birate? Sve što to jest bezbroj puta, hoćete li sve to uništiti i dekreirati? Right and Wrong, Good and Bad, POD and POC, All Nine, Shorts, Boys and Beyonds.

Sudionik tečaja:
Glede kreacije budućih tijela, je li to u drugim životima ili je to sutra i preksutra?

Gary:
Pa, to je sljedeći dan i zauvijek. To je vrijednost muškaraca. Zato uvijek mislite da se trebate spojiti sa ženom i zato se nikada ne želite spojiti sa ženom.

Sudionik tečaja:
Da. Univerzalni donator sperme.

Gary:
Imate obavezu da ne radite više djece. Zbog toga niste više zainteresirani za seks s nekim ženama – jer su u tom trenutku sposobne zatrudnjeti.

Ako ste se obavezali da nećete imati djece i s nekim ste tko je spreman imati djecu i ona je odlučila da će vas uloviti u brak ili u odnos imajući s vama dijete, vaše će tijelo reći: "Ne! Ne idemo tamo" i to je razlog zašto niste zainteresirani pa odlazite kući. Zahvalite svom tijelu što vam je spasilo guzicu.

Dobro, gospodo. Rado bih da odlučite pogledati svoj život i pitati:
- Bih li uistinu želio imati odnos?
- Da imam odnos koji će mi širiti život, kako bi to izgledalo?
- Kakvu osnovnu osobnost bih htio da osoba ima?

Želite li da se dobro oblači? Želite li da troši puno novca? Gdje želite da ona bude? Morate navesti i sve ono što ne biste htjeli da bude jer je jedini način da saznate što stvarno želite taj da znate što želite, kao i ono što ne želite.

Molim vas pogledajte to i vidite želite li zapravo imati odnos. Vi ste humanoidni muškarci koji bi htjeli imati ekstremno udobno mjesto za gniježđenje. To nije pogrešnost, no skloni ste birati krive žene za to. Želim vas usmjeriti da budete sposobni birati žene koje stvarno želite.

U redu, prijatelji moji, sjajno je razgovarati s vama.

Sudionik tečaja:
Hvala Gary, sjajni ste.

Sudionici tečaja:
Hvala vam.

10.
Agresivna prisutnost seksualne energije

Što više imate pitanje, to ste prisutniji.
Što ste prisutniji, imate više kontrole.

AGRESIVNA PRISUTNOST

Gary:

Bok, gospodo. Rado bih govorio o agresivnoj prisutnosti. Agresivna prisutnost znači da ne odustajete od sebe ni zbog koga i uvijek imate pitanje. Kad ste agresivna prisutnost, ne prilagođavate sebe realnostima drugih ljudi. Ljudi su skloni svoju realnost prilagođavati vašoj.

Sudionik tečaja:

Nedavno sam bio s osobom koju nisam htio u svojoj blizini jer mi se nije sviđalo kako se odnosi prema mom sinu. To me blokiralo umjesto da pitam: "Kako bi izgledalo kad bih samo mogao biti svoj u bilo čijoj blizini?" Shvatio sam koliko kočim sebe kako bih ga izbjegavao. Što je potrebno da imam agresivnu prisutnost?

Gary:

Što da ste bili voljni reći: "Hej, budite ljubazni prema mom sinu, gospodine. On mi je važan."

Sudionik tečaja:

Je li to agresivna prisutnost? To je i nevoljnost da jedete govna. Ako ste agresivno prisutni, ne jedete ničija govna.

Sudionik tečaja:

I postanete svjesni onoga što se pojavljuje?

Gary:

Da. Postanete svjesni: "Oh, ovaj je tip nasilan prema mom sinu. Nije s njim agresivno prisutan." Morate biti ljubazniji. Morate biti agresivno ljubazni.

Sudionik tečaja:

Kad sam vidio da to radite, Gary, ne pretvarate to u borbu. Izgleda da ja prelazim u borbu.

Gary:

Tako su vas učili. Mislite da to čini muškarca. To vas čini muškarčevim muškarcem.

Sudionik tečaja:

Možete li reći više o tome što je muškarčev muškarac?

Gary:

Kad ste muškarčev muškarac uvijek ćete se sviđati muškarcima, ali ne nužno i ženama. Muškarčev muškarac je netko za kojeg svi muškarci misle da je seksi i dobar. Sean Connery bi se smatrao muškarčevim muškarcem, no Roger Moore, koji je također glumio 007, ne bi. Smatrao bi se prelijepim.

Sudionik tečaja:

Dakle muškarčev muškarac se smatra muškarcem kroz muške oči?

Gary:

Da.

Što možete biti ili raditi kao muškarac i da to budete ili radite, dobili biste sve što u životu želite? Sve što to jest bezbroj puta, hoćete li sve to uništiti i dekreirati? Right and Wrong, Good and Bad, POD and POC, All Nine, Shorts, Boys and Beyonds.

BIRATI ZA SEBE

Tu morate odrediti što želite imati kao svoj život. Da imate vlastiti život, što biste birali?

Sudionik tečaja:

To je pitanje tako sjajan alat za mene. To mi je trenutno pitanje broj jedan: da biram svoju realnost, što bih birao? Svjesnost koju sam o tome imao je koliko sam malo zapravo birao za sebe.

Gary:

Zanimljivo je, zar ne, kad shvatite koliko malo birate za sebe?

Sudionik tečaja:
　Pitam i: "Da biram svoju realnost, tko bih bio?"

Gary:
　Da.
　Da birate svoju seksualnu realnost, koga biste izabrali da vas ne jebe? Sve što to jest bezbroj puta, hoćete li sve to uništiti i dekreirati? Right and Wrong, Good and Bad, POD and POC, All Nine, Shorts, Boys and Beyonds.
　Koliko je vas sklono puštati da vas žene i prijatelji zajebavaju?

Sudionik tečaja:
　Da. I obitelj.

Gary:
　Da i obitelj. Puno je bolje s obitelji.

Sudionik tečaja:
　I sami sebe.

Gary:
　Da.
　Da birate s kime biste imali seks, komu ne biste dopustili da vas zajebava? Sve što to jest bezbroj puta, hoćete li sve to uništiti i dekreirati? Right and Wrong, Good and Bad, POD and POC, All Nine, Shorts, Boys and Beyonds.

BITI SEKSUALNO AGRESIVAN

　Ja sam seksualno agresivan jer neću prekinuti svoju seksualnu energiju zbog muškarca ili zbog žene ili zbog bilo koje osobe ili dvoje ljudi– ili bilo koga. Uvijek sam to što god bilo. Kad ste seksualno agresivni, ljudi će vjerojatnije prilagoditi svoju realnost vašoj. Koliko vas uvijek pokušava svoju realnost prilagoditi ženinoj realnosti?

Sudionik tečaja:
To bi bilo *da*.

Gary:
To je za sve da.

Koju bastardizaciju potpune seksualne energije koristite da kreirate eliminiranje i iskorjenjivanje agresivne prisutnosti seksualne energije koju biste mogli birati, što birate? Sve što to jest bezbroj puta, hoćete li sve to uništiti i dekreirati? Right and Wrong, Good and Bad, POD and POC, All Nine, Shorts, Boys and Beyonds.

Kao muškarci, skloni smo biti agresivni u smislu korištenja sile da žena s nama ode u krevet. To nema nikakve veze s ljubaznošću i brižnošću. Kažete: "Hej, mala, jesi spremna?" Kako će to funkcionirati? Neće! Koliko će žena na to pasti? Ne baš puno!

Naučili smo biti seksualni iz porno filmova – a nijedan nema ljubaznost ili brižnost kao dio svog referentnog materijala. Radi se o tome kako možete zavrnuti njezinu bradavicu šest puta u jednom smjeru i šest puta u drugom smjeru te ju tako uzbuditi da vas ona mora imati. Te slike nisu stvarne ili istinite. To vam nije najbolji izbor.

Želite biti agresivno seksualni da žena s vama želi ići u krevet samo zato što ste tako agresivno prisutni. Kako to radite? Tako što pitate:

- Hoće li biti lako?
- Hoće li biti zabavno?
- Hoću li nešto naučiti?

DJELOVANJE IZ PRISUTNOSTI

Što više imate pitanje, to ste prisutniji. Što ste prisutniji, imate više kontrole.

Vi stalno pokušavate stvarati zaključak kao izvor kontrole. Recimo da s nekime želite spavati. Kakvo je to pitanje? To nije pitanje! To je zaključak. Kad dođete do zaključka, mislite da ćete imati više kontrole nad situacijom i da će ljudi raditi ono što vi želite da rade. Ali to nije tako.

Što zaključak čini većim od pitanja? Sve što to jest bezbroj puta, hoćete li sve to uništiti i dekreirati? Right and Wrong, Good and Bad, POD and POC, All Nine, Shorts, Boys and Beyonds.

Jeste li pogrešno protumačili kontrolu kao zaključak? Gdje god ste došli do zaključka da je zaključak stvaranje ili da je zaključak nužan da imate kontrolu, hoćete li sve to uništiti i dekreirati? Right and Wrong, Good and Bad, POD and POC, All Nine, Shorts, Boys and Beyonds.

Ako imalo funkcionirate iz pitanja, žene vas gledaju i misle: "Oh. Mogao bi biti muškarac za mene." To je zato što ako pitate: "Je li ova žena prava osoba za mene?" one će to pokupiti iz vaše glave. Kada dođete do zaključka, njihovo je gledište da vi za njih ne marite.

Što više djelujete iz pitanja, više shvaćate da želite više zabavnog seksa. A vrsta seksa koju želite baš i ne postoji.

Je li vam to sve stvarno? To umanjuje broj ljudi s kojima možete imati seks, ali širi vašu voljnost primanja.

ŽENA KOJA VAS NE TREBA

Gary:

Još je jedan dio ovoga. Kad djelujete iz agresivne prisutnosti, osoba vas ne treba.

Koliko vas djeluje iz gledišta da želite ženu koja vas treba? Sve što to jest bezbroj puta, hoćete li sve to uništiti i dekreirati? Right and Wrong, Good and Bad, POD and POC, All Nine, Shorts, Boys and Beyonds.

Ono što želite je žena koja nema potrebe za vama. Iz toga trebate djelovati. Pitate: "Dobro, što bi mi bilo zabavno?" A ne: "Što moram ispravno napraviti? Što moram krivo napraviti? Što je nužno?" ali: "Što bih ovdje htio kreirati i generirati?"

Koliko vas je cijeloga života pokušavalo biti potrebno ženi? Koliko vas je majka učila da svaka žena želi muškarca koji ju treba? Sve što to jest bezbroj puta, hoćete li sve to uništiti i dekreirati? Right and Wrong, Good and Bad, POD and POC, All Nine, Shorts, Boys and Beyonds.

Sudionik tečaja:

Upravo sam shvatio da svojoj ženi nešto jesam, a sebi ne.

Gary:

Da, to je pokušaj da postanete potrebni predmet.

Sudionik tečaja:
    Da.

Sudionik tečaja:
    Je li to ono što definiramo kao ljubav dok smo djeca?

Gary:
    Da, to je i ono što definirate kao nešto što će vam omogućiti seks.

Sudionik tečaja:
    Točno. Gledam to kod svoga sina. Ode kod svoje mame i ona ga treba. Ona ga treba i onda on dođe k meni i ja ga uopće ne trebam. Zbunjuje li ga to?

Gary:
    Ne. Majka ga uči da ima ženu koja će ga trebati.

Sudionik tečaja:
    Točno.

Gary:
    Koliko su vas učili da budete muškarac koji biste trebali biti, da vas vaša majka treba? Sve što to jest bezbroj puta, hoćete li sve to uništiti i dekreirati? Right and Wrong, Good and Bad, POD and POC, All Nine, Shorts, Boys and Beyonds.

Sudionik tečaja:
    Kad sam sa svojim ocem, tako je jednostavno. Kad odem posjetiti svoju majku, ona me treba. Uvijek je tako bilo. Što je to? Jesu li žene naučene da to rade?

Gary:

Žene su naučene vjerovati da tako treba biti. Vaš je otac želio da odrastete i budete muškarčev muškarac. Vaša je majka htjela da odrastete i budete potrebni ženi. Niste uključeni ni u jednu računicu. Nitko vas nije pitao: "Što ti želiš? Što želiš biti? Što ti je važno?"

Sudionik tečaja:

To mi se čini kao zlostavljanje. Je li?

Gary:

Ne. To je zanemarivanje.

Sudionik tečaja:

Možete li reći više o razlici između zanemarivanja i zlostavljanja?

Gary:

Mislite da je zlostavljanje to što niste priznati kao ono što jeste. Ali rijetko je to povezano sa zlostavljanjem. To je zanemarivanje jer većina roditelja ne zna što se zapravo događa. Ne znaju kako se s time nositi pa odlaze u zanemarivanje. I većina vas bira žene koje vas nakon nekog vremena počnu zanemarivati jer ste skloni pronalaziti nekoga tko sliči jednom ili oboje vaših roditelja. Biti zanemaren izgleda vam stvarnije nego bilo što drugo.

Sudionik tečaja:

Žena s kojom se sada viđam uopće nema nikakve potrebe za mnom.

Gary:

Trebate li vi zbog toga nevjerojatno nju?

Sudionik tečaja:

Ne, to je nešto drugo.

Gary:

Osjećate li da vas ona zanemaruje?

Sudionik tečaja:

To je to. Da. Kao da sam krivo protumačio ne-potrebu kao zanemarivanje. Što ovdje ne želim vidjeti?

Gary:

Pa jeste li voljni biti potpuno bez potrebe za ženom?

Sudionik tečaja:

Ne u ovih deset sekundi, ne.

Gary:

Koju glupost koristite da kreirate potrebnost za ženama što birate? Sve što to jest bezbroj puta, hoćete li sve to uništiti i dekreirati? Right and Wrong, Good and Bad, POD and POC, All Nine, Shorts, Boys and Beyonds.

AGRESIVNA NEPOTREBNOST

Sudionik tečaja:

Kako bi izgledala agresivna bespotrebnost sa ženama?

Gary:

Umjesto da gledate kako možete ševiti, pitajte:

- Što ja stvarno želim od ove osobe?
- Može li to ona pružiti?

Rijetko idete k onome što netko može pružiti. Jeste li to ikada primijetili?

Sudionik tečaja:

Ne, uvijek gledam što ja njima mogu pružiti.

Gary:

Da. Gledate kako biti doprinos. A one traže da vi doprinosite još i više. Mislite da nikada dovoljno ne isporučujete. One su uvijek u pravu, a vi ste u krivu. Kako to funkcionira?

Sudionik tečaja:

Zar da umjesto toga kažemo "Ako mi ne možeš dati ono što želim, odjebi"?

Gary:

Da i većina žena ima gledište: "Ne možeš mi pružiti ono što želim? Odjebi i otiđi."

AGRESIVNA SEKSUALNA ENERGIJA

Agresivna seksualna energija znači da niste voljni izaći iz pitanja. U ovoj realnosti agresiju se vidi kao nešto što stvara pitanje. Je li vam ikada netko rekao: "Prestani postavljati sva ta pitanja! Zašto postavljaš sva ta pitanja? Što želiš od mene? Kako možeš biti takav?" Postavljanje pitanja smatra se krivim. Smatra se agresijom, osim ako unaprijed kažete: "Hej, mogu li te nešto pitati, molim te?"

Ako kažete: "Mogu li ti postaviti pitanje?" nitko neće negodovati. Ali ako predstavite pitanje bez prethodnog pitanja, druga će se osoba uvrijediti. Uvrijedit će se i onda braniti. Tako ulazite u nevolje sa ženama.

KAD ŽENA NE MOŽE IMATI ORGAZAM

Sudionik tečaja:
Što kad žena teško dolazi do orgazma ili ne može imati orgazam?

Gary:
Obično je razlog zašto žena ne može imati orgazam taj što zapravo nije u svome tijelu. Kad imate seks, ostavite upaljena svjetla. Podignite svoje tijelo s njezinog; ne ležite na njoj tako da ona može sakriti svoje oči. I svaki put kad vidite da zatvori svoje oči, recite: "Vrati se, molim te. Vrati se. Otvori svoje oči. Molim te, gledaj me. Želim osjetiti povezanost s tobom. Želim osjetiti povezanost s tobom i želim osjetiti povezanost s tvojim tijelom. Dopusti mi da te cijelu osjetim." Tako ju počinjete dovoditi natrag u njezino tijelo i natrag ka onome što je moguće.

Trebate napraviti samo to kako bi ona ostala u svome tijelu. Većina žena koje ne doživljavaju orgazme ili ne doživljavaju višestruke orgazme sklone su se isključivati iz svoga tijela. Nekima se sviđa promatrati sa stropa. Kad osjetite da odlaze ili da iskoračuju iz svoga tijela, pitajte: "Gdje si? Kud si upravo otišla? Što se dogodilo?" Kad postavite ta pitanja, ona će se početi propitivati. Morate je dovesti natrag u pitanje jer pitanje stvara prisutnost.

Sudionik tečaja:

Koja pitanja mogu postaviti sebi što bi mi dopustilo da budem svjestan kad moja supruga to radi?

Gary:

Ostavite upaljena svjetla – ili barem imajte svjetlo svijeće. Zamolite je da stavi svoje noga oko vašeg vrata kako biste se mogli međusobno vidjeti. Budite s njom i recite: "Tako mi je drago što te mogu gledati u oči. Gledati te u oči je najnevjerojatnija stvar. Ostani sa mnom, dušo. Stvarno mi to treba. Stvarno mi to treba."

I onda morate pitati: "Možeš li svršiti ili ću ja?"

Sudionik tečaja:

Moja supruga i ja zajedno smo osam godina i tek je u posljednja tri mjeseca počela imati orgazme sa mnom za vrijeme seksa. Prilično je sposobna za to dok je sama, ali zajedno sa mnom čini se da joj je puno teže. Počet ću ići putem koji ste predložili.

ŽELI LI ONA IMATI SEKS SA SVOJIM TIJELOM – ILI KAO SVOJE TIJELO?

Gary:

Neki ljudi, posebno žene, pokušavaju za vrijeme seksa ostati izvan svoga tijela. Zapravo ne vole biti povezani sa svojim tijelom. Ako stvarno želite imati zabavan seks, morate pitati:

"Voli li ova osoba imati seks sa svojim tijelom ili kao svoje tijelo?" Puno žena stoje izvan svoga tijela i gledaju ga. Ima li biće seks – ili tijelo ima seks?

Sudionik tečaja:

Tijelo ima seks.

Gary:

Stoga se morate povezati i sa bićem i s tijelom. Želite oboje. Ako imate oboje, imate kapacitet za veću stimulaciju.

Sudionik tečaja:

Kako bi to izgledalo? Ili koja bih pitanja mogao postaviti da se još više povežem s tijelom i bićem tijekom seksa?

Gary:

Morate biti voljni vidjeti što je druga osoba voljna imati. Koliko svoje energije koristite da budete slijepi na ono što su drugi ljudi sposobni? Puno, malo ili megatone? Sve što to jest bezbroj puta, hoćete li sve to uništiti i dekreirati? Right and Wrong, Good and Bad, POD and POC, All Nine, Shorts, Boys and Beyonds.

Sudionik tečaja:

I onda pitate: "Gdje da ju diram? Kada da ju diram? Koliko da ju diram?"

Gary:

Sve što trebate je pitati njezino tijelo. Ono će vam reći gdje da dirate.

"POSTOJI ENERGIJA S MOJIM PENISOM"

Sudionik tečaja:
Imao sam stvarno puno sjajnog seksa i primjećujem da je energija s mojim penisom puno dinamičnija. Koje savjete imate kad je moj penis u ženskoj vagini? Koje energije bih mogao biti što bi mi dalo više svjesnosti?

Gary:
Kad vam je penis u ženskoj vagini, umjesto da radite unutra-van, pokušajte mirovati i savijati svoj penis dok u njega ubacujete energiju, kao da idete unutra-van bez micanja.

Sudionik tečaja:
Mogu ja to.

Gary:
I provedite energiju kroz cijelu svoju bedrenu strukturu također. Velika je šansa da će žena imati orgazam samo od toga.

Sudionik tečaja:
Hvala vam.

Sudionik tečaja:
Primijetio sam da dok sam u ženi, izgleda da je u vagini puno više prostora nego što sam bio naviknut.

Gary:
Pokušavate li popuniti prostor ili stvarate prostor?

Sudionik tečaja:

Pokušavao sam popuniti prostor umjesto da ga stvaram.

Gary:

Što ako biste stvarali prostor koji bi doprinosio orgazmičkoj kvaliteti onoga što radite?

Sudionik tečaja:

Oho! Vidim da sam prihvatio ideju da bi trebalo biti tijesno.

Gary:

Pa, koliko vam je komada smeća reklo da tako treba biti?

Sudionik tečaja:

Puno.

Gary:

Sve što to jest bezbroj puta, hoćete li sve to uništiti i dekreirati? Right and Wrong, Good and Bad, POD and POC, All Nine, Shorts, Boys and Beyonds.

Biste li svoj penis mogli zamoliti da bude *energija* koja popunjava prostor, umjesto *organ* koji popunjava prostor?

Sudionik tečaja:

Hoću.

Gary:

Super.

Sudionik tečaja:

Hvala vam puno. Oho.

"ZAŠTO I JA NE MOGU IMATI VIŠESTRUKE ORGAZME?"

Sudionik tečaja:

Pomalo sam ljubomoran na žene. Zašto i ja ne mogu imati višestruke orgazme?

Gary:

Možete imati višestruke orgazme. Ne morate ejakulirati da biste imali orgazam. Ako ležim na svojim leđima, mogu imati šest ili osam orgazama bez ikakvog ejakuliranja.

Sudionik tečaja:

Kako to radite?

Gary:

Istrenirao sam se da dok sam na leđima ne svršim prebrzo; htio sam da se žena više uzbudi.

Sudionik tečaja:

Kako ste se istrenirali?

Gary:

Samo sam zamolio svoje tijelo da mi pokaže drugačiji način.

Sudionik tečaja:

Ta pitanja...

Sudionici tečaja:

(smijeh)

Gary:

Čitao sam o višestrukim orgazmima kod muškaraca i pitao: "Kako ja to mogu imati?" Dobio sam: "Legni na leđa", pa sam rekao: "Dobro." Legao sam na leđa i dao joj da sjedne na mene i miješa koliko joj srce želi, a ja bih koristio svoje prste s njom i radio svašta. Radio bih sve što mogu kako bi joj bilo bolje i s vremenom sam počeo imati orgazme ležeći na svojim leđima. Počeo bih imati orgazme koji ne bi nužno bili ejakulacije.

To je stvar pitanja svoga tijela: "Tijelo, što je potrebno da imamo orgazme bez ejakulacije?" Kad počnete gledati na to što možete kreirati, počinje se pojavljivati drugačija mogućnost. Ali morate promatrati iz te pozicije, a ne iz drugih u koje odlazite.

Kod višestrukih orgazama nemate potrebu ili želju ejakulirati, ali ne gubite svoju erekciju. Imate osjećaj da biste mogli ejakulirati ako idete opet, ali uspijete ne ejakulirati i sve samo postaje bolje. Osjećate se kao da ste svršili, ali niste. Čini se kao unutarnji orgazam umjesto ejakulacije.

ZADOVOLJAVANJE SEBE

Gary:

Agresivna seksualna energija ne znači čekati da žena poželi s vama imati seks. To je voljnost da imate seks za sebe. Skloni smo odustati od masturbacije, posebno kad uđemo u odnose. Kad odustanete od masturbacije, odustanete od zadovoljavanja sebe i odustanete od ideje da ćete imati seks bez obzira sviđalo se to kome ili ne.

Muškarac koji je seksualno agresivan imat će seks, a onda će otići pod tuš i masturbirati.

Sudionik tečaja:
Kako to funkcionira u braku?

Gary:
Drkajte kad želite. Radite što god birate. Možete reći: "Dušo, žao mi je. Stvarno trebam samo drkati." Ako joj se ne sviđa, reći će: "Zašto mi ne dopustiš da ti pomognem?" ili biste joj mogli reći: "Možeš mi doći pomoći ako želiš."

Sudionik tečaja:
Da, napravio sam to nekoliko puta. Bilo je zabavno.

Gary:
Postoji drugačije mjesto djelovanja. Pokušajte pitati: da sam sva seksualna energija koja jesam, kako bi djelovao u životu?

Da ste sva seksualna energija koja stvarno jeste, kako biste u životu djelovali? Sve što to podiže bezbroj puta, hoćete li sve to uništiti i dekreirati? Right and Wrong, Good and Bad, POD and POC, All Nine, Shorts, Boys and Beyonds.

Pokrećite ove procese:

Da funkcioniram onako kakav uistinu jesam, kako bih funkcionirao seksualno? Sve što to jest bezbroj puta, hoćete li sve to uništiti i dekreirati? Right and Wrong, Good and Bad, POD and POC, All Nine, Shorts, Boys and Beyonds.

Da seksualno funkcioniram kao ja, kako bih u životu funkcionirao? Sve što to jest bezbroj puta, hoćete li sve to uništiti i dekreirati? Right and Wrong, Good and Bad, POD and POC, All Nine, Shorts, Boys and Beyonds.

Bilo je perioda kad sam pod funkcioniranjem smatrao četiri žene dnevno. Nažalost, ništa drugo baš nisam stizao raditi.

Sudionik tečaja:
Pa Gary, kako bi to izgledalo?

"KAKO BI BILO IMATI SEKS S OVIM MUŠKARCEM?"

Gary:
Bilo bi to gledanje u muškarca uz pitanje: "Kako bi bilo imati seks s ovim muškarcem?" To ne znači da morate s njim imati seks. Kad ste voljni pogledati kako bi bilo s nekim imati seks, posebno s nekim istog spola ako to nije vaš uobičajeni izbor, počinjete vidjeti seksualnu energiju žena na drugačiji način jer prestajete stavljati seksualnu energiju u "muškarce" i "žene".

Pa počnite pitati: "Kako bi bilo imati seks s ovom osobom?" Kad počnete imati takvu seksualnu agresivnost, počet ćete vidjeti što funkcionira, a što ne. I ako ste voljni vidjeti što funkcionira, a što ne, voljni ste raditi što radite na drugačiji način.

Sudionik tečaja:
Volim ovo pitanje: "Kako bi bilo imati seks s ovim muškarcem?" To otvara potpuno drugačiju mogućnost

primanja. Primio sam potpuno drugačiju energiju od tog pitanja o muškarcima.

Gary:

Da, kad ste to voljni pitati o muškarcima, voljni ste vidjeti više onoga što će žene izabrati.

Sudionik tečaja:

Da.

Gary:

Kad ste heteroseksualni muškarac i pogledate muškarca iz gledišta "Kakav bi on bio za seks?" morate pogledati biće i tijelo i vidjeti bi li to bilo zabavno, a to nemate sa ženama. Kažete: "Oh, ona je divna. Želim je" što je kakvo pitanje? Nije! S muškarcima ćete održati pitanje.

Sa ženama to niste skloni. Da ste voljni održati pitanje, biste li imali nešto veće? Da, a to je ovdje važan dio. Kad dođete do toga da možete pogledati muškarca i postaviti pitanje "Bi li on bio zabavan za seks?", možete početi gledati na žene i postavljati isto pitanje: "Bi li ona bila zabavna za seks?" Reći ćete: "Oho! Nisam imao pojma da imam toliko puno svjesnosti."

Sudionik tečaja:

Oh, to je sjajno! Vježbati biranje onoga što je laganije.

Gary:

Tako učite birati bolje ljude za seks.

Sudionik tečaja:

Radio sam to, i funkcionira.

Gary:
> Da. Sjajno je.

Sudionik tečaja:
> Oho. Nevjerojatno. Zahvalan sam.

Gary:
> Dobro, gospodo, gotovi smo.

Sudionik tečaja:
> Hvala Vam, g. Douglas. Divni ste.

Sudionik tečaja:
> Jeste.

Sudionik tečaja:
> Uvijek je dobro.

Gary:
> I zapamtite, pokušajte biti na svojim leđima i imati višestruke orgazme. To je domaća zabava do sljedećeg puta. Prva osoba koja dobije šest orgazama prije nego što ejakulira, osvojit će nagradu. Hvala vam. Čujemo se sljedeći put. Bok.

11.
Biranje obaveze

Kad birate obavezu, morate shvatiti što je zapravo moguće. To je pitanje: što je ovdje moguće, a nisam uzeo u obzir?

Gary:
Bok, gospodo. Idemo na neka pitanja.

MUŠKOST I MUŽEVNOST

Sudionik tečaja:
Možete li govoriti o muškosti, muževnosti i kako izgledati i zvučati više kao muškarac i muževnije? Nemam duboki glas kao drugi muškarci. Imate li kakve prijedloge o načinima kako razviti dublji, muževniji glas? I što je s bradom? Nemam niti puno brade. Je li to genetski – ili je promjenjivo?

Gary:
To je genetski – i može se promijeniti. Trebate pitati: koja energija, prostor i svijest moje tijelo i ja možemo biti da uzgojimo ogromne količine dlaka s potpunom lakoćom?

Jedini je problem s time što ste podložni da također uzgojite dlake na svojim prsima, leđima i testisima. Pokušajte.

Sudionik tečaja:
Djeluje li to i obrnuto? Za manje dlaka na tijelu?

Gary:
Pokušajte: koja energija, prostor i svijest mogu biti da imam manje dlaka s potpunom lakoćom?
Ali problem s tim je što biste mogli i oćelaviti.
Stoga imate izbor. Možete biti ćelavi s puno dlaka po tijelu i ona će provesti svo svoje vrijeme radeći na vašem tijelu ili možete imati debelu kovrčavu kosu na svojoj glavi i ona će provesti svo svoje vrijeme s rukom u vašoj kosi. Gdje želite da stavi svoje ruke?

Sudionik tečaja:
Posvuda.

Gary:
Točno. Zato uzgajajte dlake posvuda. Prestanite ih prosuđivati. Gdje ste dobili prosudbe o dlakama? Puno je žena koje ne vole dlakave muškarce, ali ako ne vole dlakave muškarce, neće htjeti vas i vi nećete htjeti njih. Birajte one koje vole puno dlaka. I ako vi imate jako dlakava prsa, skinite majicu u svakoj prilici kako biste pokazali da imate dlakava prsa. Nekim će se ženama to svidjeti.

A ako nemate dlakava prsa, iskoristite priliku da skinete majicu kako bi znale kako ste opremljeni. Biti muževan samo znači da ste voljni biti nešto što na ovom planetu nije vrijedno.

Za produbljivanje svoga glasa, pokušajte ovo:

Koja energija, prostor i svijest moje tijelo i ja možemo biti što će našem glasu dopustiti da se spusti za dvije oktave s potpunom lakoćom? Sve što to jest bezbroj puta, hoćete li sve to uništiti i dekreirati? Right and Wrong, Good and Bad, POD and POC, All Nine, Shorts, Boys and Beyonds.

STRUJA ENERGIJE

Sudionik tečaja:

Što kad se osjećate da ste u struji energije koja vas pokreće naprijed da budete s drugom osobom i to je tako lagano i lako? Imao sam iskustvo nakon posljednjeg sedmodnevnog susreta Access Consciousnessa kada sam tjedan dana živopisno sanjao da imam seks s određenom damom, a sljedećeg se tjedna to zapravo događalo. Bili smo u krevetu i ostvarivali san.

U to vrijeme uživanja vodilo me praćenje vala energije prema njoj koje sam osjećao tako lagano i energetski ugodno. Osjećao sam to kao energiju ludo mogućeg. Bilo je vrlo lijepo, moram reći. Ipak, sad ne znam što dalje raditi.

Gary:

Morate prestati tu ići, ljudi. Skloni ste ići u: "Oh, što da sad radim?" Halo? Samo nastavite. Ako vam se događa struja, uvucite se unutra, izvucite van, uvucite, izvucite i pakleno uživajte u sebi.

Sve što to jest bezbroj puta, hoćete li sve to uništiti i dekreirati? Right and Wrong, Good and Bad, POD and POC, All Nine, Shorts, Boys and Beyonds.

Sudionik tečaja:

Pokušavam ne biti previše oduševljen kako je ne bih otjerao. Kako da to promijenim i dobijem više lakoće o tome gdje da idem ili što da radim nakon seksa? Rado bih nastavio s ovim dalje.

Gary:

Odlazite u mozganje, prijatelju moj.

Sve što ste učinili da se pretvorite u ovisnika o glavi, hoćete li sve to uništiti i dekreirati? Right and Wrong, Good and Bad, POD and POC, All Nine, Shorts, Boys and Beyonds.

Koju bastardizaciju beskonačne seksualne energije koristite za kreiranje ovisnika o glavi, ovisnika o srcu i ovisnika o preponama što birate? Sve što to jest bezbroj puta, hoćete li sve to uništiti i dekreirati? Right and Wrong, Good and Bad, POD and POC, All Nine, Shorts, Boys and Beyonds.

Sudionik tečaja:

Možete li objasniti što ste mislili kad ste rekli da on odlazi u mozganje? Zašto je to ovisništvo o glavi?

Gary:

Kao prvo: "Pokušavam ne biti previše oduševljen." To je ovisništvo o glavi. To je ono što morate pokušati biti ili raditi. Kao drugo: "Kako da to promijenim i dobijem više lakoće o tome gdje da idem ili što da sljedeće radim?" Ovisništvo o glavi.

Sudionik tečaja:

Je li to pokušaj smišljanja što će se dogoditi u budućnosti umjesto postavljanja pitanja?

Gary:

To stvarate kad imate prosudbe o tome što biste trebali imati kao odnos ili kakvi trebate biti. Kad izaberete i prosuđujete taj izbor, stvarate čvrstoću koja zahtijeva da se prosudba produži naprijed i kreira vašu budućnost. Stvarate čvrstu budućnost na temelju tih prosudbi. Je li to stvarno ono što biste htjeli birati?

"Bez prosudbe" znači budućnost bez prosudbe. "Prosudba", čak i pozitivna, znači budućnost s prosudbom.

KOLIKO STE BUDUĆNOSTI KREIRALI KOJE BLOKIRAJU VAŠU SPOSOBNOST STVARANJA?

Svaki put kad birate, stvarate. Svaki izbor stvara, bilo da birate za sebe ili protiv sebe. Ako uz taj izbor postavite prosudbu, stvarate budućnost koja se počinje događati, što će stvoriti prosudbu kao budućnost. Recimo da imate trinaest godina. Pronađete djevojku i ona s vama ima seks. Kažete: "Oh moj Bože, moram ju zauvijek voljeti. Moram se zalijepiti za nju. Moram s njom imati djecu. Moram sve to imati." To su potencijalne budućnosti koje počinjete stvarati na temelju svojih prosudbi o tome što ste radili i što biste trebali raditi.

Sudionik tečaja:
Da.

Gary:
Sve to postaje nešto što se zaključava kao moguća budućnost i svaki put kad se približite nekomu tko odgovara

nečemu sličnom, dodajete energiju toj budućnosti da kreirate budućnost za koju ste odlučili da se treba obistiniti. Ništa od toga nije stvarno.

Koliko ste budućnosti sa ženama stvorili koje trenutno blokiraju vašu sposobnost stvaranja? Brojat ću do četiri.

"Jedan, dva i tri" briše prošlost i sadašnjost. Kad se doda "četiri", to mijenja budućnost koju stvarate na temelju odluka, izbora i prosudbi koje stvarate. Na četiri ćemo sve to uništiti i dekreirati. Jedan… dva… tri… četiri. Hvala vam.

Koju bastardizaciju beskonačne obaveze bivanja koristite da kreirate nužnost seksa, odnosa, kopulacije i seksualnosti što birate? Sve što to jest bezbroj puta, hoćete li sve to uništiti i dekreirati? Right and Wrong, Good and Bad, POD and POC, All Nine, Shorts, Boys and Beyonds.

Koliko vas ima gledište da bez žene ne možete bivati? Sve što to jest bezbroj puta, hoćete li sve to uništiti i dekreirati? Right and Wrong, Good and Bad, POD and POC, All Nine, Shorts, Boys and Beyonds.

Je li itko od vas ikad imao osjećaj da vas pogone vaše potrebe za seksom ili kopulacijom ili odnosom?

Sudionik tečaja:
Da.

Sudionik tečaja:
Da.

Gary:
O tome se radi. Mislite da nemate izbora. Mislite da morate to raditi. Gdje je vaš izbor?

DOLAZAK DO STVARNOG IZBORA

Cijela ideja ove serije je da dođete do toga da imate izbor, umjesto da mislite da nekako nemate izbora i da se morate seksati. Ako možete doći do stvarnog izbora, ne morate odustati ni od jednog dijela sebe kako biste stvarali odnos ili seks i time možete imati više prisutnosti i više zabave. Kako bi bilo da vam je seks potpuno zabavan?

Sudionik tečaja:
Da, molim.

Gary:
Čitavo vrijeme. Svaki put.
Koju bastardizaciju beskonačne obaveze bivanja koristite da kreirate nužnost seksa, odnosa, kopulacije i seksualnosti što birate? Sve što to jest bezbroj puta, hoćete li sve to uništiti i dekreirati? Right and Wrong, Good and Bad, POD and POC, All Nine, Shorts, Boys and Beyonds.

Sad, zašto kažem seksualnost? Zato što dođete do toga da mislite kako morate sa ženom imati seks i tako dokazati da ste muškarac. Kakve to veze ima s izborom?

Sudionik tečaja:
Nikakve.

Gary:
To znači da se seksate samo s polovicom populacije. Da to stvarno nije važno shvatite samo kad vas se stavi u zatvor gdje nemate nikoga za seks osim muškaraca.

Sve što to jest bezbroj puta, hoćete li sve to uništiti i dekreirati? Right and Wrong, Good and Bad, POD and POC, All Nine, Shorts, Boys and Beyonds.

To je trebalo biti smiješno. Gdje vam je smisao za humor? Je li vam prekasno da imate smisao za humor?

Sudionik tečaja:
Mislim da trebate napraviti POC i POD o svom humoru kako bismo se smijali vašim šalama.

Gary:
Sve što vam ne dopušta da prepoznate moj humor i njegovu briljantnost i sve što vam ne dopušta da imate smisao za humor o seksu, kopulaciji, odnosu i seksualnosti i sve što vam ne dopušta da se igrate sa svakim oblikom seksa, odnosa, kopulacije i seksualnosti koji biste mogli imati, hoćete li sve to uništiti i dekreirati? Right and Wrong, Good and Bad, POD and POC, All Nine, Shorts, Boys and Beyonds.

Obaveza kao odluka / obaveza kao izbor

Sudionik tečaja:
Gary, možete li govoriti o obavezi i izboru? Stvaramo li obavezu kao odluku, umjesto kao izbor?

Gary:
Da.

Sudionik tečaja:
Je li to mišljenje ove realnosti o tome što znači obaveza?

Gary:
Da.

Sve budućnosti koje ste stvorili na temelju toga, hoćete li sve to uništiti i dekreirati: jedan... dva... tri... četiri. Hvala vam.

Dečki, morate shvatiti da stvarate odluke o obavezi i onda je pokušavate potvrditi kako biste je učinili stvarnom i ispravnom.

OBAVEZA KAO DESET-SEKUNDNI IZBOR

Sudionik tečaja:

Govorite o izboru u deset-sekundnim intervalima i rekli ste da je obaveza deset-sekundni izbor. To me zbunjuje. Kako to funkcionira?

Gary:

Kad birate u deset-sekundnim intervalima, u jednom deset-sekundnom intervalu možete reći: "Volim je." U sljedećih deset sekundi možete reći: "Ne volim je." Možete reći: "Volim svoj posao", a deset sekundi kasnije možete reći: "Ne volim svoj posao." Kad birate u deset-sekundnim intervalima, postoji mogućnost neprestanog stvaranja.

Vi ste, dečki, nekako došli do čudnoga gledišta da je obaveza trajna. Mislite da jednom kad se obavežete, nijedan drugi izbor nije moguć.

Kad se obavezujete iz izbora, morate shvatiti što je zapravo moguće. To je pitanje: što je ovdje moguće što nisam uzeo u obzir? Što kad biste gledali što je moguće, umjesto onoga što mislite da bi trebalo biti? To je drugačije od pokušaja obavezivanja prema obavezi kojoj ste se već obavezali.

Sudionik tečaja:
To bi bilo jednostavno prokleto prelako.

Gary:
Da, i zato u svom životu nećete imati lakoću. Stalno pokušavate tražiti teške dijelove i loše dijelove, umjesto onoga što će olakšavati. Što ako biste radili iz lakoće, umjesto iz težine?

Sudionik tečaja:
To je tako briljantno jednostavno.

Gary:
Jednostavno je. Mi stalno gledamo kako popraviti nešto što naizgled ne radi, umjesto da postavimo pitanja:
- Što ovdje funkcionira?
- Što ovdje ne funkcionira?

Na primjer, recimo da se obavežete na brak. Znači li to da to trebate izvršiti? Ako se oženite, jeste li oženjeni zauvijek?

Sudionik tečaja:
Ne.

Gary:
Vi stalno pokušavate doći do onoga iz čega mislite da možete funkcionirati. Mislite da će to stvoriti nešto veće nego da ste zapravo prisutni. Neprestano pokušavate shvatiti kako će biti prije nego što ste to izabrali. Koliko mogućih budućnosti stvarate i koliko ste mogućih budućnosti stvorili kako biste stvorili ono što vam u životu ne funkcionira? Na četiri: jedan... dva... tri... četiri. Hvala vam.

Morate birati iz osjećaja mira. Kakve su vrste mira i mogućnosti ovdje dostupne koje niste uzeli u obzir? Jedini razlog da budete u odnosu je taj da imate osjećaj mira, što je osjećaj radosti i mogućnosti i osjećaj da vam netko cijelo vrijeme čuva leđa, netko s kim se možete seksualno zabavljati.

Sudionik tečaja:
I ne samo seksualno.

Gary:
Da, trebao bi biti osjećaj mira sa seksom. Ako se seksate, ne biste trebali imati gledište: "Da barem to nisam napravio." Trebalo bi biti: "Što mogu izabrati što još nisam izabrao?" Kako bi bilo da izaberete nešto veće?

STVARANJE ODNOSA SA DJETETOM VAŠEG PARTNERA

Sudionik tečaja:
Gary, imam pitanje o odnosu kojeg biram sa četverogodišnjom djevojčicom. Ona radi... Nisam siguran kako to nazvati... zaštitu ili obranu ili nadmetanje sa mnom. Mogu li s njom razgovarati na način da shvati da ne kradem Mamu? To se pojavljuje.

Gary:
Da, možete reći: "Volim se družiti sa tvojom mamom. I ti se voliš družiti sa svojom mamom. Kakav odnos želiš imati sa mnom?"

Sudionik tečaja:
   Super. To je stvarno lagano.

Gary:
   "Što želiš da budem za tebe? Želiš li da ti budem dodatni tata? Želiš li da budem majčin prijatelj? Želiš li da budem tvoj prijatelj? Što želiš?"

Sudionik tečaja:
   Da i to će joj dati izbor. Odlično.

Gary:
   Da. Ona treba imati izbor. Kad sam počeo hodati sa svojom bivšom ženom, ona je imala sina Adama, šesnaestogodišnjaka izvan kontrole i šestogodišnju kći Shannon, također izvan kontrole. Upitao sam Adama: "Što želiš da ti budem u životu? Kako želiš da ti budem u životu? Želiš li da budem suprug tvoje majke? Želiš li da budem tvoj očuh? Želiš li da budem tvoj zao očuh? Što želiš da budem?" Izabrao je da mu budem tata i rekao sam: "Dobro, od sada sam tvoj tata."

Sudionik tečaja:
   I onda ste ta energija što god tata jest.

Gary:
   Da. Točno.

Sudionik tečaja:
   Znači to bi mogao biti zakonodavac ili što god.

ŠTO JE ZA VAS TATA?

Gary:
　Morate pitati: "Što je za tebe tata?" Otkrijte koja je djetetova definicija tate ili brata ili čega već.

Sudionik tečaja:
　Da.

Gary:
　Dopustite im da definiraju odnos i napravite sve što možete da to budete.

Sudionik tečaja:
　Tako je puno lakše.

Gary:
　Da. Vi se možete prilagoditi. Oni ne mogu.

Sudionik tečaja:
　Da. Shvaćam to.

Gary:
　Svi od djeteta očekuju da se prilagodi i to je loše. U jednom periodu mog odnosa s bivšom ženom Shannon me tretirala kao govno. Pitao sam je: "Kako to da me tretiraš kao govno?"
　Rekla je: "Zato što mi nisi prava obitelj."
　Rekao sam: "Ako me budeš tretirala kao govno, ja ću tebe tretirati na točno isti način na koji se ti odnosiš prema meni, samo gore."

Kad bi me tretirala kao govno, ja bih nju tretirao kao govno. Dao bih joj isto govno koje je ona meni dala i za tri se tjedna sve promijenilo.

Sudionik tečaja:
Tri tjedna. To je dugo!

Gary:
Da, bilo je dugo, ali sam prošao kroz to. Morate biti onaj tko je svjesniji.

Sudionik tečaja:
Zašto se djeca ne mogu prilagoditi?

Gary:
Zato što se cijelog svog života moraju prilagođavati tuđim gledištima. Ne osjećaju da imaju kontrolu ni nad čim.

Sudionik tečaja:
Znači mogu se prilagoditi, ali mi to ne bismo od njih trebali očekivati?

Gary:
Pa, svi od njih očekuju da se prilagode. Vi cijelo vrijeme očekujete da vam se dijete prilagodi vašoj realnosti. Pa je dječje gledište: "Nemam kontrole." A ako dijete nema kontrole, u što idu da dobiju kontrolu? U ljutnju, bijes, srdžbu i mržnju.

Sudionik tečaja:
Točno.

Sudionik tečaja:

Radim li ja to sa svojim sinom? Stvaram svoj život i očekujem da će on htjeti slijediti?

NE STVARAJTE SUKOB ILI ODVAJANJE U SVOJOJ DJECI

Gary:

Neki dan si mu rekao: "Imaš izbor. Želiš li otići kući svojoj mami i školi?" Reći "Želiš li se vratiti u školu?" je jedno, ali koristiti odlazak kući svojoj mami kao kaznu nije bilo dobro jer njegova odanost svojoj mami dolazi u sukob s njegovom željom da bude s tobom. Ne stvarajte to u svojoj djeci.

Sudionik tečaja:

Što sam mogao reći?

Gary:

"Hej sine, ako želiš ići kući, mogu probati nekoga naći tko će te odvesti kući."

Sudionik tečaja:

Da.

Gary:

Tako on ima izbor.

Sudionik tečaja:

To je tako zanimljivo! Nikada do sada to nisam pogledao. To bi bilo tretiranje njega na način na koji sam ja htio biti tretiran.

Gary:

Da. Ako ste s nekim u odnosu i tako tretirate svoje dijete, ono mora stvoriti ljutnju prema osobi s kojom ste u odnosu.

Sudionik tečaja:

Oh, u redu.

Gary:

I to mu daje malo ili nimalo izbora u životu.

Sudionik tečaja:

Gledam kako je neljubazno bilo pitati svog sina: "Želiš li ići kući svojoj mami i školi?" Imaš li još koju informaciju koju mi možeš dati o tome kako sam stvarao odvajanje s...

Gary:

Recimo da si mu to rekao jer si to smatrao kaznom da ga pošalješ njegovoj majci. Smatra li on to kaznom?

Sudionik tečaja:

Ne.

Gary:

Ako to radiš, on mora birati između svoje majke – i tebe i tvoje partnerice. Koga će izostaviti?

Sudionik tečaja:

Moju partnericu.

Gary:
Da, jer je ona problem.

Sudionik tečaja:
Zašto bih to učinio? Sad je tako jasno da sam bio neljubazan.

Gary:
Bio je to samo trenutak nepromišljenosti. Nisi ništa namjerno pokušao napraviti. Nisi djelovao iz svjesnosti o rezultatu koji će se pojaviti zbog izbora kojeg si donio.

Sudionik tečaja:
Da. Hvala.

Gary:
Nisi napravio trajnu štetu.

Sudionik tečaja:
Ne, i njegova mu mama govori: "Poslat ću te da živiš sa svojim ocem! Baš si isti otac!" Sve je to takva neljubaznost. Mrzio sam ju zato što to radi, a nisam ni primijetio da i ja s njim to radim sve dok nisi rekao.

Gary:
Zato što sam voljan reći ono što nitko drugi nije.

Sudionik tečaja:
Možeš li mi reći gdje još to radim?

GDJE GA POKUŠAVATE NATJERATI DA STE MU DRAŽI VI NEGO ONA?

Gary:
Moraš pogledati gdje ga pokušavaš natjerati da si mu draži ti nego ona.

Sudionik tečaja:
Da.

Gary:
Lakši način da mu budeš draži od nje je da mu dopustiš da ostane s njom i da samo budeš svoj kad se vrati.

Sudionik tečaja:
Da.

Gary:
Majka mog sina uvijek je pokušavala dokazati da je bolja od mene. Danas on želi da ona ode i cijelo vrijeme želi biti sa mnom. Shannonina majka nikada nije htjela da budem blizu Shannon i nikada nije htjela da ju diram. A danas Shannon želi biti u mojoj blizini. Ne želi biti blizu svoje majke.

Tako to funkcionira. Roditelj koji pokušava dokazati da je bolji, roditelj koji pokušava kontrolirati dijete, gubi dijete. Ako ne živite s majkom svoga djeteta, znajte da ćete djetetu uvijek biti draži od vašeg partnera. Vaše vam dijete mora biti broj jedan u odnosu na partnera i neka vaš partner zna da je to tako samo zato da vam dijete bude sretno. Tko je vaš prioritet broj jedan? Vaše dijete ili vaš partner?

Sudionik tečaja:
　Moje dijete.

Gary:
　Pa ako je on tvoj prioritet broj jedan, što je tvoja partnerica? Ona je također broj jedan. Moraš odvojiti vrijeme za svakoga od njih. Svatko ima svoje posebno vrijeme s tobom. Svatko zna da je broj jedan u tvojoj knjizi.

Sudionik tečaja:
　Točno, umjesto da ih pokušavam kombinirati.

Gary:
　Da, jer će se dijete početi osjećati kao da gubi svoju poziciju i zamjerat će tvojoj partnerici. Moraš odvojiti određeno vrijeme za dijete sve dok on ne osjeti da te više ne treba. Kao da prema njemu guraš ogromne količine energije sve dok mu ne bude dovoljno.

　Ako gurate ogromne količine energije prema osobi, oni će se napuniti ili će htjeti otići. U oba se slučaja neće osjećati izostavljeno.

Sudionik tečaja:
　Dok sam ja pokušavao dati mu sve ono što njegova mama ne može...

Gary:
　Kako bi mu se više sviđao od nje.

Sudionik tečaja:
　Da.

Gary:
To samo stvara mjesto gdje on mora birati *protiv* umjesto *za*.

Sudionik tečaja:
Ovo puno pomaže. Hvala ti.

Gary:
Velika stvar za tebe je što tvoja partnerica voli tvoje dijete i voljna je raditi nešto za njega i davati mu stvari kako bi ga razveselila. Zato to funkcionira. Kada dijete živi sa svojom majkom i svojim ocem, oba roditelja će darivati dijete. Očuh ili maćeha često počnu zamjerati zbog činjenice da dijete uzima toliko energije ili vremena. Nikada ne smijete dopustiti da vam zamjeranje uništi odnos i zato morate biti u pitanju: što ovdje mogu kreirati, a nisam čak ni uzeo u obzir?

"POKUŠAO SAM BITI SUPER TATA"

Sudionik tečaja:
Tako sam zahvalan na onom o čemu smo pričali. Gledam sve situacije u kojima sam pokušavao biti super tata ili bogati tata ili tata bez gledišta, umjesto nekoga tko će samo biti sa svojim djetetom. Stvorio sam puno situacija u kojima sam pokušavao nešto *raditi*.

Gary:
Da. A što te je tvoja mama učila? Je li te učila da budeš bolji od svog oca?

Sudionik tečaja:
Pokušavala me naučiti da ne budem svoj otac pa sam morao postati on kako bih shvatio kako ne biti on.

Gary:
Da, u isto vrijeme još uvijek pokušavaš raditi isto što i ona, a to je dokazivati da tvoj otac nije bio dobar kao ona.

Sudionik tečaja:
Da, pa koliko je moje budućnosti još uvijek s time stvoreno?

Gary:
Puno. Pa možemo li sve to uništiti i dekreirati?

Sudionik tečaja:
Da.

Gary:
Jedan... dva... tri... četiri! Hvala.
Dobar dio vas je imao majke i očeve koji su radili isto.

Sudionik tečaja:
Želim reći koliko sam zahvalan na ovom razgovoru. Ja nisam očuh i nemam maćehu niti išta slično. Nemam čak ni djecu, ali svjesnost koja se pojavila ovim razgovorom primjenjiva je na život općenito. Briljantno.

Gary:
Ako vidite da ljudi biraju ono što će kreirati nešto što oni ne traže, onda barem znate što i kako im pomoći.

Sudionik tečaja:
Da.

Sudionik tečaja:
Mogu li pitati još nešto o tome? Možemo li uništiti i dekreirati sve ono što smo stvorili kako budućnost moga sina?

Gary:
Sve što ste učinili da kreirate ovakvu budućnost. Sve projekcije i očekivanja koja ste imali o drugima koja ste kreirali kao budućnosti koje su zaključane u njihovom svemiru i sve projekcije i očekivanja: jedan... dva... tri... četiri! Hvala.

Ovo se događa i sa ženama, kad žene projiciraju da biste vi trebali biti u njihovoj budućnosti. Gledaju vas i kažu: "Oh, to je muškarac za mene."

U vašu realnost počinju pokušavati učvrstiti ono što bi trebalo biti na temelju toga da ste vi s njima. Dečki, koliko vas još uvijek ima takve kreirane budućnosti?

Sudionik tečaja:
Oh, Isuse Kriste!

Gary:
Da. Možemo li sve to uništiti i dekreirati: jedan... dva... tri... četiri! Hvala vam.

Sudionik tečaja:
Ovo je ogromno. Puno vam hvala što ste to spomenuli.

Sudionik tečaja:

A to je primjenljivo i na novac. Kad sam vas sreo, koliko sam projekcija imao o novcu?

Gary:

Da. Izgleda da vam proces o uklanjanju projekcija sa svojih budućnosti daje više slobode od bilo čega što sam večeras napravio, dečki.

Sudionik tečaja:

Rekli ste mi da sam neprikladno velikodušan, a ipak me moja supruga i dalje optužuje da sam sebičan. Misli da je ne uzimam dovoljno u obzir. Što je to?

NAUČITE BITI MANIPULATIVNI

Gary:

Ona je žena. Ako ona nije prioritet broj jedan u vašem životu i osoba broj jedan koju slušate i s kojom razgovarate, njezino je gledište da na nju ne obraćate dovoljno pažnje. Brojni su načini na koje to možete promijeniti.

Na primjer, pazite da joj barem jednom tjedno nešto poklonite. To ne mora biti veliko, samo nešto što joj pokazuje da mislite na nju. To može biti jedan cvijet. Pronađite divan cvijet i recite: "Draga, htio sam ti ovo dati jer me podsjetilo na tebe. Toliko je blisko savršenstvu i ne mogu zamisliti ništa ljepše." To je dovoljno za tri dana i vjerojatno ćete s time dobiti i felacio. Dečki, morate naučiti biti manipulativniji.

Sudionik tečaja:

Samo mali znakovi pažnje koji kažu "mislim na tebe"? Možete li nabrojati još nekoliko tih stvari koje bi život sa ženom učinile još zabavnijim i lakšim?

Gary:

Pitajte je: "Što od mene želiš?" i budite voljni čuti odgovor koji vam ne govori. Žene prakticiraju nešto što ja zovem podtekst. Pitate nešto poput toga i one će reći: "Oh, ništa", ali to ne znači "ništa". To znači: "Želim da znaš što ja želim bez da ti išta kažem."

Ako vaša žena to radi, odite s njom u kupovinu i pitajte: "Što ti se u ovom izlogu sviđa? Što ti je stvarno uzbudljivo?" sve dok ne počnete dobivati ideju o njezinom ukusu. Onda imate izbor.

Svaki put kad ste s njom izrazite svoju zahvalnost što je ona u vašem životu. "Tako sam zahvalan što si u mom životu. Tako sam zahvalan na daru koji jesi."

Sudionik tečaja:

Jednom sam to rekao svojoj partnerici i ona mi je skoro odrezala jaja.

Gary:

Da, zato što je mislila da je to manipulacija. Trebali ste reći: "Draga, bio sam ozbiljan. Stvarno sam to mislio."

Sudionik tečaja:

Vidim ga kako joj stalno govori koliko je lijepa. Je li i to iskazivanje zahvalnosti?

Gary:
　Da, to je jedan od načina na koji ona to može primiti.

Sudionik tečaja:
　Da, može.

Gary:
　Ona može primiti: "Tako si lijepa. Kako mi se posrećilo što te imam u svom životu?" Morate otkriti što osoba može primiti. Dajte joj ono što može primiti. Ne koristite fraze koje sam vam ja ovdje dao. Već ste shvatili. Gledao sam vašu partnericu kako svake godine postaje sve ljepša i ljepša i gledao sam kako se vas dvoje sve više usklađujete i povezujete cijelo vrijeme.

Sudionik tečaja:
　Rekli ste mi da svojoj partnerici dajem ono što joj nitko nikada nije dao. To je bilo jebeno "oho".

Gary:
　Dain i ja smo jednom dali ogrlicu ženi koja za nas radi koja je bila najskuplji predmet koji je ikada dobila i to joj je otvorilo svemir. Kao rezultat, mi smo zaradili još više novca. Kad ste voljni priznati činjenicu da žene zaslužuju takve stvari, one će reći: "Oh, moj Bože. Ovaj tip je stvarno tu za mene. Čuvam mu leđa. Idem za njim."

　I kako Dain kaže, to nije iz pozicije: "Oh, ovo će biti manipulacija." To je iz zahvalnosti i radosti koja je zapravo tu jer postoji zahvalnost za sve koji su u vašem svemiru i za sve ono što oni daruju i omogućuju.

Dobro, gospodo, bilo mi je zadovoljstvo. Mislim da ste jedni od najboljih tipova na planetu i jedini s dovoljno hrabrosti da postanete muškarci.

Sudionik tečaja:
Sjajan si, Gary!

Sudionik tečaja:
Hvala Gary.

12.
Dekodiranje ženskog podteksta

Podtekst je način na koji žene funkcioniraju.
Postoji "ovo što ona govori" i postoji "ono što ona misli".
Ono što ona misli je ono što biste vi trebali raditi.

Gary:
   Bok, gospodo. Je li itko sretan?

Sudionici tečaja:
   Da. Stvarno smo sretni.

Sudionik tečaja:
   Sretni smo! Sretni!

Gary:
   Dobro, krenimo. Da vidim što ovdje mogu kreirati. Da vidim koliko vas jadnim mogu stvoriti. Tko ima pitanje?

KULTURNA USKLAĐENOST

Sudionik tečaja:
　　Vidim da me više privlače žene iste rase i narodnosti kao što sam ja te iste boje kože. Je li seksanje s ljudima iste rase i narodnosti implantat ili neko programiranje u tijelu?

Gary:
　　Ne, to je usklađenost koju ste naučili iz svoje kulture. Skloni smo tomu da nas uzbuđuju ljudi iste "narodnosti" jer su nas učili vjerovati da su oni najprivlačniji. To nije programiranje; to je usklađenost.
　　Mnogi dečki pogledaju ženu i kažu: "Oh! Vruća je!" Da li stvarno gledaju u nju? Ne, objektivizirate je i pretvarate u stvar u svom svijetu, umjesto da budete s njom kao bićem.
　　Koliko usklađenosti imate da određujete s kim ili s čim ćete spavati i s kim nećete spavati što birate? Sve što to jest bezbroj puta, hoćete li sve to uništiti i dekreirati? Right and Wrong, Good and Bad, POD and POC, All Nine, Shorts, Boys and Beyonds.

"ČESTO PRIVLAČIM HOMOSEKSUALNE MUŠKARCE"

Sudionik tečaja:
　　Čini mi se da često privlačim homoseksualne muškarce. Vole sa mnom koketirati i to mi je uvijek neugodno jer ne znam kako odgovoriti. Kako to stvaram?

Gary:

Pa, ne znam. Moglo bi biti da ste zapravo seksi! Homoseksualni muškarci vole seksi muškarce. Ako ste seksi, homoseksualni muškarci će ići za vama. To ne znači da ste homoseksualni, iako bi bilo puno lakše da jeste. To znači da dobro izgledate. Šteta što ste budala. Mislite da niste zgodni jer žene ne idu za vama kao što idu muškarci. Glupan, glupan, glupan.

Sudionik tečaja:

Šaljem li krive signale homoseksualnim dečkima?

Gary:

Ne.

Sudionik tečaja:

Kako to mogu promijeniti?

Gary:

Uživajte u tome. Prepoznajte da je to samo priznanje onoga što ste radili i što vam odgovara.

GDJE TREBATE USMJERITI SVOJU ENERGIJU?

Sudionik tečaja:

Započinjem svjesni odnos sa ženom i primijetio sam da se više orijentiram prema vlastitom poslu, a manje prema Access Consciousnessu i podršci drugim voditeljima. Isključujem li Access kako bih kreirao svoj odnos i svoje poslovanje?

Gary:

Ne. Morate biti voljni vidjeti gdje svakoga dana trebate usmjeriti svoju energiju. To je najvažniji dio svega ovoga. Ne radi se o odustajanju od Accessa. Morate pitati: što će biti prioritet koji će za mene kreirati najbolji rezultat?

Sudionik tečaja:

Što mogu biti ili raditi drugačije da mi sve bude prioritet?

Gary:

Ne možete sve imati kao prioritet. Mogli biste prepoznati da postoji vrijeme kad vam je prioritet jedna stvar, a kasnije neka druga. A ako ste sa ženom, ona je uvijek prioritet.

Sudionik tečaja:

Što mogu biti što će mi dopustiti da primam više od Access Consciousnessa i od vas?

Gary:

Možete biti svoji. Ako radite svoj posao, ako radite sve o čemu ovdje govorite, sve bi trebalo postati bolje.

ODNOS KOJI UKLJUČUJE DIJETE

Sudionik tečaja:

Odnos kojeg trenutno imam uključuje dijete. Primijetio sam da je razgovor s mojom družicom o tome kako facilitiramo njezinu kćer stvorio među nama veliku povezanost. Je li to doprinos djetetu, meni i ženi – ili će to planuti?

Gary:

Ne, to je doprinos. Morate shvatiti gdje ovdje idete. Ovo može doprinijeti i to je stvarno moguće.

Sudionik tečaja:

Nakon posljednjeg susreta upitao sam svoju pokćerku što bi ona htjela da ja budem u njezinom životu i odgovorila je: "Sretan." Nakon daljnjeg razgovora rekla je: "Prijatelj." Razgovarali smo i o tome, a njezino gledište je da je prijatelj drug za igru. Kako da to upotrijebim?

Gary:

Budite drug za igru.

Sudionik tečaja:

Ona se igrala i mijenjajući svoje ime u moje, a jednom me nazvala *Tata*.

Gary:

To bi značilo da vas pokušava pretvoriti u tatu. Morate vidjeti jeste li to voljni biti jer ako i ne ostanete s tom ženom, morate biti voljni biti njezin tata ili će vas žena mrziti.

Sudionik tečaja:

Moja pokćerka voli raditi snimke o entitetima i sličnom sa mnom pa sam nju i njezinu mamu pitao mogu li ih koristiti za promoviranje svoga poslovanja. Obje su s tim bile sretne. Što će to stvoriti?

Gary:

To će stvoriti da su njihova bića uključena u vaš posao, što bi vam trebalo stvarati više profita.

Sudionik tečaja:
　Treba li to napraviti kao pogodbu i isporuku?

Gary:
　Da. Sve bi trebalo napraviti kao pogodbu i isporuku.

NEDEFINIRANI ŽIVOT

Sudionik tečaja:
　Prvo želim reći puno vam hvala na ovom tečaju. Mijenja mi život na toliko puno načina. Dobio sam više jasnoće o tome kako funkcioniram sa ženama u odnosu i što mogu drugačije raditi kako bi sve funkcioniralo. Više se ne okrivljavam toliko i imam više mira u sebi. Trenutno se osjećam kao da se ni na što ne mogu osloniti u svom životu. Tražio sam nedefinirani život, što za mene znači biti slobodan od definicija i ograničenja koja mi drugi ljudi nameću. Nemam nikakve ideje o tome kako s time funkcionirati, osim postavljanjem pitanja.

Gary:
　Ako u svojim odnosima i u svemu što radite djelujete iz pitanja, počinjete imati nedefinirani život. Ako je sve pitanje, otvarate vrata odnosu koji još nije postojao. Pitajte:
　Koja energija, prostor i svijest moje tijelo i ja možemo biti što bi nam s potpunom lakoćom dopustilo da imamo odnos iznad ove realnosti? Sve što ne dopušta da se to pojavi bezbroj puta, hoćete li sve to uništiti i dekreirati? Right and Wrong, Good and Bad, POD and POC, All Nine, Shorts, Boys and Beyonds.

Mogli biste to snimiti i neprestano slušati barem trideset dana sve dok ne počnete shvaćati da postoji drugačije mjesto iz kojeg se sa svime možete baviti.

POSTUPANJE SA ŽENINOM LJUTNJOM

Sudionik tečaja:
Kad moja žena isporučuje ljutnju ili je projicira na mene, još uvijek idem u beyond i odbacujem sebe. Ponekad se okrivljujem. Pokretao sam procese za "beyonds" i SHICCUUUU implantate, ali još uvijek se opirem primati energiju njezine ljutnje.

Gary:
Ljutnja nikada nije ništa drugo nego način da vas se kontrolira. Što ako biste mogli imati drugačiji izbor? Jeste li voljni to imati?

Sudionik tečaja:
Trebam li pokretati: koja energija, prostor i svijest moje tijelo i ja možemo biti što će mi dopustiti da budem jadna hrpa govana, pogrešnosti i slabosti što uistinu jesam?

Gary:
Taj nije dobar. Želite raditi:
Koju bastardizaciju beskonačnog kapaciteta koristim da kreiram pogrešnost, jadnu hrpu govana i slabića kukavicu što pokušavam biti, što se pretvaram biti, što biram? Sve što to jest bezbroj puta, hoćete li sve to uništiti i dekreirati?

Right and Wrong, Good and Bad, POD and POC, All Nine, Shorts, Boys and Beyonds.

Sudionik tečaja:
Pokušao sam koristiti i povlačenje energije, spuštati svoje barijere, prakticirati zanimljivo gledište i POC/POD i ponekad sve to funkcionira. Ali kad odem u "beyond", svi ti alati nestanu. Postoji li neki drugi način da budem slobodan i da to otpustim?

Gary:
Ponekad morate biti voljni naljutiti se. Možete se ljutiti bez prosudbe i bez sile. Ljutnja bez prosudbe i bez sile je generativan element ljutnje. Morate biti voljni to raditi. Budite voljni ići u ljutnju kada to trebate. Većina nas misli da je meta ne biti ljut. Što ako to nije tako? Što ako postoji drugačiji izbor koji još nismo izabrali?

Sudionik tečaja:
Može li se ljutnja bez prosudbe koristiti i s djecom?

Gary:
Da. Djeci možete reći: "Stani. To je sve."

Sudionik tečaja:
Je li ljutnja bez prosudbe isto kao ubilačka energija?

Gary:
Ne, ljutnja bez sile ili prosudbe je: "Znaš što? Napravi to još jednom i mi smo završili." Ljudi su skloni misliti da je ljutnja uvijek pogrešna, ali nije. Samo ste muškarac pa ste općenito u krivu.

Sve što ste učinili da ne percipirate, ne znate, ne budete i ne primate druge opcije koje imate, hoćete li sve to uništiti i dekreirati? Right and Wrong, Good and Bad, POD and POC, All Nine, Shorts, Boys and Beyonds.

AGRESIVNA PRISUTNOST U ODNOSU

Sudionik tečaja:
Možete li više govoriti o agresivnoj prisutnosti u odnosu i kako bi to moglo izgledati?

Gary:
Agresivna prisutnost je voljnost da budete svoji i da budete prisutni u odnosu bez obzira na ishod. To znači biti bez gledišta. Sve je samo zanimljivo gledište, ništa više. Kad ste voljni djelovati bez osjećaja da morate bilo što raditi osim biti prisutni, počinjete stvarati realnost u kojoj ništa nije pogrešno i sve postaje mogućnost.

KAKO PRISTUPITI ŽENI

Sudionik tečaja:
Možete li govoriti kako pristupati ženama?

Gary:
Ovisi o tome što tražite. Morate pitati:
- Što ovdje stvarno želim kreirati?
- Što želim raditi?
- Kako će mi ovo odgovarati?

+ Što od ove žene želim dobiti?

Ako stvarno sa ženom nešto želite kreirati, morate postaviti pitanje: što ovdje stvarno želim kreirati? Puno vas pokušava kreirati nešto na temelju laži.

Koliko laži koristite da kreirate odnose koje birate? Sve što to jest bezbroj puta, hoćete li sve to uništiti i dekreirati? Right and Wrong, Good and Bad, POD and POC, All Nine, Shorts, Boys and Beyonds.

"RIJEČ OBAVEZA JOŠ UVIJEK ME BLOKIRA"

Sudionik tečaja:

Riječ *obaveza* još uvijek me blokira. Na primjer, ideja obvezivanja prema odnosu izaziva u meni osjećaj da moram isključiti sve druge žene s kojima bih volio imati seks ili im biti blizak. Ili obvezivanje prema poslovnom dogovoru znači da moram isključiti sve druge poslovne mogućnosti.

Gary:

Koliko vas prihvaća sranje da ste samo sposobni ili voljni ili da biste htjeli imati samo jednu osobu ili jedan posao kao ukupnost svoje realnosti? Sve što to jest bezbroj puta, hoćete li sve to uništiti i dekreirati? Right and Wrong, Good and Bad, POD and POC, All Nine, Shorts, Boys and Beyonds.

Sudionik tečaja:

Zbog očekivanja druge osobe želim pobjeći u drugom smjeru.

Gary:
> Što da ste samo svjesni – umjesto da ste idiot?

Sudionik tečaja:
> (smijeh)

Gary:
> Prepoznajte da ste svjesni. Svjesniji ste od devedeset posto muškaraca na planetu. Pa što to znači? To znači da imate više mogućnosti s više žena od drugih muškaraca.
> Upotrijebite svoju svjesnost i pitajte:
> + Što ova osoba želi čuti?
> + Što ova osoba želi kreirati?
> + Kako će ovo izgledati?
>
> Počnite posezati u taj svemir i bit ćete sposobni razgovarati s bilo kime bez osjećaja da ne možete birati biti s njom. Bit ćete sposobni kreirati svoj kanal osnaživanja većim od onog do sad.

Sudionik tečaja:
> Ako se nekomu ili nečemu obavežem, bojim se da ću ponovno izgubiti sebe zbog te osobe ili stvari.

Gary:
> Je li to stvarno vaše? Mrzim vam to reći, prijatelju moj, ali svjesniji ste nego što to želite znati. Devedeset posto onoga što vi dečki mislite da vam smeta uopće nije vaše. Kako je to čudno?

Gary Douglas

MOŽETE BITI SVOJI BEZ ŽENE

Sudionik tečaja:

Sreo sam ženu dvanaest godina mlađu od sebe. Ona živi oko šezdeset kilometara od mene i njezin je život vrlo različit od mojeg. Ona radi u umjetnosti, a ja radim u ekonomiji.

Gary:

Zašto mislite da je ona zainteresirana za vas? Njezino osnovno gledište je da ste vi vjerojatno uspješni. Ona želi naučiti kako biti uspješan.

Sudionik tečaja:

Sve je s nama bilo stvarno lako i nijedno od nas nije tražilo ozbiljan odnos pa smo se samo družili. Stvarno mi se sviđala i ona je razvila osjećaje koje nije htjela i potisnula ih. Kao da ima gledište da ne želi biti u odnosu i da se ništa drugo ne može dogoditi. Čak i da ona nastavi sa svojim životom onako kako izabere, htio bih imati više jasnoće o tome što se događa.

Gary:

Koju bastardizaciju beskonačne slobode od žena koristite da kreirate nesvjesne odnose sa ženama što birate? Sve što to jest bezbroj puta, hoćete li sve to uništiti i dekreirati? Right and Wrong, Good and Bad, POD and POC, All Nine, Shorts, Boys and Beyonds.

Sudionik tečaja:

Opa! To je energija koju sam osjećao.

Gary:

Koju bastardizaciju beskonačne slobode od žena koristite da kreirate nesvjesne odnose sa ženama što birate? Sve što to jest bezbroj puta, hoćete li sve to uništiti i dekreirati? Right and Wrong, Good and Bad, POD and POC, All Nine, Shorts, Boys and Beyonds.

Vi dečki imate čudno gledište da ne možete biti bez žene. To je jebeno strano jer možete biti svoji bez žene. Zapravo je puno lakše, ali iz nekog ste razloga odlučili da bez žene ne možete biti svoji.

Sve što to jest bezbroj puta, hoćete li sve to uništiti i dekreirati? Right and Wrong, Good and Bad, POD and POC, All Nine, Shorts, Boys and Beyonds.

Koju bastardizaciju beskonačne slobode od žena koristite da kreirate nesvjesne odnose sa ženama što birate? Sve što to jest bezbroj puta, hoćete li sve to uništiti i dekreirati? Right and Wrong, Good and Bad, POD and POC, All Nine, Shorts, Boys and Beyonds.

Sudionik tečaja:

Recite to opet, molim.

Gary:

Koju bastardizaciju beskonačne slobode od žena koristite da kreirate nesvjesne odnose sa ženama što birate? Sve što to jest bezbroj puta, hoćete li sve to uništiti i dekreirati? Right and Wrong, Good and Bad, POD and POC, All Nine, Shorts, Boys and Beyonds.

I sve neaktualizirane i nerealizirane budućnosti koje imate o svojoj budućnosti koja je uvijek sa ženom i jedini način da imate budućnost je sa ženom, možemo li to uništiti, molim? Jedan... dva... tri... četiri. Hvala vam.

UVIJEK ĆETE IĆI U ODNOS JER JE TO ONO ŠTO ŽENA ŽELI

Sudionik tečaja:

Ja stvarno ne želim odnos: ipak, sreo sam sjajnu ženu s kojom stvarno uživam provoditi vrijeme pa iako je sve lako, to na kraju stvara odnos.

Gary:

Vi ste muškarac. Vi ste idiot. Volim vas, ali zar me zezate? Uvijek ćete ići u odnos jer je to ono što žena želi. Odustat ćete od sebe zbog žene svaki put, dečki. To je jednostavno prokleto glupo. Imate penis. Vaš IQ velik je samo onoliko koliki vam je penis.

Sudionik tečaja:

Zar se ne može uživati u nečemu bez svega ovoga ostaloga?

Gary:

Ne, žao mi je. Vražje ste slatki, ali ste gluplji od blata. Ne postoji nešto kao prijateljstvo s dobrobiti. Ako ste prijateljski i laki, a povrh svega i ljupki , svaka žena uvijek pretpostavlja da to znači da ćete s vremenom ući u odnos te da je jedini razlog zašto s njom želite biti taj što stvarno želite odnos. Oprostite dečki. Imate jedan mozak koji radi, a to je onaj među vašim nogama. Ostatak vaše snage mozga je beskoristan.

Sudionik tečaja:
   Postoji li način obilaženja ovog sranja?

Gary:
   Postoji li način obilaženja? Da. Opametite se. Pogledajte to. Nakon tečaja o seksu i odnosima dobio sam poruku od jedne dame koja je rekla: "Što moram napraviti da te imam? Mogu li ti poslati sliku svog klitorisa? Trebam li se agresivno povući? Što moram napraviti da te dobijem?" Je li me pitala za moje gledište? Ne. Je li me pitala jesam li zainteresiran? Ne! Zašto? Zato što je ona žena i njezino je osnovno gledište: "Ako si muškarac, nemaš gledište osim onoga koje ja želim da imaš." Morate to shvatiti, dečki, jer ako ne shvatite, potrošit ćete cijeli život pokušavajući činiti ženu ispravnom i pokušavajući shvatiti kako joj možete udovoljiti. Ne sebi, već njoj.

ŽENA NIJE IZVOR VAŠE SEKSUALNE REALNOSTI

Sudionik tečaja:
   Prestao sam ženu činiti izvorom svoje seksualne realnosti. To mi je dalo veliku slobodu.

Gary:
   Da. Žena nije izvor vaše seksualne realnosti. Koliko je vas ženu učinilo izvorom svoje seksualne realnosti? Seks vam je izvor načina na koji živite. Odlučite da ne možete živjeti bez seksa.

Istina je da možete živjeti bez seksa – ali je puno zabavnije imati ga. Ali vi se dečki ne seksate zbog zabave. Radite to kako biste bili sigurni da možete nastaviti živjeti.

Mislite da je seks ozbiljan. Ja imam drugačije gledište. Moje je gledište da je seks nešto što radite iz zabave. Zašto ga ne prakticirati samo zato što je zabavan?

Koju glupost koristite da kreirate ozbiljnost seksa što birate? Sve što to jest bezbroj puta, hoćete li sve to uništiti i dekreirati? Right and Wrong, Good and Bad, POD and POC, All Nine, Shorts, Boys and Beyonds.

Kada dođete do toga da vam seks nije važan, gdje je u redu na jedan ili drugi način, stvarate mjesto gdje zapravo možete imati izbor i seks koji imate bit će puno bolji.

Žene mi šalju svakakve čudne, nasilne pozive i ja s njima nemam želje za seksom. Sviđa mi se netko tko je zabavan, a ne netko tko je nasilan. Za mene osobno u njemu mora postojati osjećaj zabave. Kada dođete do toga da nemate potrebe za njim, počinjete birati s kim ćete imati seks – i kad. Tako je lakše funkcionirati i kada do toga dođete, dobit ćete bolji seks. Mogu vam to garantirati.

KOLIKO STE POSLOVA DOBILI?

Sudionik tečaja:

Vidim da sam u seksu i odnosu pokušavao biti mirotvorac. Radio sam proces "Koju glupost koristim da kreiram mirotvorca što biram?" i čini se da se stvari mijenjaju.

Gary:

Jeste li preuzeli posao mirotvorca – ili ste dobili taj posao? Je li vam taj posao dan u maternici?

Sudionik tečaja:

Dobiven se čini laganijim.

Gary:

Znači dali su vam posao da budete mirotvorac u svojoj obitelji. Daje li vam to izbora ili time oni biraju za vas?

Sudionik tečaja:

Time oni biraju za mene.

Gary:

Ako oni biraju, koji izbor vi imate? Imate li puno izbora ili imate malo izbora?

Sudionik tečaja:

Malo izbora.

Gary:

Stvarnost je da vi stvarno želite kreirati veću mogućnost, a ne manju mogućnost. Kako bi bilo da možete imati najveću mogućnost koju ste ikada imali? Kako bi to bilo?

Primijetite da nemate odgovor jer nemanje odgovora vam nikada nije ponuđeno kao izbor. Dali su vam posao i taj ste posao trebali imati. Nijedan drugi posao ne funkcionira.

Čemu god ste se priklonili i složili ili se opirali i reagirali što je dopustilo da dobijete taj posao, hoćete li sve to uništiti i dekreirati? Right and Wrong, Good and Bad, POD and POC, All Nine, Shorts, Boys and Beyonds.

Koliko ste u ovom životu dobili poslova od žena koje od vas zahtijevaju da ne birate za sebe, da ne budete svoji i da radite ono što one žele? Sve to, hoćete li sve to uništiti i dekreirati? Right and Wrong, Good and Bad, POD and POC, All Nine, Shorts, Boys and Beyonds.

Sve budućnosti koje su stvorene na temelju tih poslova, možemo li sve to uništiti i dekreirati, molim? Jedan... dva... tri... četiri. Još jednom: jedan... dva... tri... četiri. Još jednom: jedan... dva... tri... četiri. U redu, osjećate li se slobodniji da birate?

Sudionici tečaja:
Da.

Gary:
Ako vam je žena dodijelila posao, bilo to iznošenje smeća ili da budete smeće, vi stalno mislite da ste dobili posao. Mnogima od vas dan je posao da budete muškarac u obitelji, posebno ako ste imali razvedene majke. Dali su vam posao da budete muškarac u obitelji, ali vam nikada nisu objasnili što to znači i od toga zasigurno niste dobili nikakve dobrobiti. Obično su vam govorili da vam je otac bio tako strašan, grozan i zloban da ste odlučili da ne želite tako završiti pa uopće niste bili svoji. Način na koji znate tko ste kao muškarac je prema ocu kojega ste imali, čak i ako ste ga imali samo na trideset sekundi koliko mu je trebalo da svrši.

Sve što to jest bezbroj puta, hoćete li sve to uništiti i dekreirati? Right and Wrong, Good and Bad, POD and POC, All Nine, Shorts, Boys and Beyonds.

POSAO PROSUĐIVANJA SEBE

Ako ste imali majku koja je na svaki način, oblik ili formu prosuđivala vašeg oca, jedini izbor koji ste imali je posao prosuđivanja sebe.

Koliko vas je dobilo posao prosuđivati sebe non-stop jebeno do nepostojanja? Sve što to jest bezbroj puta, hoćete li sve to uništiti i dekreirati? Right and Wrong, Good and Bad, POD and POC, All Nine, Shorts, Boys and Beyonds.

Sudionik tečaja:

Kako to funkcionira? Ako vaša majka prosuđuje vašeg oca, onda ste vi...

Gary:

Vi ste potomak. U Bibliji se kaže: "Očevi grijesi bit će viđeni na djetetu." To je to. To je usklađenost, pretpostavka da ste loši kao vaš otac. I ako provedete život ne želeći biti poput svog oca, u konačnici ste već postali on kako to ne biste bili, što znači da ste blokirani. Zapravo ste bolji od svog oca. Je li itko od vas ikada primijetio? Jeste li ikada priznati kao daleko bolji od svog oca?

Sudionik tečaja:

Ne. Moja mi je mama običavala reći: "Izgledaš kao svoj otac" i ljudi bi govorili: "Izgledaš kao svoj otac" i jednog sam dana shvatio: "Oho, moje se tijelo pretvara u očevo."

Gary:

Da. Sva su vam ta gledišta isporučena. Koliko vas ima gledište da sličite svom ocu ili sličite svojoj majci ili sličite svom ujaku ili svom djedu? Istina je da nitko od vas ne sliči nikome osim sebi.

Sve što ste učinili kako biste se složili da sličite nekom drugom tijelu, hoćete li sve to uništiti i dekreirati? Right and Wrong, Good and Bad, POD and POC, All Nine, Shorts, Boys and Beyonds.

KOJI JE OVDJE PODTEKST KOJI NE PRIZNAJEM?

Sudionik tečaja:
Kad pitam svoju ženu što bi htjela, kako bi nešto izgledalo ili što za nju mogu učiniti, rijetko dobijem informaciju. Ne želi odgovoriti pa nikada ne možemo doći do pogodbe i isporuke. Čuo sam da kažete kako žene nikada ne kažu što je za njih istinito kako bi mogle kontrolirati muškarca. Koja pitanja mogu postaviti ili koje energije ovdje mogu biti? Možete li govoriti više o tome? Tražim li odgovor, a ne svjesnost?

Gary:
Da, tražite odgovor, a ne svjesnost. Što biste htjeli kreirati? Što biste sa ženom htjeli kreirati?

Sve što vam ne dopušta da to percipirate, znate, budete i primate, hoćete li sve to uništiti i dekreirati? Right and Wrong, Good and Bad, POD and POC, All Nine, Shorts, Boys and Beyonds.

Sudionik tečaja:

I ja s tim imam problem. Možemo li još malo govoriti o tome? Kad god sam pokušao napraviti pogodbu i isporuku, žena mi stalno postavi pitanje koje sam ja postavio njoj pa se vrtimo u krug.

Gary:

Zašto vam netko postavi pitanje koje ste vi upravo postavili njemu? Zato što a) ne želi odgovoriti i b) želi saznati koji je vaš odgovor prije nego što odgovori.

Ako ženu pitate: "Sviđa li ti se ova boja?" ona će odgovoriti: "Koja se tebi boja sviđa?" Njezino je gledište: "Ako ti se ne sviđa ista boja kao i meni, nećeš mi se sviđati.

Ako se meni ne sviđa ista boja kao i tebi, nećemo se slagati." To je podtekst svakog razgovora. Morate postaviti pitanje: koji je ovdje podtekst koji ne priznajem?

Sudionik tečaja:

Naletio sam na nekoliko žena. Sviđaju nam se iste stvari, volimo raditi iste stvari i mnogo toga imamo zajedničkog...

Gary:

Svaka će vam žena reći da imate nešto zajedničko, bilo to istinito ili ne. Zajedničko znači: "Suđeno nam je da budemo zajedno." To je podtekst toga komentara. Kada žena kaže "imamo puno toga zajedničkog", to znači "vjenčat ćemo se".

Sudionik tečaja:

To sam mislio. Kad žena kaže "imamo puno toga zajedničkog", ja kažem: "Da i kakve to veze ima s bilo čime?"

Gary:

Svaka će žena gledati što vam je zajedničko kako bi odlučila jeste li muškarac kojega želi. To nema nikakve veze s vašim gledištem. One ne mare za vaše gledište.

Sudionik tečaja:

Istinito, istinito, istinito.

Gary:

Kada ćete shvatiti da postoji podtekst u svakom ženskom razgovoru? "Tako si zanimljiv" znači: "Oh, mogu s tobom imati seks." "Oho, ovo je bilo stvarno zabavno" znači: "Što ćeš sljedeće učiniti?" i "Kada da rezerviram crkvu?"

Sudionik tečaja:

Shvaćam.

Gary:

Vi dečki imate gledište da žene čuju ono što govorite. Ne, ne. Ne čuju ono što govorite. Već su osmislile što će se dogoditi.

Koliko je vaše sposobnosti razumijevanja prevladano ženinim izmišljotinama o tome što ona želi čuti? Sve što to jest bezbroj puta, hoćete li sve to uništiti i dekreirati? Right and Wrong, Good and Bad, POD and POC, All Nine, Shorts, Boys and Beyonds.

KOJI DIO IZJAVE "ŽENE IMAJU PODTEKST" NE SHVAĆATE?

Žene komuniciraju na kružni način, misleći da će dobiti ono što žele mijenjajući način na koji za to pitaju pa se vi s vremenom maknete s puta i napravite ono što one kažu. Žene uvijek očekuju da muškarci rade ono što one žele. Zašto to ne shvaćate? Koji dio izjave "žene imaju podtekst" ne shvaćate?

Ženino je gledište da ako govorite ono što i ona, govorite istinu. Ako joj kažete ono što želi čuti, govorite istinu. Sve ostalo je laž.

Morate to shvatiti, dečki. Žene djeluju iz podteksta. Koji podtekst ovdje ne slušam? Podtekst je način na koji funkcioniraju. Postoji "ovo što ona govori" i postoji "ono što ona misli". Ono što ona misli je ono što biste vi trebali raditi. Ona kaže: "Oh, to nije problem. Radi što želiš." To znači: "Napravi to i ubit ću te."

Netko je rekao da bismo trebali imati aplikaciju za podtekst kako bismo dekodirali što žene kažu. Ne bi li to bilo sjajno? Ona kaže "x, y, z" i onda izađe "to znači bla, bla bla." Na tečaju kojega smo ovoga tjedna imali rekao sam ženama što je podtekst i sve su rekle: "Da, ali..."

Ja bih rekao : "Podtekst toga je 'bla, bla, bla'"

One bi rekle: "Kako to mislite? Ja ne koristim podtekst!"

Rekao bih: "Da, koristite! Upravo jeste! To nije krivo; to je samo ono što radite. Ako želite biti iskreni u onome što govorite, morate uvidjeti kada to radite. To je samo jedan od načina u kojima su žene drugačije od muškaraca."

Postoji sjajan video na YouTubeu imena "Ne radi se o Čavlu".
Dama kaže muškarcu: "Trebaš me slušati. Boli me glava."
Muškarac kaže: "Pa, što je s čavlom koji ti je u glavi?"
Žena kaže: "Ne, to nije problem! Želim da me slušaš. Zašto nikada ne slušaš? Prestani me pokušavati popraviti!"
Znate što, dečki, vi ste muškarci.

Sudionik tečaja:
Imate li kakve procese za više lakoće u dekodiranju podteksta?

Gary:
Žene uvijek imaju prikrivene motive. Uvijek imaju podtekst. Ništa nikada nije otvoreno. Nikada nije direktno.
Koju glupost koristite da kreirate da nikada ne percipirate i ne primate podtekst što birate? Sve što to jest bezbroj puta, hoćete li sve to uništiti i dekreirati? Right and Wrong, Good and Bad, POD and POC, All Nine, Shorts, Boys and Beyonds.

"SAD IMAMO ODNOS"

Sudionik tečaja:
Postoji li nešto što u svom odnosu nisam pogledao, a da to pogledam, mogao bih kreirati više prostora i mogućnosti?

Gary:
To ionako uvijek radite pa ne mislim da se oko toga morate brinuti. I vi i vaša partnerica pokušavate kreirati

svoj odnos. Ne pokušavate u njemu živjeti. I to je ključno. Najveća greška koju ljudi rade je kad kažu: "Sad imamo odnos." To je kraj? Ne, to nije kraj. To je samo početak onoga što je moguće. Vi ste u neprestanom stanju stvaranja svog odnosa kada djelujete iz:

- Što je još moguće?
- Koje još izbore imamo?
- Što još možemo kreirati?
- Kakvo želimo da ovo bude?
- Možemo li uništiti i dekreirati sve što je bilo jučer?

Postavljajući ova pitanja ostajete u sadašnjem trenutku i otvarate vrata razinama mogućnosti koje nitko drugi nikada ne bi mogao imati.

Puno vam hvala. Dečki, bili ste nevjerojatni dar. Ova je serija bila ogroman doprinos većoj mogućnosti. Vi ste dečki među najhrabrijim dečkima koje sam ikada sreo jer ste voljni govoriti o tome kako biti nešto drugačije od onoga što su drugi ljudi voljni biti.

Sudionik tečaja:

Sjajno. Želim vam zahvaliti na sjajnoj seriji.

Sudionik tečaja:

Puno Vam hvala, Gary.

Gary:

Hvala vam svima što ste bili na ovom tečaju. Tako sam zahvalan što ste u svijetu. Čuvajte se i idite se seksati! Ali zapamtite, želite se seksati samo jednom. Ako idete dvaput, bit ćete u odnosu, a ako idete tri puta, vjenčat ćete se. I ako djevojka kaže: "Imamo toliko toga zajedničkog", njezino je mišljenje da ćete se brzo vjenčati. Stoga bolje budite spremni na posljedice ako se ne pojavite onakvi kakvi biste trebali.

Volim vas, dečki. Čuvajte se!

Izjava brisanja Access Consciousnessa

Vi ste jedini koji može otključati gledišta koja vas zarobljavaju. S ovim ovdje procesom brisanja nudim alat koji možete koristiti da promijenite energiju gledišta koje vas blokira u nepromjenljivoj situaciji.

Kroz ovu knjigu postavio sam puno pitanja i od nekih od njih vam se možda pomalo zavrtilo u glavi. To je moja namjera. Pitanja koja postavljam dizajnirana su da uklonimo vaš um s puta kako biste došli do energije situacije.

Jednom kad vam se od pitanja zavrti u glavi i podigne se energija situacije, pitam vas jeste li voljni uništiti i dekreirati tu energiju jer je blokirana energija izvor barijera i ograničenja. Uništavanje i dekreiranje te energije otvorit će vrata novim mogućnostima za vas. To je vaša prilika d kažete: "Da, voljan sam otpustiti sve ono što drži to ograničenje u mjestu."

Nakon toga će slijediti neki čudan govor koji zovemo izjavu brisanja.

Right and Wrong, Good and Bad, POD and POC, All 9, Shorts, Boys and Beyonds.

S izjavom brisanja odlazimo natrag ka energiji ograničenja i stvorenih barijera. Gledamo u energije zbog kojih se ne možemo kretati naprijed i širiti se u sve prostore u koje želimo ići. Izjava brisanja jednostavno je skraćenica koja se odnosi na energije koje stvaraju ograničenja i stezanje u našem životu.

Što više koristite izjavu brisanja, ona ide dublje i može za vas otključati više slojeva i razina. Ako vam se kao odgovor na pitanje pojavi puno energije, možete ponavljati proces više puta sve dok vam tema kojom se bavite više ne predstavlja problem.

Ne morate razumjeti riječi izjave brisanja kako bi ona djelovala jer se radi o energiji. Ipak, ako vas zanima značenje riječi, u nastavku slijede kratke definicije.

Right and Wrong, Good and Bad je skraćenica za: što je pravo, dobro, savršeno i ispravno glede ovog? Što je krivo, zločesto, zlobno, grozno, loše i užasno u ovome? Kratka verzija ovih pitanja je: što je pravo i krivo, dobro i loše? To je ono što smatramo pravim, dobrim, savršenim i/ili ispravnim i najviše nas blokira. To ne želimo otpustiti jer smo odlučili da je ispravno.

POD je točka uništenja, svi načini na koje ste se uništavali kako biste održali u postojanju ono što brišete.

POC stoji za točku stvaranja misli, osjećaja i emocija koje neposredno prethode vašoj odluci da zaključate energiju u mjestu.

Ponekad ljudi kažu "POD i POC" što je jednostavno skraćenica dulje izjave. Kada nešto "POD i POC-ate", to je kao da izvlačite donju kartu iz kuće od karata. Cijela se stvar ruši.

All 9 označava devet različitih načina na koji ste ovo stvorili kao ograničenje u svom životu. To su slojevi misli, osjećaja, emocija i gledišta koji ograničenje stvaraju čvrstim i stvarnim.

Shorts je kratka verzija puno duljeg niza pitanja koji uključuje: što je značajno u ovome? Što je beznačajno u ovome? Koja je kazna za ovo? Koja je nagrada za ovo?

Boys označava energetske strukture zvane ujezgrene kugle. U osnovi se odnose na ona područja života gdje smo nešto neprestano pokušavali riješiti, ali bez učinka. Postoji barem trinaest različitih vrsta ovih kugli koje se zajednički nazivaju "boys". Ujezgrena kugla izgleda kao mjehurići stvoreni puhanjem u jednu od onih dječjih lula za mjehuriće s višestrukim komorama. Ona stvara veliku masu mjehurića i kad probušite jedan balončić, drugi se pojavi na njegovom mjestu.

Jeste li ikad pokušavali oguliti slojeve luka da dođete do jezgre problema, ali tamo nikada niste mogli doći? To je zato što to nije bio luk, već ujezgrena kugla.

Beyonds su osjećaji ili senzacije koje dobijete, a zaustavljaju vam srce, zaustavljaju dah ili zaustavljaju vašu voljnost da gledate mogućnosti. Beyondi se pojavljuju kad ste u šoku. Puno je područja u našem životu gdje se smrzavamo. Kad god se smrznete, to je beyond koji vas zarobljava. To je poteškoća kod beyonda: zaustavlja vas kako ne biste bili prisutni. Beyondi uključuju sve što je iznad vjerovanja, realnosti, mašte, koncepcije, percepcije, racionalizacije, opraštanja, kao i svih drugih beyonda. Oni su obično osjećaji i senzacije, rijetko emocije i nikada misli.

Rječnik

DOPUŠTANJE

Uz gledište se možete prikloniti i s njim se složiti ili se gledištu možete opirati i na njega reagirati. To je polaritet ove realnosti. Ili možete biti u dopuštanju. Ako dopuštate, vi ste stijena usred potoka. Misli, vjerovanja, stavovi i razmatranja dolaze prema vama i zaobilaze vas jer su za vas samo zanimljivo gledište. S druge strane, ako se priklanjate i slažete ili se opirete i reagirate na to gledište, hvata vas struja ludila i krećete na vožnju. To nije struja u kojoj želite biti. Želite biti u dopuštanju. Potpuno dopuštanje je: sve je samo zanimljivo gledište.

BARS

Bars je Accessov proces polaganja ruku koji uključuje lagani dodir glave po točkama koje se odnose na različite dijelove života. Postoje točke za radost, tugu, tijelo i seksualnost, svjesnost, ljubaznost, zahvalnost, mir i staloženost. Postoji i točka za novac. Te se točke nazivaju barovi (poluge, trake) jer se protežu od jedne do druge strane glave.

BIVANJE I POSTOJANJE

Bivanje ste vi, beskonačno biće koje jeste.
Postojanje je nešto što radite kako biste dokazali da jeste.

ENERGETSKA SINTEZA BIVANJA (ESB)

ESB je tečaj koji podučava dr. Dain Heer. Radi se o tome kako vi, kao biće, povezujete stvari kako biste promijenili sve oko sebe.

ENERGETSKA SINTEZA ZAJEDNIŠTVA (ESC)

To je proces koji radi Dain. U osnovi, energetska sinteza zajedništva vas postavlja u vezu sa svim molekularnim strukturama svemira na različiti način. Više o tome možete pronaći na Dainovoj web stranici www.drdainheer.com. On nudi besplatne "probe" kako biste mogli dobiti osjećaj kako to izgleda.

OVISNIŠTVO O GLAVI, OVISNIŠTVO O SRCU I OVISNIŠTVO O PREPONAMA

Kad ovisite o glavi, cijelo vrijeme mislite o *tome* (što god *to* bilo). "Što je sljedeće? Što ćemo sljedeće raditi? Koji je sljedeći korak?" Ovisnik o glavi uvijek misli "sljedeće, sljedeće, sljedeće".

Ovisnik o srcu uvijek misli: "Zašto ne misi nazvao? Zar me više ne voliš? Što je s tobom? Što je sa mnom?"

Ovisnik o preponama uvijek pokušava dokazati koliko je seksualan, umjesto da zapravo *jest* seksualan. To je *dokaz* seksualnosti – a ne *biti* seksualan.

Žene koje se provokativno oblače, a nemaju ni gram seksualne energije, ovisnice su o preponama. Izgledaju kao da bi trebale biti seksualne – ali one su u slici, a ne u realnosti.

OBRASCI ZADRŽAVANJA

To su obrasci koje zadržavamo u našim tijelima. Oni se mogu otključati uz pomoć Accessovih procesa polaganjem ruku.

LJUDI I HUMANOIDI

Postoje dvije različite vrste dvonogih bića na ovom planetu. Zovemo ih ljudi i humanoidi. Izgledaju isto, hodaju isto, govore isto i često jedu isto, ali stvarnost je da su drugačiji.

Ljudi će vam uvijek govoriti kako ste u krivu, kako su oni u pravu i kako ništa ne biste trebali mijenjati. Kažu nešto poput: "Mi ne radimo ovako pa uopće nemojte mariti." To su oni koji pitaju: "Zašto to mijenjaš? Dobro je ovako kako je."

Humanoidi zauzimaju drugačiji pristup. Uvijek promatraju i pitaju: "Kako to možemo promijeniti? Što će ovo poboljšati? Kako da ovo unaprijedimo? To su ljudi koji su stvorili svu veliku umjetnost, svu veliku književnost i sav veliki napredak na planetu.

IMPLANTATI

Implantati su ono što nam je učinjeno u nekom od života, a ima učinak na tijelo i um. Implantat u nama stvara osobitu vibraciju; to postaje nešto što na nas utječe i zadržava. Otkrili smo da je moguće ukloniti ili poništiti ove implantate upotrebom procesa Access Consciousnessa.

ZANIMLJIVO GLEDIŠTE

Zanimljivo gledište je alat Access Consciousnessa. To je sjajan način neutraliziranja prosudbe podsjećajući se da koja god prosudba bila, to je samo gledište koje vi ili netko drugi trenutno ima. Nije ni pravo ni krivo ni dobro ni loše.

Kad god se pojavi prosudba, samo recite: "Zanimljivo gledište." To pomaže da se udaljite od prosudbe. Ne priklanjate joj se i ne slažete se s njom – i ne opirete se i ne reagirate na nju. Dopuštate da bude ono što jest, a to nije ništa više nego zanimljivo gledište. Kada to možete raditi, u dopuštanju ste.

JE LI TO MOJE?

"Je li to moje?" je pitanje koje postavljate da otkrijete da li vam misli, osjećaji i emocije koje imate zapravo pripadaju – jer 98% misli, osjećaja i emocija koje imamo ne pripadaju nama. Mi stalno hvatamo tuđe stvari i pretpostavljamo da su naše, osobito ako su loše. I pretpostavljamo da ono dobro pripada nekom drugom.

UBILAČKA ENERGIJA

Ubilačka energija je energija koja je potrebna da nešto ubijete ako ste to voljni učiniti bez ikakve prosudbe. Potrebna je energija da se ubije krava ili jelen ili nešto što ćete jesti.

Ta energija, isporučena nekome na način na koji biste je isporučili da zapravo koljete životinju, je energija koja će kod ljudi nešto promijeniti.

LAGANIJE/TEŽE

Ono što je lagano uvijek je istinito i osjećate lakoću toga. Ono što je laž uvijek je teško i osjećate težinu toga.

MJESTO

Novela Garyja Douglasa o onome što ste oduvijek tražili i kako bi i gdje to moglo biti moguće.

POD I POC-ANJE

POD i POC-anje je skraćeno govorenje da idete u prošlost do točke gdje ste se s nečim uništili ili do točke stvaranja onoga što vas zaključava.

POVLAČENJE ENERGIJE

Većina muškaraca gura energiju prema ženi koja ih privlači. Žene puno toga dobivaju i njihov odgovor je većinom: "Ne, hvala!" Umjesto da na nekoga tko vas privlači gurate energiju, pokušajte od njega ili nje potezati energiju. To je način na koji ćete ih privući. Iznenada će osjetiti kako ih privlačite. Energetski tokovi su način na koji stvarate povezanost s ljudima. Samo zatražite energiju da potegne. Tako je jednostavno.

STAVITI (NEŠTO) U PETLJU

To je nešto što možete napraviti na svom računalu kako biste mogli neprestano slušati.

PRIMANJE

U ovoj realnosti ljudi vjeruju da je jedini način primanja kroz seks, kopulaciju ili novac.

Istinsko primanje znači biti sposoban primati sve informacije koje postoje. To je povezano sa svjesnošću o svemu što je moguće. To je kapacitet percipiranja sve svjesnosti bez gledišta.

SEKS I NE-SEKS

Kad u Access Consciousnessu kažemo *seks* i *ne-seks*, ne mislimo na kopulaciju. Govorimo o primanju. Te smo riječi izabrali jer podižu energiju primanja i neprimanja bolje od bilo čega drugoga što smo pronašli.

Ljudi koriste svoja gledišta o seksu i ne-seksu kao način ograničavanja svoga primanja. Seks i ne-seks su isključujući svemiri – svemiri i/ili – gdje svoju prisutnost obznanjujete (seks) isključujući sve ostale ili skrivate svoju prisutnost (ne-seks) kako ne biste bili viđeni. U oba slučaja, kad je fokus na vama, ne dopuštate si primati ni od koga ili ni od čega.

SHICUUUU IMPLANTATI

Ovi su implantati tajni, skriveni, nevidljivi, prikriveni, neviđeni, neizrečeni, nepriznati i neobjavljeni.

ZNAKOVI, SIMBOLI, AMBLEMI I ZNAČAJI

To su značke koje cijelo vrijeme nosite, a nemaju nikakve veze s onim tko vi jeste.

KOJU GLUPOST BIRATE?

Da bi beskonačna bića bila nesvjesna, moraju se kreirati glupim. Pitanja koja sadrže frazu "Koju glupost birate…? nemaju namjeru sugerirati da ste glupi, već žele podignuti energiju trenutaka kad ste birali nedostatak znanja – glupost – kako biste se stvorili nesvjesnim.

Što je Access Consciousness?

Što kad biste bili voljni njegovati se i brinuti o sebi?
Što kad biste otvorili vrata da budete sve što ste odlučili da nije moguće biti?
Što je potrebno da shvatite koliko ste presudni za mogućnosti svijeta?

Access Consciousness je jednostavan skup alata, tehnika i filozofija koji vam dopušta stvarati dinamičnu promjenu u svakom području vašeg života. Access nudi građevne elemente korak-po-korak koji vam dopuštaju da postanete potpuno svjesni i da počnete funkcionirati kao svjesna bića koja uistinu jeste.

Ovim alatima možete pristupiti putem raznovrsnih tečajeva, knjiga, teletečajeva i drugih proizvoda ili s ovlaštenim voditeljem Access Consciousnessa ili voditeljem Access Consciousness Barsa.

Cilj Accessa je stvaranje svijeta svijesti i jedinstva. Svijest je sposobnost da u svom životu budete prisutni u svakom trenutku bez prosuđivanja sebe ili bilo koga drugoga. Svijest uključuje sve i ništa ne prosuđuje. To je sposobnost primanja svega, ne odbijajući ništa i stvaranja svega što u životu želite većim od onoga što trenutno imate i više nego što ikada možete zamisliti.

Za više informacija o Access Consciousnessu ili za traženje voditelja Access Consciousnessa, molim vas posjetite:

        http://www.accessconsciousness.com/
        www.garymdouglas.com

Druge knjige Access Consciousnessa

Salon za žene
Gary M. Douglas

Salon za žene temelji se na teletečaju koji je Gary Douglas održao sa grupom žena. Oni razgovaraju o muškarcima, seksu, odnosima, muškim i ženskim ulogama i stvaranju sjajnih harmoničnih odnosa. Uključuje moćne alate i procese Access Consciousnessa, pronicljiva otkrića i toplu inspiraciju.

Iznad utopijskog ideala
Gary M. Douglas

Većina ljudi djeluje iz fiksne ideje ili koncepta kako nešto treba biti, umjesto da djeluju u trenutku u kojem mogu bilo što promijeniti po potrebi kako bi postigli i stvorili više. To zapravo nije stvarno; to su konceptualne stvarnosti koje su spuštene u naše postojanje. Ova knjiga govori o tome kako postati svjestan idealnih koncepata i konstrukata koji stvaraju ograničenja i barijere onome što je za vas moguće. Konstrukti se moraju srušiti kako biste stvorili svijet koji vam odgovara.

Rukovođenje iz ruba mogućnosti: dosta je uobičajenog poslovanja
Chutisa i Steven Bowman

Zamislite samo kakvi bi vam poslovanje i život bili da prestanete djelovati po autopilotu i da počnete generirati svoje poslovanje sa strateškom svjesnošću i sviješću napretka. To je uistinu moguće, ali morate biti voljni promijeniti se. Prepoznavanje drugačije mogućnosti zahtijeva drugačije razmišljanje i gotovo uvijek zahtijeva vrstu svjesnosti koja nije bila dio prethodnog iskustva. S ovom ćete knjigom dobiti svjesnost koju trebate kako biste rukovodili svoje poslovanje u bilo kojem okruženju!

Nerastavljivi odnosi
Gary M. Douglas

Nerastavljiv odnos je onaj u kojem se ne morate razvesti ni od jednog dijela sebe kako biste bili u odnosu s nekim drugim. Tako svatko i svi s kojima ste u odnosu mogu postati veći kao rezultat odnosa.

Seks nije riječ od četiri slova, ali odnos često jest
Gary M. Douglas i dr. Dain Heer

Zabavna, iskrena i ljupko bezobrazna, ova knjiga čitateljima nudi potpuno svježi pogled na to kako kreirati veliku bliskost i izuzetan seks. Što ako biste mogli prestati pogađati – i otkriti što STVARNO funkcionira?

Za više knjiga Access Consciousnessa posjetite
http://www.accessconsciousness.com/

O autoru

GARY DOUGLAS

Najprodavaniji autor, međunarodni govornik i traženi voditelj, Gary Douglas je znan po svojem intenzitetu svjesnosti i svom nevjerojatnom kapacitetu facilitiranja ljudi kako bi *znali ono što znaju*. U svemu što radi on bira utjeloviti svijest, što rezultira inspiriranjem drugih da biraju postati svjesniji.

Gary je došao s izuzetnom razinom svjesnosti u obitelj srednje klase američkog Srednjeg Zapada i proživio djetinjstvo kao u seriji *Leave It to Beaver*. On ima vrlo drugačiji pogled na život i još je kao šestogodišnjak shvatio da je vrlo drugačiji od većine ljudi koje je znao. Postao je svjestan te razlike promatrajući kako ljudi stvaraju svoj život te uvidjevši da to ne rade iz radosti i mogućnosti – već uvijek iz pogrešnosti svega. Gary je znao da mora postojati više nego što ova realnost nudi jer u njoj nije bilo ništa čarobno, radosno ili ekspanzivno. Stoga je u ranoj dobi započeo tragati za dubljom svjesnošću o životnim tajnama. Putem je otkrio novi način kretanja naprijed – koji će stvoriti promjenu u svijetu i u životima ljudi. Otkrio je da je čarolija svuda oko nas, to je nešto što mi stvaramo – to je svijest.

Prepoznao je da je kapacitet za više svjesnosti i više svijesti dar svake osobe, ako ga je voljna izabrati.

S vremenom je prepoznao dar koji on jest, a to je njegov intenzitet svjesnosti i njegov kapacitet pozivanja ljudi ka svijesti i prepoznavanje da je sve moguće i da ništa nije nemoguće. Njegov dar je njegova sposobnost gledanja na život, svemir i svijest koja svi mi jesmo, kao i mogućnosti koje su njezin suštinski dio iz prostora kojeg nitko drugi nikada nije izabrao.

Osnaživanje ljudi kako bi vidjeli drugačije mogućnosti

Gary je postao međunarodno poznati lider u razmišljanju transformirajući živote i stvarajući drugačije izbore – voljan da osnažuje ljude kako bi vidjeli drugačije mogućnosti i prepoznali što je za njih uistinu moguće. Gary je svjetski priznat zbog svojih jedinstvenih perspektiva o osobnoj transformaciji koja ne sliči ničemu drugomu na svijetu. Ne priklanja se nijednoj posebnoj religiji ili tradiciji. Kroz svoje pisanje i radionice, daruje procese i alate kojima se mogu dohvatiti lakoća, radost i slavlje života te čarolija sreće koja se širi u više svjesnosti, radosti i izobilja. Njegova jednostavna, a opet duboka učenja, već su pomogla brojnim ljudima širom svijeta da *znaju ono što znaju* i da shvate što mogu birati, a nikada nisu shvaćali da mogu birati.

U jezgri njegovih učenja leži transformacija svijesti

Nakon prepoznavanja da veća svijest u ljudima može promijeniti smjer njihovih života i budućnost planeta, stvaranje i širenje Garyjevog Access Consciousnessa vodilo je prije svega jedno pitanje: "Što mogu učiniti da pomognem svijetu?"

On nastavlja nadahnjivati druge, pozivati svjesnost o drugačijoj mogućnosti širom svijeta stvarajući neizmjeran doprinos planetu.

On vodi ljude ka znanju da su oni izvor stvaranja promjene koju žele i stvaranja života koji ide iznad ograničenja onoga što ostatak svijeta misli da je važno. On ovo vidi kao suštinski aspekt stvaranja budućnosti koja u sebi ima veće mogućnosti za sve, kao i za planet. To je prioritet ne samo za osobnu sreću, već i za svršetak endemskog sukoba na našem planetu i stvaranja drugačijeg svijeta. Ako dovoljno ljudi izabere biti svjesnije, počet će vidjeti mogućnosti onoga što im je dostupno i promijeniti što se ovdje, na planetu Zemlji, događa.

Autor

Gary Douglas je autor najprodavanijeg romana *Mjesto* o ljudima koji znaju da je sve moguće i da je izbor izvor stvaranja. Gary je i koautor raznovrsnih knjiga na temu novca, odnosa, čarolije i životinja s međunarodno poznatim virtuozom energetske transformacije dr. Dainom Heerom.

Nadahnjuje ljude širom svijeta

Gary je prije više od dvadeset godina razvio skup alata i procesa koji mijenjaju život poznatih kao Access Consciousness. Ovi vrhunski alati transformirali su živote tisućama ljudi širom svijeta. Njegov se rad proširio u četrdeset i sedam zemalja s 2.000 obrazovanih voditelja širom svijeta. Jednostavni, ali tako učinkoviti, alati pomažu ljudima svih dobi i porijekla u uklanjanju ograničenja koja im onemogućuju punoću života.

www.ingramcontent.com/pod-product-compliance
Lightning Source LLC
Chambersburg PA
CBHW021133230426
43667CB00005B/99